日本外交の常識

杉山晋輔

信山社

はじめに

　外交について語った書物は，たくさん出ている。日本の対外政策について論じる本も，やはりたくさんある。新聞やテレビ，ソーシャルメディアなどでも国際問題は毎日のように取り上げられている。特にこの本を執筆している2024年前半の時点では，世界が多くの選挙に直面して，中でもアメリカの大統領選挙にはことさら高い関心が寄せられている。2022年2月に始まったウクライナ戦争は終わりが見えないし，2023年10月に始まった中東での戦闘も拡大の可能性すらあるかもしれず，この上東アジア地域で何かが起こるようなことになれば世界の緊張はこれまでのレベルを超える。

　それなのに，である。このような状況の中で，外交についての基本的枠組みや日本の対外政策の基礎に関する「常識」が，充分には共有されていないのではないか。外交は継続というが，これまでの経緯や大きな流れといったものは，もう一度整理して頭に入れても良いのではないか。それを踏まえた上で，アメリカの大統領が誰になったらどうなるとか，中国のこれからの行くへにどう対処したら良いかとか，といった問題を議論すべきなのではないか。

　筆者は，外務事務次官や駐米大使を拝命するなど，44年余りの外交官生活を送ってきた。中国との様々な交渉や，ロシアとの平和条約交渉，韓国との難しいやり取り，そして北朝鮮との拉致問題を含む国交正常化交渉にも臨んだ。政府を退官する前の約3年は，アメリカに在勤して当時のトランプ政権と正面から向き合った。そのような経験の中で身につけた外交の基礎，特に日本外交の大枠を，可能な限り分かりやすくまとめてみようと思った。最近は，大学で

国際法や外交論の講義をしてきたが，そこで受講生の皆さんと議論するうちに，日本外交の常識のようなものをもっと広く読者の皆さんと分かち合えればと考えるようになった。それは，単に「もしトランプになったら」とか「台湾有事になったら」という目の前の問題にとどまるのではなく，以下のような本質的論点を含んでいる。

アメリカとの戦争に負けた日本が，なぜ戦後アメリカの同盟国になったのか。それだけでなく，世界史にも例を見ないとまで言われるほどそれが強固になったのは，なぜか。日米同盟は，これから変わるのか，変わらないのか。選挙の結果にかかわらずトランプ氏のような「非伝統的」指導者が現れて，アメリカはどこへ行くのか，行かないのか。日本はどうすべきか。日米関係は転換するか。

日本はなぜ戦後，台湾にある中華民国政府と平和条約を締結したのか。なぜその後，大陸にある中華人民共和国政府と「国交を回復」したのか。「台湾問題」をどう考えたら良いか。強力な指導力を確立しているような習近平体制にどう向き合うか。

ソ連，ロシアとの「平和条約締結交渉」とは何か。北方領土問題とは何か。ウクライナを侵略しているプーチン大統領をどう考えるか。欧州の安全保障体制につき日本が考えるべきことは何か。

韓国との関係はどのようにして成立したか。ユンソンニョル（尹錫悦）大統領や韓国の指導者とこれからの日韓関係をどう考えるべきか。北朝鮮との国交正常化交渉はどこへ行っているのか。拉致問題はどうなっているか。

ほんとうはこれらの諸課題にとどまらない。

視野を拡大した日本外交が提唱する「自由で開かれたインド太平

洋構想」とは何か。インドにどう向き合うか。日米韓に加え，日米比の3カ国協力に舵を切った日本のアジアにおける外交をどう考えるか。インドネシアはどうか。太平洋島嶼諸国をどう見るか。

　ガザ戦争をどう捉えるべきか。日本のすべきことは何か。中東地域とどう向き合うべきか。

　アフリカ，中南米諸国とは，どうか。

　国連の安保理改革は具体的議論が始まってもどこへも行かないのか。国連を中心とする多数国間主義は時間の無駄か。気候変動交渉とは何か。気候危機に国際社会は有効な対応を取れないのか。日本は何をしているのか。

　これらの諸課題は，主として政務関係，広く安全保障の案件である。これら以外にも，本来は国際経済に関わる諸課題，WTO（世界貿易機関）をどうするかとか，FTA（自由貿易協定）をどうするかなどの主要論点がある。また，近年では，経済安全保障に関わる問題も避けては通れない。

　実際に筆者が経験した外交交渉は，これらの殆どの課題に及んでいた。中東（エジプト）にもアフリカ（ナイジェリア）にも勤務したし，日米貿易交渉や気候変動交渉では，幾晩徹夜したかしれない。最初の外務本省勤務は経済局で，のちに外務次官になる野上義二国際機関第2課長に仕えたし，1993年7月7日－9日のG7東京サミットの時は，議長の宮澤喜一首相の個人代表（シェルパ）を務めた松浦晃一郎外務審議官の補佐役も務めた。だからいわゆる「経済外交」について書き留めたいと思うことはたくさんある。しかし，日本外交の常識をとりあえず書こうとする本書で，これら全てを網羅することは不可能に近い。だから本書では，筆者自身の体験も踏

まえて，まずは外交の全体，特に日本外交の枠組みの基礎から話を起こして，ついでアメリカ，ソ連・ロシア，中国・台湾，韓国と北朝鮮と話を進めて，そこで一段落して，その上で，現時点で決して触れないでは済まされない中東情勢に触れて話をまとめることを目指したい。米・露・中・韓などの我が国周辺国・地域以外にインドやアフリカさらには経済外交などに触れないで中東についてだけ触れるのはやや唐突かも知れないが，一冊の本で書き下ろすには限度があるのでご容赦を頂きたいと思う。

　話を始めるにあたって，一言触れておきたい点がある。それは，外交論を記すに際しての国際法との関係の重要性である。外交実務に携わった間，国際法との関係を深く考えさせられる機会が多くあった。だから，いずれは外交を国際法の観点からまとめる専門書のようなものを書きたいと思ってもいるが，本書でもそうした観点を盛り込んで，なおかつできるかぎり平易に日本外交を描き出していきたい。

　それではこれから一緒に，「日本外交の常識」を学ぶ旅に出よう。

　2024 年初夏

杉 山 晋 輔

目　次

日本外交の常識

「単独講和」と「全面講和」の違い
——サンフランシスコ平和条約の意味

　日本外交の常識を学ぶ旅を始めるにあたって，戦後の日本外交がどのように出発したかから見ることにしたい。トランプ，プーチンそして習近平問題も，そもそもの日米同盟関係，日露の平和条約交渉，日中関係や台湾問題も，そして朝鮮半島との関係の基本も，いや日本外交の全体について，これに関する正確な理解なしには到底きちんと議論できないからである。やや昔話になるこのような議論から始めることに，読者には少し抵抗があるかもしれない。でも，「常識」の基礎を学ぶ序章として，若干付き合っていただきたい。この点に関する正確な理解がないと，その後の議論がきわめて地に足のつかないものになることが，いずれわかっていただけるだろう。

1 戦後日本外交の出発
——日本はどのようにして"独立"を回復したか

単独講和か全面講和か，そのほんとうの意味　日本外交の常識を学ぶ旅の序章は，太平洋戦争終了後，サンフランシスコ平和条約を締結したことの意味を考えることから始まる。

　日本が独立を回復して外交を再開できたのは，この平和条約を締結したからである。

　そんな70年以上も昔のことを何を今さら，と言いたくなるかも

3

オペラハウス，サンフランシスコ（1951年9月8日）。
着席して署名している吉田茂首相の後ろに，この条約に
副署した池田勇人大蔵大臣など5人が侍立しているのが
みえる。　　　　　　　[Mary Evans Picture Library/アフロ]

しれない。

　しかし，そうではない。

　日本外交の常識を学ぶには，この原点をみないと基本を見失う。

　当時の日本は民主自由党の吉田茂内閣。米英との協調により西側資本主義陣営に入り早期独立，連合軍による占領を終わらせようとする，"単独講和"論であった。それに対して，ソ連，中国など東側共産陣営も入れて全ての太平洋戦争当事国と戦争の終結をすべきだという"全面講和"論。この2つの対立がその時の国論を二分した，といわれている。しかし，米ソの鋭い冷戦が始まりそれが1950年6月25日には朝鮮動乱という形で"熱戦"になっていった当時に，米ソを入れて全ての戦争当事国と平和条約を締結し"全方位"外交を展開することは，とても簡単にできることではなかった。

それだけではない。のちに触れるが，ソ連の他にも中国（1949年10月1日以降，中国は大陸の中華人民共和国と台湾の中華民国に割れていた）をどうするかをみても，1951年時点で"全面講和"は現実的ではなかった。だから，吉田総理の判断は，正しかった。

ただ当時は，"反戦，平和，容共"の革新陣営だけでなく，国家主義と共にマルクス主義も批判していた南原繁東京大学総長のような知識人も，全面講和論者であった。"曲学阿世の徒"と呼ぶかどうかは別にしても，今にしてみれば自明の誤りとも言えるこのような議論がそこまで強かったのは，なぜだろう。

1945年8月15日にポツダム宣言を受諾し，9月2日に降伏文書に署名して戦闘を終了させてから，まだ，6年。思えば，降伏文書には，日本の相手として，米国，英国，豪州，カナダ，オランダ，ニュージーランドに加えて，中華民国（1945年のこの時点ではまだ北京の中華人民共和国は成立していない）とソビエト社会主義共和国連邦も署名している。降伏文書は，戦争を国際法上終了させる平和条約ではなく，基本的には軍同士が現実の戦闘を終了させることを規定した"停戦合意"でしかない。それでも署名当事国にソ連と中国が入っている。実際の主要な交戦国だったから，である。

だから，この延長でいけばソ連や中国をいれた"全面講和"を望むという感じ方があったとしても，その限りにおいては自然だったのかも知れない。

ただ，話はもう少し複雑である。

中国への侵略をはじめとして戦争に乗り出した日本は，米英などの"連合国"にも宣戦布告をして戦争状態にはいる。そして3年半以上。沖縄での激戦，広島，長崎への原爆投下。何百万人というとてつもない被害を生じさせてのポツダム宣言受諾による終戦。この

ミズーリ号上の署名（1945 年 9 月 2 日）。写真は署名する重光葵外務大臣。日本側からは梅津美治郎参陸軍大将（大本営代表）も署名。連合国側はダグラス・マッカーサー最高司令官のほか，米，英，ソ，中，豪，加，仏，オランダ，NZ の代表が署名した。　　　　　　　　　　［提供 朝日新聞社］

時の日本は，もう二度と戦争は嫌だ，早く経済，生活を立て直して，廃墟と化した日本を復興させたいという気持ちが全般に強かったはずである。そこへ反保守の共産陣営志向もあった。それだけではない。反共ではあるけれど，反戦感情の強さから米国を中心とする西側陣営にだけ入ることには相当な心理的抵抗感があったのではなかろうか。だから，単純な全面講和というより，ともかく東西冷戦の中で西側陣営だけと手を握ることへの反対は，国内でかなりの部分を占めたのかもしれない。それが如何に当時の国際情勢からして現実的な道とは言えなかったとしても，である。

　いずれにしても，日本は吉田首相のもと，"単独講和"の道を選んで西側陣営にはいる。これがサンフランシスコ平和条約と，それと並んで締結した日米安保条約（旧安保）である。

5つのオプション　よく考えてみると，当時の日本の外交政策の枠組みを論理的に分析すると，次の大まかな5つのオプションがあった。

```
①どこかと"組む"（同盟を目指す）
    ⅰ西側陣営と組む —————— 1
    ⅱ東側陣営に入る —————— 2
②独自の外交
    ⅰ非武装中立 —————— 3
    ⅱ武装"中立" —————— 4
③国連に守ってもらう —————— 5
```

東西冷戦の終了で"東側陣営"が消滅した今となっては，2東側陣営はもはや存在しない。

3非武装中立は，大分前までは真面目に主張されていたが，これも今では大きな議論にはならない。現実的に言って，日本にとってのオプションたりえないと，ほとんどの人が考えるに至っているからである。

5は，戦後しばらくの間は，日本国内では真面目に考えられたオプションのようである。しかし，2022年2月24日に始まったロシアのウクライナ侵略について国連安全保障理事会が何も有効なことを成し得ないことからも，これは幻想に過ぎないと皆わかるようになっている。否，もともと，ウクライナ戦争の起こるとっくの昔から，そんなことは分かっていた。

そうなると，消去法で，オプションは4武装中立か，つまり日本が軍事大国を再度目指すか，1西側陣営と組むか，つまり日米同盟に行くかの，どちらかしかないことになる。

戦後の日本にとって，軍事大国への道はあり得なかった。そんな気持ちには誰もならないし，そもそもそんな余裕はない。それだけではない。戦前何が起こったのかを考えれば，そんなオプションはない。

だから，吉田首相の判断以外にはオプションはなかったのである。"全面講和"論はこの分析からしても，どう見ても論理的整合性にも欠けていたものとしか思えない。

吉田ドクトリン 吉田首相の単独講和の方針は，米国提唱によるドッジライン（インフレ抑制と輸出振興），米国陸軍省予算から提供されたガリオア資金（16億ドル近くの経済復興支援）というアメリカからの経済支援との関連もあった。米国を中心とする戦後の寛大な占領政策は，西側陣営との単独講和に結びつく。そして吉田首相は，軽武装−経済重視の"吉田ドクトリン"により日本の戦後復興を主導した。これまで見てきた当時の日本が置かれた状況からして，これも全体の中では自然なことだったように思う。

ただ，この吉田ドクトリンが今でも有効かは，日本外交の常識を学ぶ本書の旅の中で，よく見ていくことにしたい。

2 サンフランシスコ平和条約と戦争終結

(1) 「西側諸国」との「講和」とそれ以外の戦争終結

45カ国との講和，10カ国との戦争終結 サンフランシスコ講和会議は，朝鮮動乱の最中，1951年9月4日から開催され，日本以外の連合国51カ国が参加した。しかし，そのうち結局はソ連など3カ国は署名せず，インドネシアなどの3カ国は署名はしたが条約の批准をしなかった。会議は9月8日に閉幕したが，それで45カ国と日本との間で戦争を国際

法上終結させる平和条約が1952年4月28日に発効して，日本は独立を回復することになった。45カ国以外にサンフランシスコ講和会議に参加したがその締約国にならなかった6カ国（参加して条約に署名はしたが批准しなかったインドネシア，ルクセンブルク，コロンビアの3カ国と，参加したが署名しなかったソ連，ポーランド，チェコスロバキアの3カ国）およびそれ以外の，会議に招請されたが参加しなかった3カ国（ビルマ，インド，ユーゴスラビア）と，そもそも会議に招請されなかった1カ国（中国），合計10カ国とは，別途の平和条約を締結するなどして，日本は全ての戦争当事国と国際法上の戦争を終結させた。

なお，戦前日本の植民地であった朝鮮半島（韓国と北朝鮮）と台湾は，政治的に適切かどうかは別として，日本から見れば法的には日本からの分離独立地域である。だから，これらとは国際法上の戦争終結の問題ではない，別の処理の問題であった。

これが日本からみた太平洋戦争終結の処理である。この基本的事実を踏まえることなしに，日本外交の再開を語ることはできないし，その後の展開を論ずることもできない。

米英仏などとの「講和」の内容　国際法戦争を終結させる平和条約であるので，その内容には，次の3点が規定されている。

① 法的な戦争状態の終結の合意

② 戦争状態から生じる賠償や請求権の処理

③ 領域の確定（領土問題についての合意）

ここではこれら3点につき，日本外交の常識を学ぶのに必要なポイントを絞って見ておくことにしたい。

①は簡単である。国際法上，古典的な意味での戦争は一方的な宣

戦布告で始まる。つまり戦争は合意によって始まるものではない。それに対して，戦争状態の終結は当事国の合意がなければ成し遂げられない。だから，戦争状態を終結させる平和条約のはじめの大切な条項は，この合意である。しかし，ほかの②賠償，請求権問題や③領土問題の中身がまとまれば，それ自体は簡単である。戦闘をやめた上で，法的な戦争状態の終結に合意すればよいからである。

　②はそれに比べてややこしい。第1次世界大戦の戦後処理をしたパリ講和会議で締結されたヴェルサイユ条約では，対ドイツの戦後賠償が多額すぎてドイツをナチズムに向かわせた，との指摘もある。太平洋戦争後の日本も戦争ですっかり疲弊していたから，多額の賠償を課しても現実には支払えない。だから，アメリカを中心とする連合国側は，日本に賠償は求めてサンフランシスコ平和条約にも関連条項は規定しても，それは基本的には役務賠償，即ち，戦闘地域に残った日本人による役務，つまり人的労働や，在外資産の接収により賠償にかえるとの方針をとった。

　もちろん，ある程度の金銭賠償もあった。それが戦後日本が経済復興を果たしていくなかで，東南アジアへの政府開発援助（ODA）に発展していく。

　実際にこの条項に基づいて賠償協定が結ばれていったが，この詳細も日本外交の常識の旅にとってはやや技術的になるので，本書では詳述しないことにしたい。

　③は，さらにややこしい。それだけではない。これは日本外交の常識の核心の1つである。

　だから，この点は皆さんとの旅の中でしっかりと取り上げていこうと思う（あとで詳述する）。

10カ国との戦争状態の終結　さて，これとは別途の処理をすることになった10カ国はどうなったのか。

　インド，インドネシアなどは別途の平和条約を締結した。ただこの内容は，既に見たサンフランシスコ平和条約と同様の平和条約なのでここでは詳しく取り上げない。日本外交の常識を学ぶ上では，あまりその必要がないからである。それよりも，この2カ国に，既にみたサンフランシスコ平和条約の締結45カ国の中に入った，ブラジル，エジプト，南アフリカ，トルコ，サウジアラビアなどを加えると，これらの諸国は近年ではきわめて重要な地位を占めている。最近注目の"グローバルサウス"の姿が浮かび上がるからである。でもそれは，平和条約の内容との関係で生じてくる論点ではない。そこが，ソ連，ロシアや中国との違いである。

　すると，ソ連とはどうなったか。これは戦後の日ソ外交，日露平和条約締結交渉の本質であり，北方領土問題の核心である（これは別途の章において詳述する。→第2章）。

　また，中国とは，日華平和条約の締結，そして日中共同声明の発出となる。これも日本の対中外交の骨格である（これもあとで詳しく分析する。→第3章）。

11

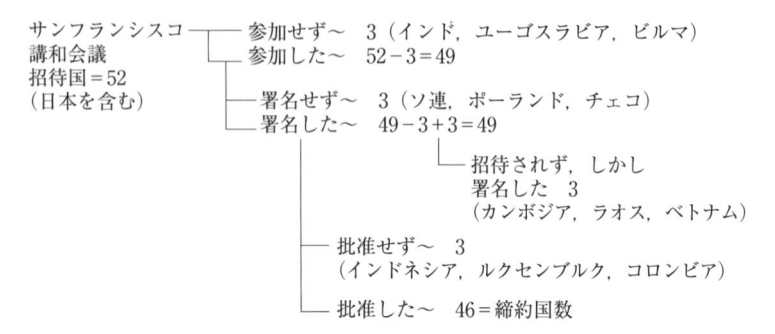

サンフランシスコ平和条約締約国＝46カ国
(1951年9月8日署名，1952年4月28日発効)

（注1）韓国は"戦争当事国"として講和会議への参加を希望したが，これは認められずに参加せず。北朝鮮も同様。「分離独立地域」。

（注2）中国は，大陸中国と台湾に分かれていて（中華人民共和国1949年10月1日），英国と米国が対応が異なっていたこともあり，講和会議に招待されず。

（注3）インド，ビルマ（ミャンマー），インドネシア，中国とは別途の平和条約。ソ連とは日ソ共同宣言で戦争状態終結。ユーゴスラビア，チェコ，ポーランド，ルクセンブルク，コロンビアは，別途，国交回復協定や外交関係再開合意などの個別の処理。

(2)　"分離独立地域" との関係の処理

分離独立地域 [朝鮮半島と台湾]　この点は，日本外交の常識の核心である。

　日本からみれば，朝鮮半島（韓国と北朝鮮）と台湾は，いずれも日本の植民地であった。つまり戦前は，日本の領域の一部であった。だからここでは，その植民地がサンフランシスコ平和条約で「分離独立地域」としてどう規定されたかを，正確に見ることにする。

①　朝 鮮 半 島

　朝鮮半島は，1910年8月22日に漢城府で署名され同29日に発効した日韓併合条約で，日本の植民地になった。しかしながら現代の国際関係では，あらゆる形の植民地主義が排除されていて，民族

自決は国際法の大原則になっている。このようなことは決して認められることではなく，現代国際法では成立しない。しかし，当時の国際法では，少なくとも法律的には成立していた。イギリスのインド支配や，フランスのアルジェリア支配，アメリカのフィリピン統治そしてオランダのインドネシア植民地など，世界の歴史の中に植民地の例は沢山ある。現代国際法からすればこのようなことは，もはや到底正当化できないが，その当時の国際法でこれら植民地支配が"法的に"無効だったといっても，歴史の現実は変えられない。残念な人間の歴史である。

日本の朝鮮半島植民地化は，今日からみれば二度としてはならない植民地支配であったが，だからといってその当時から国際法上成立していないとまでは，言えない。政治的，道義的に大変不適切なこと，今の国際法に照らせば到底合法化などできないことであったとは言え，当時の国際法に照らして，当時から違法なことで法的にも成立してはいなかったとまでは言えない。

しかし，この点はそれほど簡単ではない。日本の植民地支配から解放されて独立を達成した大韓民国（1948年8月15日樹立）と朝鮮民主主義人民共和国，通称"北朝鮮"（1948年9月9日樹立）は，一貫してこの併合条約の有効性を認めてこなかった。歴史を振り返っても，1919年3月1日の3.1運動のあとは，独立運動家の金九（キムグ），李承晩（イスンマン）らによって中国の上海に大韓民国臨時政府が結成されている。北朝鮮はこれを認めていないが，韓国からすれば臨時とはいえ政府があったという主張になる。

実際にも，この臨時政府は対日宣戦布告をしているし，だからサンフランシスコ講和会議にも招聘されるべき立場の戦争当事国政府だと主張して講和会議への参加を申請した。しかしこれは連合国に

よって認められなかった，というのが歴史の事実である。

このような朝鮮半島との外交関係については，第4章で，もう一度この点を詳しく分析する。ここでは，サンフランシスコ講和会議との関係でこのような事実があったことに触れるにとどめる。

つまり，韓国との関係は，日本からみれば分離独立地域との国交設定の問題ということになる。

しかし韓国からみれば，不当というだけでなく違法な植民地支配の清算とその解決をする，そのような韓国と日本の関係の設定ということになる。これこそが，1965年12月18日に日韓基本条約が発効して国交正常化が達成されるまでの，14年に及ぶ日韓の間における難交渉の最大の論点であった。

しかし，この点についてはついに合意ができないまま日韓基本条約は締結された。どうやって？ この点は日韓関係の根本に触れる点なので，第4章できちんと見ることにしよう。

上海の臨時政府に対する見方は違うが，北朝鮮の立場も基本的にはこれと同じである。そして，核，ミサイル，拉致問題を抱える北朝鮮との間では，未だに国交正常化交渉は妥結していない。

どうも朝鮮半島との関係は，簡単ではなさそうである。

日本外交の常識というが，まだまだ"常識"にはなっていないところもありそうである。これを学ぶ旅の中で，こういったことも解き明かしていこう。乞うご期待，である。

② 台　湾

さて，台湾。これもよくよく考えると，決して単純ではない。

台湾も戦前日本の植民地であった。それは併合条約によってではなく，日清戦争の講和である下関条約（1895年4月17日署名，同年5月8日批准書交換により発効）の領土割譲条項に従って日本の領域

になり，植民地化された。だから朝鮮半島とは少し趣を異にする。とはいえ，日本の植民地であったことに違いはない。

　因みに，歴史に関する日本政府の首相談話（村山談話）では，植民地支配と侵略によって多くの国々に多大の損害と苦痛を与えた，そのことに対し痛切な反省と心からのお詫びを表明する，としている。

　「侵略とは何か」も議論しなければならないが，この「植民地支配」は，今までみた朝鮮半島と台湾のはずである。しかし，いわゆる歴史認識問題で台湾の植民地支配のことが大きく議論されたことは，あまりないようである。この点も，本書の旅を重ねる中で考えていこう。

　その，台湾。日本の植民地であった台湾については，サンフランシスコ平和条約第2条(b)で日本は全ての権限を放棄した。でも，誰に対して放棄するかは規定されていない。普通に考えれば1895年の清，つまり中国との条約で獲得した領域であるから，その放棄先は中国であろう。とはいえ，既に見たように中国はサンフランシスコ平和条約の当事国ではない。条約で日本が放棄しているのだから，その相手は，条約を締結した連合国という理屈になる。

　それでは，何かおかしい。それで，日本から見れば，日本は植民地である台湾を放棄した，おそらく元々の中国に返したというのが素直であるが，条約の書き方からして日本は誰かは知らぬが，とにかく放棄したのであって，その放棄先を断定的に言うことはできない，そのような立場には立ち得ない，というほかはないことになる。

　何か変でも，これが真面目な結論，である。日本は中国との戦争を台湾の中華民国政府との間の日華平和条約（サンフランシスコ平和条約発効の1952年4月28日台北で署名，同8月5日発効）で終結さ

せている。そこで，日本からすれば帰属先不明の台湾をどう位置付けたのか。

　序章ではこれくらいにしよう。日本外交の常識を学ぶ旅の出発にあたって，何やら面倒な問題がありそうだということが分かればよいと思う。だから，サンフランシスコ講和会議の原点から解き起こさないと，日本外交の常識に触れることができないのである。はじめから皆さんにはややこしい論点にお付き合いしてもらった。

　これでやっと本格的な旅に出れる。日本の主要国との外交関係の姿を，同盟国アメリカとの関係から順を追っておさらいしていこう。その先には新たな地平線も見えてくるかもしれない。

　日本外交の常識を学ぶ旅の，本番である。

外交小話 1 　スリープ・スマイル・サイレンス＝パリ講和会議 (1919年) の時の話——今とは違います？

　日本外交の常識を学ぶはじめの一歩。戦後日本外交の基礎的枠組みを作ったサンフランシスコ平和条約のポイントをおさらいして，その締約国になった国，ならなかった国，そしてそこでは処理できなかった問題。これらの整理をしてはじめて，日本が敵として戦ったアメリカと何故同盟国になったのかを見ることができた。ここをきちんと理解しないと，今の日本外交の常識は学べない。この基礎的枠組みは分かっていただけたもの，と思う。

　サンフランシスコ講和会議は，当初は日本以外の51カ国が参加した大会議であった。日本との戦争状態を正式に終了させる会議であるから，当然である。日本は敗戦国として参加した。この結果，日本は再び独立国としての地位を回復する。

　その序章でみた講和会議。そのあとの"箸休め"の外交小話は，

このサンフランシスコ講和会議から遡ること30年以上昔の，第1次世界大戦の講和会議，1919年のパリ講和会議についての話にしよう。日本が近・現代国際関係において欧米列強に伍して"一等国"となって，パリに5大国の1つとして大代表団を送った時，である。

会議は，1919年1月19日からパリの外務省内で始まる。第1次世界大戦終結のためなど戦後の国際秩序を作るために，戦勝国32カ国が集まる。まずは戦争で破ったドイツに対する戦後処理。それから中東の処理，つまりオスマントルコの解体。そしてはじめての集団安全保障体制である国際連盟の創立。議題は多くあったが，簡単に言えばこの3つが中心議題であった。

主催したのはフランスのクレマンソー首相（ピション外相），そしてアメリカはウィルソン大統領（ランシング国務長官），イギリスはロイド・ジョージ首相（バルフォア外相），イタリアはオルランド首相（ソンニーノ外相）が参加する。

戦勝5大国の一角として参加を求められた日本は，だからその時の原敬首相と内田康哉外相が出席するのが普通であった。しかし，飛行機もない時代で，アメリカは船で大西洋を渡ってパリまで行く。イギリスとイタリアはロンドンとローマだからドーバー海峡を除けば列車でいける。極東の日本は，船に乗って行かなければならないから1カ月はかかった。会議はドイツとの平和条約であるベルサイユ条約が会議参加国とドイツとの間で署名された1919年6月28日に，大きな節目を迎えた。だから，船で1カ月，パリに一度行って半年近く，また船で戻る。日本はこの時，大正デモクラシーが始まったところ。政友会と民政党の8年続いた二大政党制，その政友会の原内閣が1918年9月29日に成立したばかりの1919年1月である。国会審議もある日本の首相に半年以上も国をあけることはとてもできない。とにかく国会があるのだから。原首相は最初の"平民宰相"で，対米関係にもとても腐心したという。でもパリには行かなかった。そして，内田外相は体調があまりおもわしくなくパリにまで行けなかった，という。だから，日本だけ首相も外相も行け

ない。様々検討した結果，首相を2回経験し枢密院議長も勤めた西園寺公望公，病弱を理由に再三固辞したけれど首席全権委員を引き受ける。しかし西園寺公がパリに到着したのは1919年3月2日。パリ中心部にあるホテル・ブリストルのスイートルームに入って，体調もあまり良くなかったこともあり，なかなか出てこない。この西園寺首席全権委員にかわってパリ講和会議に全権委員として陣取ったのが，牧野伸顕男爵。珍田捨巳駐英大使，伊集院彦吉駐伊大使がロンドンとローマからパリの松井慶四郎駐仏大使に合流して，この4人がパリ講和会議に対応することになった。特に牧野男爵は1回目の首脳会議には米ウィルソン，英ロイド・ジョージ，仏クレマンソーそして伊オルランドのカウンターパートとして，日本を代表し，実質的に首脳の役割を果たしたのであった。

　でも，会議が始まると日本のみ首相，外相がいないだけではない。西園寺首席全権委員があまり活発ではなかっただけでもない。日本全権代表団は，"サイレントパートナー"と揶揄された。

　ドイツの戦後処理に関しては，青島の租借だけとればあとはヨーロッパの問題だから関係ないし，よく分からない。オスマントルコの解体となると，そもそも何を言っているのかも分からない。アラブとかイスラムとか，そしてトルコの解体，何のことやら，そもそもアラビア語のできる人がほとんどいなかったらしい。国際連盟の創立に至っては，これは白色人種が黄色人種を支配，搾取するために新しい国際機関を作ろうとしているようだから断固反対しようと，まじめに内部で議論していたという。牧野男爵がこれに本当に反対しようとして，イギリスのロイド・ジョージ首相に呼ばれて，「勘違いしないでほしい，日本は大国の1つになり常任理事国になるのだから，何でこれに反対するのか」と諭されたそうである。本当にそこまで分かっていなかったのかは，よくよく外交史を学ぶ必要がある。

　しかし当時は，大体，集団安全保障とは何かもよく理解されていなかったというのは，その通りのようである。だから，sleep smile and silent。つまり，会議に出ても眠っているか，起きている時は

にこにこ笑ってただ黙っている。これが中国の青島問題となると，突然起き上がって発言する。あとは移民排斥はけしからんというところだけ。移民問題については，ロイド・ジョージ首相もウィルソン大統領も議論して日本の主張をとりあげたそうであるから，討議に貢献したようである。でもあとは，あまり上手とは言えない英語で，"You know, ha ha ha!" と言って笑って誤魔化す。何か，目に浮かぶような気がしないだろうか。

　もちろん，言い過ぎである。でも，この時の反省から日本の外務省では語学を中心とした留学制度ができたというし，それを含めた外務省改革の動きが顕在化したのは事実である。あとで述べる当時少壮の外交官たちは会議開催中のパリで外務省革新綱領を作成したというから，はじめての大型国際会議に出て日本外交の力不足を実感したに違いない。この会議から帰国後，外務省の中に「革新同志会」が結成されて外務省の制度刷新が実現していく。

　さらに歴史が示す事実としても，このパリ会議を実際に仕切るために作られた5大国の首脳と外相による "council of ten（10人会議）"，日本は西園寺公がまだパリに着いていないので牧野男爵と珍田大使が出席して始まったのだが，日本はほとんど発言せず，これでは呼んでも役に立たないというので呼ばれなくなる。そのうちにイタリアもはじかれて，パリ会議は結局英，仏，米の3カ国の首脳，外相で仕切られることになった，というのが歴史の示すところであるから，誇張だけではない。

　筆者はこの時の日本代表団の在り方には，長い間興味を持ってきた。この時の代表団の集合写真を見ると，近衛文麿，松岡洋右，有田八郎，吉田茂，芦田均，重光葵など，その後の日本外交の歴史で重要な役割を果たす人がたくさん写っている。日本の国際法の発展に大きな貢献をした安達峰一郎の姿もある。だから落ち着いて研究するのに値するものとして，これまで外交史の専門家の間では深く研究されてきている。

　はじめから，外交小話としては，長すぎた。でも，本当に日本外

交はこの時から大きく変わって根本的に違う次元の力を身につけたのであろうか？

　もちろん現在では，ただ笑って黙ってあとは寝ているだけ，などということはありえない。でも，何かどこかで引っかかるものが筆者にはある。日本外交の常識を学ぶ旅，その"箸休め"には，適切な話題かもしれない。「賢者は歴史に学ぶ」という。歴史，それも外交史は日本外交の常識を学ぶにあたってこれ以上ない重要性をもっているのであるから。

第1章

日米同盟と安保体制

1 吉田首相の決断 = 旧安保条約の締結

1人だけの署名　吉田首相は，西側陣営を中心とする45カ国の連合国との間でサンフランシスコ平和条約に署名して"単独講和"の道を歩むと共に，日米安保条約（旧安保条約）に署名してアメリカと同盟関係に入ることで戦後日本外交を再出発させたことは，序章でみた。ただ，吉田首相（兼外務大臣）がサンフランシスコのオペラハウスで平和条約に署名した時には，池田勇人大蔵大臣，苫米地義三，星島二郎，徳川宗敬各議員および一万田尚登日銀総裁が副署している。しかしその後吉田首相はオペラハウスからプレシディオにあるアメリカ陸軍第6軍司令部に赴き，旧安保条約には1人で署名した。平和条約に副署した全権委員の中でただ1人同行した池田大蔵大臣に対して吉田首相は，"この条約は日本国内では評判が良く

プレシディオ，サンフランシスコ（1951年9月8日）。写真は旧安保条約に署名する吉田茂首相。後ろに侍立している池田勇人蔵相は副署名しなかった。　　　　　　　　　[AP/アフロ]

21

ない，君はこれからの経歴もあるから署名しなくていい"との趣旨を語ったという。アメリカ側の署名者は，ディーン・アチソン国務長官以下複数のサンフランシスコ平和条約と同じ人が署名したにもかかわらず，である。ここに吉田首相の旧安保条約に対するなみなみならぬ決意が伺われる。

反共のとりでと自衛隊の創設　　実際，旧安保条約は日本国内ではあまり評判は良くなかった。サンフランシスコ平和条約でこれが発効したら占領軍は撤退すると規定されたが，別途の条約があれば駐留を継続できるとされた（平和条約第6条a）のを受けて，旧安保条約で日本は米軍の駐留を認めた（旧安保条約第1条第1文）。それだけでなく駐留米軍は，日本の内乱の際にもこれを鎮圧するために使うことができるとの内乱条項も入った（同第2文）。逆にアメリカの日本防衛義務は条約上明記されなかった。ダレス国務長官は，これでアメリカは好きな時に好きなだけ日本に駐留する米軍をアメリカのために使える，日本は反共のとりでになった，と思ったというのはあながち間違いではあるまい。

　成立した旧安保条約は，吉田首相が考えたとおり日本国内では大きな議論をよんだ。1947年5月3日に施行された現行憲法からしてもこれは違憲だとの強い議論があった。吉田首相は旧安保条約とともに吉田ドクトリンで軽武装，経済重視の政策を鮮明にするが，それでもアメリカからの圧力を受けて，まずは警察予備隊（1950年8月10日），そして保安隊（1952年10月15日），更には1954年7月1日に自衛隊が創設された。今ではそうでもないが，戦後日本の外交を考えるにあたって，この自衛隊の憲法上の位置付けが大きな論点であったことは，忘れてはなるまい。序章でも述べた，戦後日本に広く共有されてきたばくぜんとした平和主義，とにかく戦争は嫌

だ，武力行使はしない，といった感じからすれば，もっともなことだったのであろう。

　しかし，いかに日本国内で評判が悪かったとはいえ，戦後の占領から脱して独立を回復し，アメリカとの同盟関係に入ってそれまでの軍事占領軍から条約に基づく駐留米軍に変えたのであるから，当時としてはこれが精一杯だったのであろう。だから，日本は旧安保条約締結からすぐに，この"不平等性"を何とかしてより対等な同盟関係をいつの日にか構築したいと考えた。そしてそれを実現したのが岸信介首相であった。

2 　安保改定と日米関係

怒号と罵声の強行採決　1957年2月25日の岸内閣誕生とともに，日本はこのような旧安保条約の改定交渉に

イーストルーム，ホワイトハウス，ワシントンD.C.（1960年1月19日）。中央左が署名する岸首相，その右で見守るのがアイゼンハワー大統領。
［AP/アフロ］

23

臨む。それは 1958 年 6 月から開始され，1960 年 1 月 19 日に旧安保条約を改定した現行安保条約が署名された。日本ではこれが国会承認に提出され，同年 2 月 19 日から衆議院安保特別委員会が開催されたが，野党欠席で審議は進まず，怒号と罵声の中強行採決され，清瀬一郎議長の下，5 月 20 日午前零時過ぎに衆議院本会議で採択されて，参議院に送られた。

　条約の承認は憲法上衆議院が優越している。参議院に送られて 30 日すると承認案件は成立する。それでも，参議院の安保特別委員会でも強行採決。筆者は当時参議院の安保特別委員会の草葉隆圓委員長が読み上げた強行採決の際のメモを，見たことがある。何かの分厚い紙切れのはしに殴り書きされたそのメモは，筆者が子供の

国会をとり囲むデモ隊 (1960 年 6 月 15 日)。学生の 1 人が圧死する事案が発生した。

[提供 朝日新聞社]

時だったか自宅で見たものであったが，忘れられない。

　ともかくも，新安保条約は国会の承認後内閣による批准を受けて，同年 6 月 23 日に締結された。その日に岸内閣は総辞職して，7 月 19 日には池田内閣が誕生する。

　そこにいくまで日本国内では厳しい反安保闘争が行われた。6 月 15 日には国会を取り囲んだ 30 万人とも言われるデモ隊が衆議院南通用門から突入した際に，

その中にいた学生が死亡する事件も起こった。その前の6月10日には，6月19日に予定されていたアイゼンハワー米国大統領訪日の準備で羽田空港に到着したジム・ハガティ大統領報道官がデモ隊に取り囲まれて立ち往生し，アメリカ海兵隊に救出されるという事件もおきた。もちろんアイゼンハワー訪日は中止となった。そして安保改定に反対した日本社会党の浅沼稲次郎委員長が日比谷公会堂で暗殺されたのは，この

日本安保条約の承認事案の衆議院本会議強行採決（1960年5月20日未明）

［提供 朝日新聞社］

日本社会党の浅沼稲次郎委員長暗殺（1960年10月12日）。

［提供 朝日新聞社］

1960年の10月12日のことである。

　これだけ見ても，大激動の時。やはり60年安保闘争の話は，日本の外交を考えるうえで触れないわけにはいかないことのように思う。

　こう見てきて，岸内閣が安保改定に向かう交渉の経緯などは，ここではこれ以上触れないことにする。日本政府部内では，集団的自衛権を行使できるかどうかで改定安保条約の中身がかわるので，どのように対米交渉を行うか様々な議論があった。しかしそこまで旅の幅を広げると，改定された安保条約の大事な論点になかなかはいれなくなる。そこで，それよりも改定安保は旧安保条約の不平等性

をどう解決したのか，それ以来安保条約は改定されないまま今日に至っていることの意味はどこにあるのか。そこに焦点を当ててこの旅を続けていきたい。日米安保体制の，変わらぬ点と変わる点である。

現行安保条約のポイント　現行安保条約のポイントは，1960年の改定以来，その第5条と第6条にある。これが日米安保体制の変わらぬ点である。

(1)　第5条

安保改定の大きなポイントは，旧安保条約で明記されなかった米国の対日防衛義務を規定すること，その関連で内乱条項を削除すること，ここにある。

交渉の結果合意された第5条は，日本の施政の下にある領域における武力攻撃に対して，日米が"共通の危険に対処するように行動することを宣言する"と規定した。そして内乱条項は削除した。

ここでいくつかきちんと理解しなければならない点がある。

①　日米の共同対処の意味＝日米が「共通の危険に対処するように行動する」といっても，これで米国の対日防衛義務は明記されたことになるのか。答えはイエスである。例えば，改定安保条約に先立って締結されている韓米の安保条約（韓米相互防衛条約，朝鮮動乱休戦協定締結のあとの1953年10月1日署名，1954年11月17日発効，現在もそのまま有効）でも，肝心なところは全く同じ表現（韓米相互防衛条約第3条）である。韓米はこれで相互防衛の義務が明確になっている。だから，日米安保条約でもこの第5条によって米国の義務が明確になった。

②　"日本の施政の下にある領域"＝日米が武力行使を含め共同

対処するのは，この領域における武力攻撃に対してである。"日本の領域"ではなく，"日本の施政の下にある領域"，つまり日本が現に施政権を行使している領域である。だから，この領域は北方領土（日本固有の領土であるが，残念なことに現実には日本が施政の下には置けてはいない）や竹島（日本の領域であるが，現実には韓国が支配していて日本の施政の下にある領域とはいえない）は，この第5条の適用がある領域ではない。

　③　これと異なり，尖閣諸島は日本の領域であり，かつ日本が施政の下に置いている。尖閣諸島に対して独自の領有権の主張をする国は現実にあるが，日本はこれについての領土問題の存在も認めていない。それよりもここで重要なことは，尖閣諸島については，日本以外のいかなる国もこれを施政の下に置いてはいないし，だから，日本がこれを施政の下に置いているという事実自体を否定できる国はどこにもいない。また，そのようなことを言った国も1つもない。したがって，尖閣諸島は間違いなく"日本の施政の下にある領域"であり，そこにおける武力攻撃が発生した場合には，日米が共同して対処する，すなわち米国は対日防衛義務を負うことになる。これが世に言う尖閣の5条適用である。

　条約の規定ぶりからすると，この議論には疑問が入る余地は全くない。にもかかわらず，オバマ政権，トランプ政権を通じて，アメリカが尖閣に対する5条適用を明言するかどうかが，なぜ問題となったのか。それは条約からする法律論ではない，すぐれて国際関係における政治論であった。この点は，のちに中国を議論する時にもう一度触れることにしよう。

　④　武力攻撃とは何か，これは，いつ発生するか。この意味は当たり前のことのようにみえるが，よく考えたらそれほど単純ではな

27

い。ものごとの本質にかかわる論点がある。

　武力攻撃（an armed attack）とは，日米安保条約第5条，韓米相互防衛条約第3条，北大西洋条約（NATO）第5条そして国連憲章第51条などに共通に出てくる概念である。文脈は皆同じで，自分が武力攻撃を受けていなくてもそれを受けた国に対して集団的自衛権を行使して共に戦う規定である。日米安保条約の場合は，だからアメリカの対日防衛義務になる。日本に対するアメリカの集団的自衛権の行使を約束したからである。また，国連憲章第51条では，"武力攻撃が発生した場合"（if an armed attack occurs）に国連加盟国は個別的または集団的自衛権を行使できると規定した。

　⑤　そこで"武力攻撃"とか"武力攻撃が発生""した場合"とは何か。

　武力攻撃とは，一般に，一国に対する他国（国家に準ずる組織も含む）からの組織的・計画的な武力の行使とされている。さらに武力の行使とは，基本的には，国家または国家に準ずる組織の間において生ずる，武力を用いた紛争の一貫としての戦闘行為をいう，とされる。このあたりの議論は，どうしても舌を噛みそうなややこしいものになる。それだけではない。このところの日本では，「武力の行使」とは異なる「武器の使用」があるという。

　「武器の使用」とは，「直接人を殺傷し，又は武力闘争の手段として物を破壊することを目的として，火器，火薬類，刀剣類その他の機械，器具，装置をそのものの本来の用途に従って用いること」といい，「武力の行使」に至らないことがあるという。ここまでくると，ややこしさは並みではない。

　まあここではこのような，なかなか理解ができない議論は，ひとまずおいておこう。このような"精緻"な"法律論"をしているの

は日本くらいで，国際社会ではあまり行われていない議論であることもあるからである。

⑥　さて，武力攻撃があった場合とか発生した場合とは，いつか？日本語は過去形，現在形そして未来形の区別が英語ほどはっきりしていない。国連憲章第51条の英文で恐縮だが，正文である英語では，"if an armed attack occurs"と現在形になっている。日本語訳は，"武力攻撃が発生""した場合"であるが，これは，過去に起こった攻撃を意味しているものでは必ずしもなかろう。正文の英文が現在形であるからであって，英語では現在完了形でもない。現に今武力攻撃が起こっていて，発生している，というほどの意味に違いない。

⑦　となると，今武力攻撃が起こっているとは，いつのことをいうのか。既に見たとおり，武力攻撃が既に起こったという過去形ではない。言葉を変えれば，武力攻撃が発生してそれによる現実の被害が起こっている時点で"武力攻撃が発生する"のではない。そうなったら初めて自衛権行使ができるとか日米共同対処ができるというのでは，日本が武力侵略されて人が殺傷されるか，物が大規模に破壊されるかしなければ反撃できないことになる。それでは，遅い。だから，武力攻撃発生時点は，被害発生時点より前の時点でなくてはならない。

⑧　では，武力攻撃が起こりそうになっている時，言葉を変えれば武力攻撃発生の恐れある時点は，武力攻撃発生の時点か？それは，違う。それを認めてしまえば，予防的自衛（日本では先制的自衛といっしょくたにされているが，この2つは概念的には峻別されなければならない。またまた，ああややこしい，である。であるから，ここではこれ以上深入りしない）を認めることになる。過剰防衛である。

⑨　となると，武力攻撃発生の時点とは，被害発生の時点より前で，かつ，武力攻撃の恐れがある時点より後のどこかにある，といえそうである。それは，個別具体的な事例により確定すべきもので，一般に定義づけようとしても殊さら法匪のような議論になるだけで，不毛である。ただでさえここまでの議論が，"常識"を学ぶ旅からは，道を外れていると思う。だから，この類の話はこれでやめにする。

(2)　第6条

第5条と並んで日米安保条約のもう1つの柱は，第6条である。

既に第5条のところで見たとおり，日米が武力の行使を含めて共同対処するのは"日本の施政の下にある領域における武力攻撃"が発生した場合である。つまり，アメリカの領域で武力攻撃が発生しても日米は共同対処しない。日本は対米防衛義務を負わない。日本が武力攻撃された場合のみ日米がともに戦う。これでは相互防衛ではない。旧安保条約が不平等というとともに，改定安保条約は片務的ではないか，と言われる所以である。

ちなみに，これに対して韓米安保は相互防衛条約の名称である。なぜなら，韓米両国は太平洋地域における武力攻撃に対して共同対処すると規定されていて，それは韓国の施政の下にある地域における武力攻撃だけと規定されていないからである。韓米双方の一致した解釈で，ここで言う"太平洋地域"とは，ハワイより西で韓国の領域を含みグアムを含む，とされているという。だから，アメリカの領域であるグアムにおいて武力攻撃が発生した場合には，韓国は集団的自衛権を行使してアメリカを守る義務があることになる。アメリカ本土ではないが，相互防衛にはなっている。ところが日米安

保は，そうではない。対日防衛だけである。ならば，片務的か。この答えが，第6条である。

　第6条は，アメリカが，日本の安全に寄与するためと並んで極東における平和と安全の維持のために在日米軍の施設，区域（米軍基地）を使うことができると規定する。つまり，アメリカは対日防衛のために在日米軍基地を使うだけでなく，この地域の安全保障のためにも基地を使うことができるのである。アメリカが日本においている軍事基地は，だから対日防衛のためだけにあるのではなく，アメリカの世界戦略の中でアジア太平洋地域の安全保障のためにもあることになる。これこそ，普通の相互防衛条約ではなくとも，日本とともにアメリカの戦略にも合致した"双務性"がある，少なくとも"バランスがとれている"と説明される点である。

　しかし，この説明だけでは何か納得できない。日本が武力攻撃を受けた時のアメリカの対日防衛義務が明記されたことの見返りとして，日本はアメリカに在日米軍基地を自由に使わせるというのか。それでは相互防衛にならないだけではなくて，むしろアメリカにフリーハンドを与え，日本が望まない戦争にアメリカの思惑で巻き込まれてしまうのではないか。これこそ60年安保論争時に最も議論された点であった。

　安保改定を行った岸内閣のこれに対する答えは，次の3点であった。

① "極東"の限定

　第6条は，"極東における平和と安全の維持のために"アメリカは在日米軍の基地を使用できると規定している。対日防衛のためだけでなく，極東という地域のために日米安保条約は機能するのである。だから，アメリカはアジア太平洋のこの地域の平和と安全確保

という目的のために在日米軍を使えるのであって，日本から見て地球の裏側までの平和と安全について安保条約が語っているわけではない。ちなみに，極東条項は在日米軍の行動範囲についての規定ではなく，その基地の使用目的についての規定である。

　極東とはどこを意味するか。これは，改定安保条約が日本の国会に承認のために提出されてからすぐに大きな議論になった。改定安保条約の衆議院安保特別委員会の審議が始まって間もなくの1960年2月26日に政府が提出した統一見解によれば，極東とは，「平和と安全の維持のために日米が共通の関心を有する地域であって，大体において，フィリピン以北，日本とその周辺で韓国および台湾を含む」とされた。ちなみにアメリカ政府も同じ見解を上院で答弁しているので，この考えについて日米政府間で相違はない。つまり，現行安保条約は改定の当初より，朝鮮半島と台湾における平和と安全の維持をその目的に含んでいたのである。だから，朝鮮半島有事や台湾有事の際に在日米軍が使用され得ることは，初めから日米安保条約の枠組みの中で規定されていた。このような場合は，日本自身の平和と安全にとってとても人ごとではないから，在日米軍が使用されうるとの規定が置かれても日本が望まない戦争にアメリカの思惑で巻き込まれるということにはならない。いまでこそこのような議論に大きな反対はないと思われるが，1960年当時の日本ではそうでもなかったのである。

　最近では，この極東条項のいわれや意味はそれほど議論されなくなった。むしろ日米同盟が広くアジア太平洋地域の平和と安全にとって重要だとの認識が広がっている。それ自体は正しい認識であるし，今の安全保障環境からしてきわめて自然なことである。筆者もことさら自民党と社会党の対立時代の古い安保論戦を蒸し返すつ

もりはない。でも，安保条約の規定は1960年以来変わっていない
し，少なくとも改定当初の議論がどうであったかは充分に知ってお
いて踏まえる必要がある。これこそ日米安保体制の，変わらぬ点と
変わっている点である。

　繰り返す。朝鮮半島有事や台湾有事の際に日米同盟がどう対応す
るか。これを知らずに議論すると誠にトンチンカンなことになる。
実際の議論でこのような迷走は起こってきた。朝鮮半島有事だけで
なく台湾有事の際に日米安保条約が全く無関係であることはないと
の点は，極東の意味からして改定の初めから規定されたという事実
抜きに議論はできない。日本外交の常識を学ぶ旅の中で，今見てき
たことは避けて通れない論点であることは，強調したかったので，
またまたややこしい条約論を振り返った次第である。

　②　地位協定による制約

　第6条は，また，在日米軍の行動は安保条約本体の改定とともに
締結された日米地位協定によって規律されることが規定されている。
だから，在日米軍基地は第6条の目的の範囲内であればアメリカが
好きなように使えるわけではない。在日米軍は日米地位協定に具体
的に定められた規定に則って行動する義務がある。

　地位協定の規定は，それこそ専門的でややこしい。日本外交の常
識の旅の中でこれをきちんと見るのは無理である。ただ，例えば在
日米軍基地はアメリカが言えば好きなように提供されるわけではな
く，地位協定の規定に従って個別の日米間の合意がなければ提供さ
れない（これを地位協定では，合同委員会の合意という。日米政府間の
正式な合意である）。逆に，日米地位協定では，米軍の個々の艦船，
航空機の日本国内への出入りは，基本は自由にできると規定されて
いる，といった具合である。この制約が十分なものであるかどうか，

米軍の欧州方面での駐留を規定した条約や在韓米軍の地位協定やらとの比較もなされる。話はそんなに単純ではない。ただ，少なくとも言えるのは，在日米軍は何の規制もなく自由に行動できるわけではない，という点である。

③　事前協議制度

アメリカの行動を日本の立場から制約できる仕組みとして，改定安保条約では"事前協議"制度が導入された。これは改定安保条約第 6 条そのものではなく，6 条の実施に関する交換公文という別途の取極で合意された。その内容は，在日米軍の配置の変更，装備の変更，そして日本からの戦闘作戦行動として在日米軍基地を使用する場合，この 3 事項については日米は事前に協議する，つまり，日本政府がアメリカの申し出に対してイエスと言わなければアメリカは勝手にこれらの行動をとることはできない，というものである。

さらに具体的にこれら 3 事項とは何か。これについては，別途の日米間の合意（藤山＝マッカーサー"口頭了解"）で次のように定められた。

 （ⅰ）　配置における変更とは，陸軍の場合，1 個師団（1 万 5 千人から 2 万人程度の部隊），海，空はこれに準ずるもの，の変更。

 （ⅱ）　装備における重要な変更とは，核弾頭および中，長距離ミサイルの持ち込み。

 （ⅲ）　戦闘作戦行動とは，日本から行われる戦闘作戦行動の基地として在日米軍基地が使用される場合。

このうち 1 番目の点ははっきりしている。在日米軍は大体 5 万 5 千人程度と見られるから，1 個師団の兵力といえばきわめて大規模な増減になる。在日米軍の兵力の増減は軍の運用であるから当然あるが，これまで事前協議の対象になるようなこの規模の変更を一度

にしたことはない。

2番目の点が，いわゆる"核持ち込み"問題である。日本は日米安保条約でアメリカの"拡大抑止"すなわち核の傘の下にありながら，非核三原則を維持するためにアメリカによる"核持ち込み"をさせないための制度である。事前協議はそれを発議するのはアメリカで，核持ち込みの時には必ず日本はノーというから，非核三原則は守られるというのである。この点については，日米間で交わしたとされる密約についてはすでに調査が行われて結果が公表されている。筆者もその時は外務省の担当者であったので調査の対象であった。ただ，この問題は既に明確にされているので現在の問題にはなりにくい。詳細に語るにも紙面がいる。だから，日米安保条約の経緯を語るにはきわめて重要な論点であるが，本書の日本外交の常識を学ぶ旅では，これ以上詳述しない。別に避けて通ろうとしているのではない。別の機会に譲るだけである。

3番目の直接の戦闘作戦行動の場合の事前協議は，これに対して現在の意味が大きい。なぜか。

初めの極東のところで見たように，安保条約は改定の時から朝鮮半島と台湾における平和と安全の維持を語っている。そしてこの両方とも，現在の日本の外交政策にとってきわめて重要な課題であることは明らかである。

振り返って見ると1960年の安保改定から間もない1967年11月21日，佐藤栄作首相の訪米時に，リチャード・ニクソン大統領との間で共同声明が発出された。これは1972年中の沖縄返還について触れるとともに，繊維交渉を踏まえた日米貿易摩擦についても言及している。それと並んで極東における平和と安全の維持の重要性を強調する中で，この共同声明は，佐藤首相は「韓国の安全は日本

自身にとって"緊要"である」と述べた上で「台湾地域における平和と安全の維持も日本の安全にとってきわめて"重要な要素"である」とした。この，「韓国は"緊要"」と「台湾は"重要な要素"」との言い方の違いから，朝鮮半島有事の際に在日米軍基地からの直接戦闘作戦行動についての事前協議が行われたら日本はイエスというが，台湾有事の際にはイエスもノーもある，との見方が広がった。

　共同声明の起草の趣旨は，おそらくそうであったのだろう。しかし当時の日本国内の議論では，到底そのような雰囲気にはならない。首脳会談後の日本の国会論戦では，佐藤首相も含めて政府側は，事前協議にはどの場合でもイエスもノーもある，との説明に追われることになった。

　1967 年からずいぶんと年月が経ち，今の日本の議論の雰囲気は異なっていると言えよう。朝鮮半島有事も台湾有事も，日本の安全保障にとって死活的に重要との認識は広く共有されるに至っていると思われるからである。制度としては，あくまで事前協議をされたら日本は独自の判断をして，イエスもノーもいえる。だから事前協議制度のこの第 3 番目の事項は，日米安保条約の運用の中で変わらぬ制度である。と同時に，その中身になると，今や片方がイエスでもう 1 つはイエスもノーもあるということではあるまい。だから，これは実際のところの運用は変わっている点があることを示す好例である。

　安保条約第 6 条の旅は，ずいぶんと長くなった。でもこれで日米安保の変わらぬ点と変わっている点をはっきりさせることができたと思う。だから，無駄な時間ではない。

　現行安保条約は第 5 条と第 6 条だけではないけれど，これだけややこしい条約論をすれば，日米安保体制の本質は充分にわかる。そ

こで，安保条約を学ぶ旅はこれくらいにしよう。そして安保条約を
基礎とした日米関係がどのように深化してきたかを見る旅に移るこ
とにしよう。

3　日米同盟の深化

　繰り返し見たように，日米安保条約は 1960 年に改定されて以来，
条約そのものとしては変わっていない。現行の改定安保条約ではそ
の有効期間は 10 年とされて，1970 年以降は 1 年間の終了予告つき
の自動延長となっている。これまでのところ日米双方ともこの終了
をする考えはないからこの条約の枠組みはこれから先も継続される
と見られるが，法律的には 1 年の通告でいつでも終了されうるもの
である。

　条約としての規定は 1960 年の改定以来不変なのだが，その機能

アリゾナ記念館，パールハーバー，ハワイ（2016 年 12
月 27 日）。バラック・オバマ大統領と安倍晋三首相。[外
務省 HP（https://www.mofa.go.jp/mofaj/na/na1/us/
page3_001940.html)]

はずいぶんと深化してきた。既に見た日米安保体制の変わらぬもの
と変わっているもの，である。

矛と盾　　5 条，6 条の規定は変わっていないから，その本質は不
変である。大きく見れば，"矛と盾" である。つまり，
基本的には日本は自国防衛に専念するとともに周辺地域（朝鮮半島
と台湾）の有事にはアメリカを支援しうるので一定の役割を果たす。
アメリカはその持つ "パワープロジェクションケイパビリティ"，
つまり戦力投射能力（自国の領域を超える地域の安定を促し，危機に
対応して戦闘を遂行するために軍を展開する能力）を使って，この地
域の平和と安全の維持に積極的な軍事的役割を果たす。これが，日
本の "盾" とアメリカの "矛" である。この基本は変わっていない。
日本は専守防衛の原則を変えたことはないし，アメリカは戦力投射
能力を放棄したこともない。

中曽根・レーガンとウイリアムズバーグ G7 サ
ミット（1983 年 5 月 28 日 – 30 日）。外交慣例とは
異なり中曽根首相が議長レーガン大統領の左どな
りに立っている。　　　　［Everette Collection/アフロ］

確かに，1960 年か
ら 60 年以上，1952 年
の旧安保条約締結から
数えれば 70 年以上の
歳月を経て，日米安保
条約を基礎とする日米
同盟関係は大きく深化
してきた。安保条約は
変わっていなくても，
同盟の機能はずいぶん
と変わってきた。今や
日米関係はこれ以上良
くはなれないと言われ

るほど強固なものになっているのも，日米安保の変わらぬ原則を維持しながら，時代の要請や日米それぞれが置かれた状況に適切に対応して努力を積み重ねてきたからである。60年の安保改定から60年余りの歴史が全てこれに関わっている。

　しかしその中でも特筆すべきは，中曽根康弘首相とドナルド・レーガン大統領の信頼関係，そして何といっても安倍晋三首相が主導した"積極的平和主義"の果たした役割であろう。またそれを引き継ぐ形で岸田文雄内閣が2022年12月16日に策定した国家安全保障戦略，就中その中での"反撃能力"の整備である。これらはいずれも日米安保体制の基礎を変えたものではないが，日米関係を大きく深めたものであり，また安倍・岸田首相の政策は日本の防衛政策を大きく進展させたものでこれらによって日米同盟関係は大きく深化した。本書ではそれらの点に関して，筆者が直接関わったことを含めて日米関係の深化につき見ていくことにする。これこそ，日本外交の常識を学ぶ旅の"本番"である。

中曽根首相とレーガン大統領　まずは，"ロン・ヤス関係"こと，中曽根首相とレーガン大統領の関係である。中曽根首相の功績については多くを語らなければならないのであるが，本書では1つだけ，1983年5月28日から30日までアメリカの古都，バージニア州のウイリアムズバーグで行われた第9回先進国首脳会議でのことを取り上げよう。この5月29日にはサミットのステートメントが発出された。この時はソ連の中距離ミサイル SS20 の配備問題が緊急の課題であった。その関連でこのサミットのステートメントは，"我々 G7 の西側の安全は不可分"と明確にうたった。欧州やそれにアメリカ，カナダという NATO（北大西洋条約機構）の加盟国だけでなくそこに日本も加わって西側 G7

が安全保障上は不可分というのであるから，日本の安全保障政策に
とっては画期的なことである。それが日米関係，広い意味での日米
同盟関係に及ぼす意味合いも大きなものがあった。筆者はアメリカ
の国務副長官を務めたリチャード・アーミテージ氏から，このこと
は米ソ冷戦を終わらせる上で大きな役割を果たしたという見方を聞
いたことがある。

　なぜか。日米安保条約は，日本の安全とこの地域の平和と安全を
語っている。欧州については語っていない。G7 は日本をのぞくと
皆 NATO 加盟国。その G7 で日本も入れて安全保障を語ったので
あるから，これは日米安保条約を超えて，日米関係と日本の安全保
障政策をより広い視野から公に語ったはじめの出来事という評価が
できるからである。

　だから，これは日米安保条約に直接関わることではないけれど，
広い意味での日米同盟関係にとっては大変大きな出来事だったよう
に思う。

自衛隊のサマーワ派遣　この流れを大きく発展させたのは，小泉純
一郎首相による自衛隊のサマーワ派遣で
あった。これは "湾岸戦争"（1990 年 8 月 2 日のイラクのクウェート
侵略を発端として，1991 年 1 月 17 日より国連の強制行動として多国籍
軍によってとられた武力行使）を受けて，小泉内閣によって決定され
た措置である。筆者はこの時にアメリカのワシントン DC の日本大
使館に勤務していてアメリカとの調整に追われる若い書記官の 1 人
であった。この時の経験は，筆者の外交官としての生活の中でトラ
ウマのように残った出来事である。本当はそこのところをもっと記
述したいが，今は日米同盟関係をまず見ているので，それは後にし
よう。

安倍首相の"積極的平和主義"　2012 年 12 月 26 日，第 2 次安倍晋三内閣が発足する。一度首相を辞任した指導者が再び返り咲くのは，吉田首相以来であった。それだけではない。安倍首相は，在任期間総数 3188 日，8 年 7 カ月余り，明治近代化以来最長の在職日数を記録した首相である。その安倍首相が，特に返り咲いてからの 7 年 8 カ月余り，筆者は外務省の担当責任者として直接接する立場にあったので，この間の日米同盟関係の深化は肌で感じている。アメリカはオバマ大統領からトランプ大統領の時である。この第 2 次安倍政権の間，総理官邸ではずっと菅義偉官房長官（のちの総理）であった。

　安倍首相は返り咲いてから 1 年経たない 2013 年 12 月 4 日に，内閣に首相直轄の国家安全保障会議を設置する。アメリカのナショナルセキュリティカウンセル（NSC）のカウンターパートである。最近ではこの存在なしには日本の外交は語れなくなっていて，あたかも昔からあったように感じられているが，実はできてからまだ 10 年ほどしか経っていない。筆者の外交官時代の大半はこの存在なくして日本の外交が進められてきたわけだが，今にして思えば到底考えも及ばないことであった。

　そしてその後すぐの 2013 年 12 月 17 日，従来あった「国防の基本方針」（1957 年 5 月 20 日）に変わるものとして，初めて包括的な「国家安全保障戦略」が策定される。この中で基本理念として明記されたのが，国際協調主義に基づく積極的平和主義であった。

　さらにその翌年 2014 年の 9 月 30 日，いわゆる平和安全法制が作成された。それまでの日本国憲法第 9 条の解釈で，日本は国際法上の主権国家として集団的自衛権は有するが憲法の解釈からしてその行使はできないとしてきた立場を一部変更して，限定的ながらそれ

41

を可能とするといった法制である。この憲法解釈の変更は限定的な
ものとはいえ，戦後の日本の安全保障政策を大きく変えるものであ
る。日米安保条約そのものが変更されたわけではないが，積極的平
和主義の1つの具体化であるこのことは日米同盟の機能に大きな深
化をもたらした。日米安保体制の，変わっている点である。

「和解の力」演説　このことを見事に象徴したのが2016年12月27
日のハワイ，パールハーバーのアリゾナ記念館
での安倍首相，オバマ大統領のスピーチ，特に安倍首相による「和
解の力」演説であった。日米同盟は，世界を覆う幾多の困難に共に
立ち向かう同盟，「希望の同盟」。その日米を結びつけたもの，それ
は寛容の心がもたらしたザパワーオブリコンシリエーション，「和
解の力」だ。それこそこのパールハーバーで，オバマ大統領と共に
訴えたい。日本はひたすら不戦の誓いを繰り返してきた，我々は戦
争の惨禍を2度と繰り返さないと。素晴らしい歴史の瞬間，であっ
た。

　実は，これには経緯がある。

大統領候補，ドナルド・トランプとの会談　2016年11月8日，第45
代大統領を選ぶアメリカ
の選挙が行われた。結果は大半の予想に反して，共和党のドナル
ド・トランプ候補が民主党のヒラリー・クリントン候補を破って当
選した。アメリカの大統領選挙は，538人の選挙人を選び，その選
挙人が投票して大統領を決めるという特別な間接選挙である。なぜ
538人か。アメリカは合衆国であるから50の州からなる。各州は
その大きさ，人口の多寡に関わらず2人の上院議員をもつ。合衆国
だからである。それに対して下院議員は人口に応じて配分される。
だから人口3900万人のカリフォルニア州は53人の下院議員，人口

75万人のノースダコタ州の下院議員は1人。この，上院議員と下院議員数を足したものが各州の大統領選挙人として割り当てられる。カリフォルニアはだから55人，ノースダコタは3人である。これを各州ごとに足した数（上院議員100人，下院議員435人，それにワシントンD.C.の3人で合計）が538人。各州ごとにこの選挙人を選ぶが，その際にネブラスカ州（5人）とメイン州（4人）を除く48州では1票でも多くとった候補が全ての選挙人を獲得する（勝者総取り，ウイナーテイクスオール制度）。2016年の大統領選挙の結果，このような制度によってトランプ候補は538のうち306を獲得，クリントン候補は232にとどまりトランプ候補の勝利となった。実際の得票総数は，クリントン候補が6585万票，トランプ候補は6300万票で，クリントン候補が2.1％リードしたのであるが，そんなことを言っても制度がこうであるから意味はない。選挙人数では圧勝だが，実際はトランプ候補の僅差での勝利，であった。

　予想を覆してのトランプ候補の勝利。トランプ候補はそれまでアメリカでの公職経験はない。もちろん首都ワシントンDCでの経験はない。不動産業の富豪，テレビの司会者として有名ではあったが，政治的には未知の人の，突然の登場である。大統領選挙に当選する人は，大概は上院議員か州知事，少なくとも何らかの公職経験者であるから，トランプ当選者が大統領になったらどうなるだろうと皆思った。しかも，選挙戦中の発言がこの不安に拍車をかけていたのである。実際，欧州を中心として主要国の指導者たちは，トランプ大統領が誕生してどうなるか様子見をしようというムードであった。

　ところが安倍首相。当選祝いの電話をトランプ氏にした時に，大統領就任前にも早く会いたいと申し入れたのである。繰り返す。大方の雰囲気は，様子見だった時に，であるから，相当のリスクを

とったことになる。もちろんトランプ当選者は大喜び。それで
2016 年 11 月 17 日には，ニューヨークのトランプタワーで安倍・
トランプ両氏の最初の会談が実現する。筆者は直接聞いた，この会
談こそ，安倍・トランプの格別の友情関係の原点だった，と。

　その後の安倍・トランプ両氏による日米関係の進展については，
本書の紙面では全部記述はできない。ただ，このことが先に述べた
その年の 12 月のパールハーバーでの安倍・オバマ首脳会談や「和
解の力」演説の伏線になっていることは明らかにしたい。

　安倍首相は，ニューヨークでのトランプ次期大統領との会談を済
ませ，南米チリでの APEC 首脳会合に出席して帰国するや，「ある
時点でアメリカに大統領は 1 人しかいない」ことを考え，その時の
大統領であるオバマ氏があまり愉快に思っていないことを気にした。
オバマ大統領は，トランプ次期大統領の共和党と反対の民主党であ
るから，さらにである。そこで，トランプ氏に会った以上，現職の
オバマ氏にも辞める前に会って，今までありがとうと礼を言いたい，
辞めるのは年を明けた 1 月 20 日であるし，年末はオバマ氏にとっ
てゆかりのあるハワイで休暇を取る，だからクリスマスの頃オバマ
大統領とハワイ，それもパールハーバーで首脳会談を行いたい，と
考えたのである。トランプ当選者と会おうというリスクの取り方だ
けではなかった。もうすぐ辞めるオバマ大統領と，何と日米開戦の
パールハーバーで会おうというのであるから，この発想は普通の人
のものではない。これは，その年 2016 年 5 月の伊勢志摩における
サミット終了後の，オバマ大統領の広島訪問に対する御礼だったと
いう人がいるが，それは違う。広島ではなく，ニューヨークのトラ
ンプ候補との会談との関係だったのである。

　日米同盟の深化には，このようにリーダーの類まれなる直観と信

念があると思う。

岸田首相の "反撃能力"　安倍首相によるこのような日米同盟の深化を引き継ぐものとして特筆すべきは，岸田内閣による改定された「国家安全保障戦略」とその中で記載された反撃能力の整備，である。確かにこれは日本の防衛力整備や防衛政策におけるたいへん大きな進展である。

　マスコミでは敵基地攻撃能力と言われた反撃能力とは，相手からミサイルによる攻撃がなされている場合，やむを得ない必要最小限度の自衛措置として相手の領域において有効な反撃を加えわが国を守る能力のことである。これはもともと国際法上の自衛権として認められているものであるし，憲法解釈でも不可能ではなかったことであるが，これまで自衛隊はそのような能力を与えられてこなかった。そのような能力は付与しないとの政策判断であった。しかるに岸田首相はこれを変えるというのである。防衛政策の画期的な進展というのは，そのような能力を新たに付与しようという点にある。これは日本の専守防衛という基本政策を変えるものではないし，その意味で日米安保体制の "矛" と "盾" の役割分担の基本を変えるものではない。しかし現実の日米共同対処の中で，自衛隊の取れる行動の範囲が拡がるのであるから，安保条約の運用からすれば誠に大きな意味を持つ。まさに，安保体制の深化そのものである。だから，日米同盟の，変わっている点の重要なところである。

　法律的にはできたことと言っても，実際の措置が伴ってこなかったのであるから，岸田首相のこの決断はとても大きなものである。また，法律的な枠組みとしては安倍首相の集団的自衛権の限定行使を可能にさせた平和安保法制がきわめて重要であるが，それだけでは身体をつくって魂を入れないに等しいことになるから，具体的措

置をとることの大切さは認識されるべきである。だから，日米同盟
は 70 年以上経っているけれど，まだまだ深化の余地があることに
なる。どんな同盟でも永遠ではありえないけれど，筆者が日米同盟
はまだまだ予見しうる将来にわたって伸びる部分があり，またさら
に深まるだろう，否，深まるべきであると考えているのは，このよ
うなわけがある。これは，筆者の 44 年余りの外交官生活の結果と
しての，確信である。

　このような経緯を受けて 2024 年 4 月 8 日 − 14 日の岸田首相の訪
米になる。この訪米はさまざまな点から大きな成果をうんだもので
あったし，4 月 12 日に行われた岸田首相の議会演説（上下両院議員
の前での演説としては，2015 年 4 月 30 日の安倍首相による演説以来 2
回目のもの）は画期的な演説であった。ただ，ここではそれらの詳
細の記載はしない。ここでは，この岸田首相の訪米の時に初めて日
米フィリピンの 3 カ国首脳会談が行われたことのみ記述する。とい
うのも，このことは，東アジアの安全保障の仕組みが，アメリカを
中心とするそれぞれの 2 国間同盟の仕組みから，アメリカを中心と
しつつもそれに日本を加えて日米韓，日米印豪，米英豪＋日，そし
て日米比といった複合的，立体的，重層的な仕組みに発展する大き
な転換になったことを象徴しているからである。この基礎には，欧
州方面と異なり，東アジア，アジア太平洋の地域においては
NATO のような仕組みはなかなかなじます，それぞれの多様性
（variety）や集合的な立ち位置（collectivity）に即して安全保障のメ
カニズムを構築したほうがよいし現実的だという認識と実態がある。
NATO 自体に今のままでは欧州の安全保障を確保するものとして
完全ではないという問題点があることについては次の章で触れるこ
とになるが，それはそれとして，日本が位置するこの地域の安全保

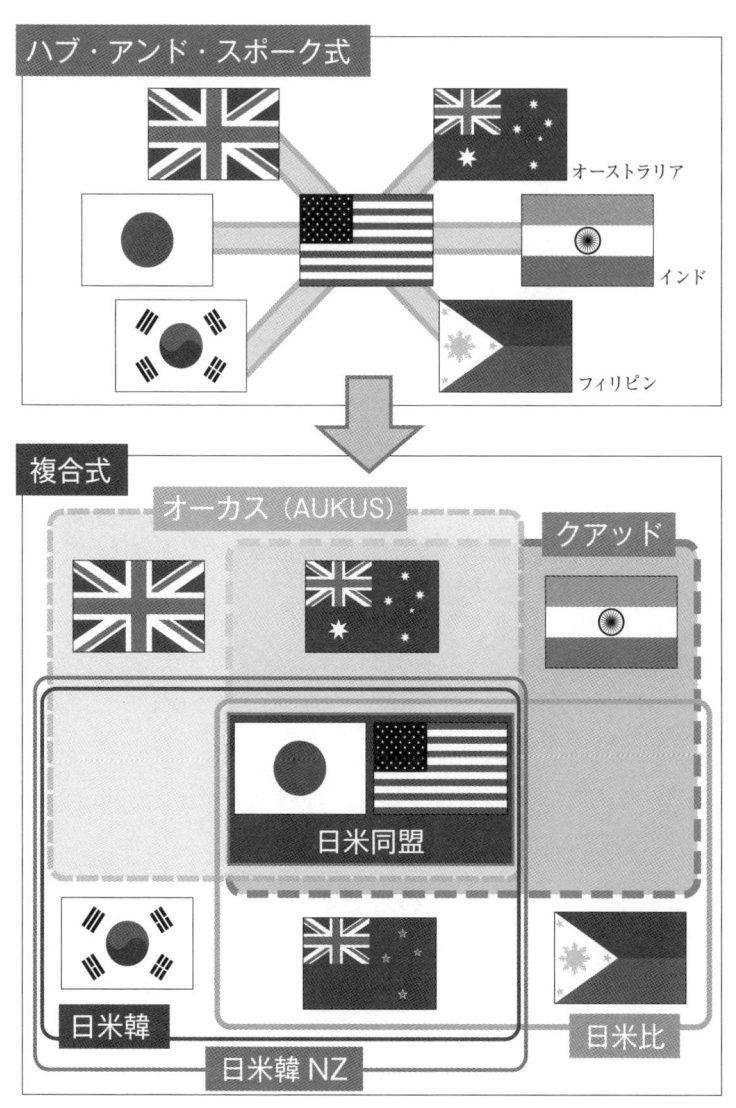

東アジアの安全保障のメカニズム（二国間同盟体制から複合的重層的安全保障へ）

障のあり方を，NATO のような親和性（affinity）が強い地域での仕組みとは異なる，もっと複合的なものとして示した意義は大きい。

　こういうと，台頭している中国を念頭において「対中包囲網の形成」とか「中国囲い込み政策」とかなどと批評されることがあるが，それは違う。中国政策の基本は引き続き "戦略的互恵関係" の構築であるから，いわば対中「関与政策」である。だからこそ岸田首相は，訪米の後にソウルを訪れて日中韓 3 カ国首脳会議に出席している（2024 年 5 月 26 日 - 27 日）。

　日中韓首脳会議は，この時に約 4 年半ぶりの開催であった。だから，対中「包囲網」などではない。この点は，第 3 章で中国について見る時にもう一度触れよう。ここでは，東アジア，アジア太平洋の安全保障メカニズムが，日本とアメリカを中心にして，日本の積極的外交によって立体的・複合的・重層的なものへと進展していることを強調するにとどめる。

「トランプ現象」の意味　ここで一言，ドナルド・トランプ大統領のことについて触れておきたい。大方の予想に反してトランプ氏が大統領選挙でヒラリー・クリントン候補に勝利したそのすぐ後の 2016 年 11 月 17 日に，安倍首相が大きな政治的リスクを承知の上でニューヨークのトランプタワーを訪れて，トランプ「当選者」と初めての会談をしたことはすでに記述した。決定的な会談であった。そのトランプ氏が引き起こした「トランプ現象」。筆者は，このトランプタワーでの会談の翌年 2018 年に安倍内閣によって特命全権大使に任命され，天皇陛下によって認証されて，河野太郎外務大臣により米国に派遣された。だから，トランプ大統領当時の 2018 年から 2021 年までワシントン DC に勤務して多くの安倍・トランプ首脳会談に同席し，またトランプ大統領と話を

する機会もあった。そうして話をしてみると，トランプ氏には大統領としての「非伝統的」姿とは異なる，きわめて人間的な一面がある。温かく接してくれて，細かく気を使う。だからこそ，裁判がどうなろうと一部にいかに忌避感が強かろうと，4割くらいの圧倒的な支持者がいるのだ，と思った。筆者は日本国民であるし，だからアメリカでの投票権は当然持たないので，トランプ氏が大統領としてどうかということを言う立場にはない。それでも，接してみての感想はある。もっとも，バイデン大統領にも一度だけであるが副大統領時代に直接お会いした。バイデン大統領はまた違った意味で，指導者たるの雰囲気を持った政治家であると思った。やはり，リーダーになるだけの人には，それぞれどこかに人を惹きつける「人間力」のようなものがあるものだ，と思う。

　それで「トランプ現象」。確かに，"ドナルド・トランプ"というきわめて個性豊かな指導者が引き起こした「現象」という側面はある。なかなかあれほど強烈な個性やカリスマはないのかもしれない。2024年7月14日のトランプ候補暗殺未遂事件の強烈な映像もある。JDバンス上院議員（オハイオ州）の副大統領候補指名もあった。でも，筆者には，今の「トランプ現象」の本質は，"トランプ"という個人が原因となって引き起こされた現象というよりは，アメリカにおける10年単位での大きな変化の流れの中で結果として現れた現象ではないかと見える。つまり，これは原因ではなく，結果でしかない，ということである。"ドナルド・トランプ"という個人が出現していなければ，誰かがこのようなことを起こした，とみるべきものではないか。

　つまり，「トランプ現象」は一過性の，特別な個人に起因するものというよりは，アメリカの大きな歴史の流れのうねりの中で，あ

日米貿易協定署名式であいさつする筆者（ホワイトハウス，ワシントン D.C.）。右がトランプ大統領，左がライトハイザー通商代表（2019 年 10 月 7 日）。この協定交渉の日本側の首席代表は，茂木敏充国務大臣であった。　　　　　　　　　　　　　　　　　［AP/アフロ］

る意味で必然的に出現した現象ではないか，という見方である。その根底には，2040 年代終わりまでにはアメリカの全人口における白人の人口が半分を切るという大きな変化がある。所得格差の拡大もあろう。人口動態を含めたアメリカの大きな変化の流れ。これが結果として"トランプ"を産んだとみるほうが正しくはないか。

アメリカはどこへ行くのか

アメリカは日本にとって唯一の同盟国。そして衰えたとはいえ，いまだに唯一の超大国。ロンドンもパリも，もちろん東京も，そして北京でさえ，アメリカがどう動くかによって動きを決めている。ただ 1 つ，世界がその動きを注視してそれによって自らの動きを調整する。ジョー・バイデン大統領が選挙からおりてカマラ・ハリス副大統領が民主党の候補になるという劇的展開，そして，ティム・ウォルズ知事（ミ

ネソタ州）の副大統領候補指名，本書執筆時点でこれがどうなるか
わからない。しかしひとつ確実にいえることは，このように世界を
ふり回すのはワシントンDC，アメリカしかいないのではないかと
いうことである。英国で14年ぶりに保守党から労働党に政権交代
したことは世界の大きなニュース。中国で習近平体制が異例の3期
目15年に入ったことも大変な注目を集めた。日本の政治がどうな
るかも関心は高い。でも，そのような政治の動きで世界が止まるわ
けではない。ただ1つ，アメリカの政治の動きだけが世界を振り回
す。いやこれは，もちろん誇張。しかしそこには，現実の，何らか
の真実があるのではないか。そういう観点から，"トランプ現象"
を正確に捉えることの意味の大きさが導かれる。

　大きな流れの中で，アメリカはどこに行くのだろう。白人の人口
が半分を割った時のアメリカは，どうなるのだろう。「人種差別反
対」の裏側にあるアメリカの本音，これは変わるのだろうか。銃規
制，堕胎の合法性，移民政策といった現代アメリカが抱える深刻な
問題。その中でも，世界の各地で見られるとはいえアメリカでずっ
と大きな問題である人種差別問題。これが，どうなっていくのだろ
うか。当面の経済が最大の焦点とはいえ，「トランプ現象」は，こ
の本質的な問いを投げかけていると思えてならないのである。

　第1章の日米同盟と安保体制，そして最後にはアメリカの変化に
ついて学ぶ旅は，ずいぶんと長くなった。でも，何といっても日本
外交の基軸は戦後一貫して日米関係にあるから，これもやむを得ま
い。日本外交の常識の，はじめの一歩は，日米関係抜きには語れな
いのだから。そしてその根本には，明治の開国以来，日本外交の
「大道」は米英との提携にある，これを誤ったから日本外交は転落
した，戦後これを復元したので日本の繁栄があった，という吉田首

相の確信がある（吉田茂，回想十年，第一巻，22-35頁，新潮社，1957年。同巻第四巻，23-25頁，1958年）。本書冒頭の序章で吉田ドクトリンが今でも有効かは問いかけたが，それにもかかわらず，70年近くも前に記されたこの吉田首相の確信には，変わらぬ本質があると思う。これこそ日本外交の常識，なのである。

　では，1952年の単独講和，サンフランシスコ平和条約締結と，同時に選択された日米同盟に続いて起こったことは何か。それは，もう一方の共産圏の盟主，ソ連との戦争状態の終結，そして冷戦崩壊後も続くロシアとの"平和条約"締結交渉である。日本外交の常識の第2章は，これを学ぶ旅になる。

　次へと進めよう。

外交小話2　良きアメリカ人と尊敬すべき人

　アメリカとの付き合いを振り返れば，1986年9月2日に締結された日米半導体協定交渉の時の，それはそれは苦い思い出がある。それ以外でも，アメリカとの交渉は誠にタフであった。理屈が通っているようでそうでもないことも多いし，最後は力がものを言うさとばかりの態度をとられることだってある。交渉ごとは常にそんなものかもしれないが，ことアメリカとなるとほんとうに最強であるからかなわない。しかも日本にとって唯一の同盟国だから，なおさら手に負えない。

　それでも，アメリカの人たちは総じていい人たちである。素直で何より明るい。やや大雑把といえばそうかもしれないが，気持ちの細やかな人も大勢いるし，とにかく全体として"いい人たち"なのである。

　筆者が会ったそのような"いい人"はたくさんいる。しかし，単

に“いい人”というだけでなく，心から尊敬すべき誠に立派な人もいる。実際に会った人でそのように本当に心に残る人。やはりアメリカの人は尊敬できると思う人。たくさんの人をあげることはしないが，そのような人を何人か紹介しよう。

　まず，ルース・ベーダー・ギンズバーグ最高裁判事。1993年8月10日にアメリカ連邦最高裁判所の判事になってから2020年9月18日に亡くなるまでその職を勤めた。映画にもなった，リベラル派ではあるが国民的に支持された女性の法律家である。音楽ファン，特にオペラ好きで知られた。筆者は駐米大使時代に公邸でのテノールのリサイタルにお招きしてお話したり，音楽会で一緒になったりしてその人柄の素晴らしさに接することがあった。コンサートホールに入り席に着くと，観客席が総立ちになり拍手がなりやまずに音楽会が始められないほどだった時のことは，今でも思いだす。政治的な立場というより，生きる姿勢のようなものが多くの人を魅了したのだと思う。

　そして，ノーマン・ミネタ議員。日系人政治家としてはダニエル・イノウエ議員に次いでアメリカの中央政界をリードした。民主党政権と共和党政権の両方で閣僚（商務長官と運輸長官）を務めた。9.11の同時多発テロ事件発生時の運輸長官。あの時はほんとうに大変だったと直接伺った。そして筆者はミネタ議員に誘われて，太平洋戦争中のアメリカにおける日系人収容所で，ミネタ議員自身が収容されたワイオミング州のハートマウンテン収容所跡での行事に参加した。決して忘れられないことである。だから，ミネタ議員が2022年5月3日に亡くなられたことを聞いたときは，本当にショックであった。

　筆者自身が親しくお話をした人ではないが，お会いして握手したことのあるジョージ・H・W・ブッシュ第41代大統領も，アメリカを代表する知性であると思う。1992年1月8日，宮澤首相が招いた総理公邸での晩餐会で体調をくずされて倒れた時のこと。筆者はその時ワシントンD.C.の一等書記官で，その連絡を直ちに受けた。その後，筆者の駐米大使在勤中に亡くなられて，ワシントン

D.C. の大聖堂で国葬が行われた（2018 年 11 月 30 日死去，同 12 月 5 日国葬）。日本からは福田康夫元総理が政府代表として参列，筆者もお供した。その時，誰がいうともなく"これでアメリカの良心，上品さが失われた（demise of decency）"と言われた。これまた，よく覚えている。

　もう 1 人あげるとすれば，マティス将軍であると思う。トランプ政権で国防長官を務めた（2017 年 1 月 20 日から 2019 年 1 月 1 日）。自宅には 8000 冊の蔵書があるという知識人。優れた軍人というだけではない，大変な知性。心を揺さぶられる人である。

　こう書きだすときりがない。ほんとうに立派な人がいる。もちろんどの国にも立派な人はいるが，アメリカの場合，そのような立派な人は，国際社会全体のことを考えて誠に素晴らしい人柄を示していると思う。アメリカならではのこと，ではなかろうか。これは決して筆者の思い過ぎではないと考えている。

第2章

ソ連との国交回復と日露平和条約交渉，プーチン大統領

　旅の第2章は，ソ連，ロシアである。

　まずは太平洋戦争の後サンフランシスコ平和条約では処理することができなかったソ連との関係がどうなったか，北方領土問題はどう交渉されてきているか。そして，2000年にプーチン大統領が誕生した後のロシアの現状，また，そのプーチン大統領に日本はどう向き合ってきているか。

　さらに，2022年2月24日に開始されたロシアのウクライナ侵略。この戦争の行くえは？これは，現在の最大の論点であろう。

1　日ソ共同宣言

吉田退陣と鳩山内閣の成立　単独講和に舵を切った吉田内閣は，ソ連のスターリンの死去（1953年3月5日），朝鮮動乱の休戦（同年7月27日）のあと，1954年12月10日に退陣する。そして自由党に代わって日本民主党の鳩山一郎内閣が同日に成立する。反共保守ながら，サンフランシスコ平和条約で取り残されたソ連との国交正常化，戦争状態の終結に意欲を見せていた鳩山首相は，就任の後の年明け早々からこれに取り組む。こうして日ソ国交正常化交渉は，1955年6月3日からロンドンで開始された。序章で見たように，単独講和によって西側陣営に入って独立を回復した日本にとって，共産陣営の雄であるソ連との戦争状態の終結は，

この時の方向としては，ある意味で自然の流れであったと言っても良い。

　もちろんそれだけではなかった。ソ連との国交回復がなかったから，60万人ともいわれるシベリア抑留者が戻ってくることができなかった。厳寒のなかで命を落とすものも多数に及んだ。取り決めができないから，北方水域での漁業も安定的にできず，拿捕者がたくさん出た。戦後の国際秩序の中で国連の常任理事国になったソ連は，日本の国連加盟に拒否権を行使したため日本の国連加盟，国際社会への完全復帰ができない，などなど。単独講和をして西側陣営に入った吉田首相の判断は正しかったとしても，このソ連を放っておいたのでは，国際法上の戦争状態も終了させられないままである。ソ連は1945年4月5日に日ソ中立条約を延長しないと通告したが，中立条約上は通告から1年たたないと失効しない。だからまだ条約が有効であった1945年8月9日に，対日宣戦布告をした。日ソ中立条約違反である。それ以来，日ソはいわば，国際法上の戦争状態にあったのである。

日ソ交渉の開始と「日ソ共同宣言」　始まった日ソ交渉は，最初から難航した。相手も相手（スターリンからブルガーニン，フルシチョフ）。しかし，国内も日本民主党の少数与党で不安定であった。そこへ1955年11月15日の保守合同（鳩山民主党と吉田自由党の合同）による自由民主党結党（その直前の1955年10月13日には左右両社会党が合同して日本社会党が成立，いわゆる55年体制ができ上がる時である）。でも，これで鳩山首相の対ソ交渉は基盤が強くなったかというとそうでもなかった。もともと民主党の重光葵外相は対ソ交渉に消極的であったのに加え（日ソ共同宣言は，日本側は鳩山首相に加え，河野一郎農相と松本俊一衆議院

議員（政府全権委員）が署名しているが，重光外相は署名していない），吉田自由党系の反ソ派は結党に際して「日ソ交渉の合理的調整」という項目を政策綱領の中に入れた。簡単に言えば，保守合同は日ソ交渉の進展を急ぐ鳩山首相にとっては，その交渉の手をさらに縛る側面が強かったのである。

　日ソ交渉の中では，なんといっても領土問題が最大の課題であった。日本は一貫して，北海道の一部ともいうべき歯舞群島と色丹島に加え一度も他国の領域になったことのない国後島，択捉島の領有権を主張しそれらの「返還」を要求した。対するソ連は，歯舞群島と色丹島については交渉の過程で柔軟性を示したが，国後島，択捉島については日本の要求に応じなかった。

松本・グロムイコ書簡と４島返還

交渉は 1956 年にはいっても進展しない。日本側の世論も国後，択捉両島について妥協する雰囲気にはないし，ソ連側も日本の要求に応じる気配はない。そのわけは，次で詳しくみる。歯舞郡島，色丹島そして国後島，択捉島の「北方４島」の領土問題について，だから交渉がまとまる見込みが立たなかった。とはいえ，日ソ交渉をさらに先延ばしにしたのでは，抑留者や漁業問題，さらには国連加盟が先に進まない。したがって，それもできない。

　そこで日ソ両国は，領土問題を含む正式の「平和条約」を締結するための交渉は継続し，正式の「平和条約」をとりあえずは締結することなく日ソ関係の正常化についての交渉を続けることに合意することとなった（松本俊一政府全権委員とグロムイコ第１外務次官との間の書簡，1956 年 9 月 29 日）。論理的に考えて，あの時点ではこうするしか方法はなかったのであろう。「４島返還」にもっと頑張るべきであったと言ったところで，相手の主張の当否はともかくと

して，相手側はそうだと言わない。そうでなければほかの方法はない。交渉というものはそういうものである。

　ただ，「松本・グロムイコ書簡」で「領土問題」とは歯舞群島，色丹島，国後島そして択捉島のことを指すのは交渉の経緯からして明らかである。ソ連側がイエスと言わなかったのは国後，択捉両島についてなのであるから，この書簡にいう「領土問題」は国後島，択捉島についてである。だから，それを明確にするために，書簡のなかの「領土問題」の前に「国後，択捉島を含む」というような文言が入っていれば良かったということは言えるかもしれない。

　しかし，他方で，これは決してソ連ののむところにはならなかったであろう。ソ連は国後，択捉両島については全く応じなかったのだから。表現上は「領土問題」の前に何かを表す例示があるかどうかで大きく変わらないように見えるが，外交上は違う。領土問題とは，この場合，「国後，択捉両島のことを言う」との点をはっきり

日ソ共同宣言の署名。ソ連，モスクワ，クレムリン（1956年10月19日）。左側が鳩山一郎首相，右側は N.A. ブルガーニン首相。　　　　　　　　　　　　　　　　　　　　　[AP/アフロ]

文書で残せるかどうか。ソ連が決してのまなかっただろうというのは，それを認めたらソ連からすれば譲歩の第一歩になってしまうからである。だからこの時は，「領土問題」としか書けなかった。

ともあれ，こうして日ソ交渉は，領土問題を解決する「平和条約」を継続交渉することにして，その前提で国交正常化を急ぐ条約の締結へと向かう。それが署名されたのが，鳩山首相訪ソの時の1956年10月19日，日ソ共同宣言であった。発効したのは，同年12月12日である。

日ソ共同宣言の主要点

① 日ソ間の戦争状態の終結合意（第1項）

すでに見たように，国際法上，戦争はある国の一方的な宣戦布告で始まる。ソ連の場合，対日宣戦布告した1945年8月9日以来日本とは戦争状態にあった。しかし，その終了には日ソ間の合意が必要である。通常はこの合意は講和条約，平和条約で行われる。日ソの場合，そのような平和条約に不可欠の領土問題の解決がすぐにできなかった。しかし，戦争状態の終結の合意，すなわち通常の国家関係の設定，国交回復はこの日ソ共同宣言によって可能となった。

② 戦争賠償，請求権の規定（第6項）

ソ連は日本に対する賠償請求権を放棄する。

また，日ソ双方は，戦争の結果生じたすべての請求権を相互に放棄する。

アメリカなど45カ国の連合国と結んだサンフランシスコ平和条約では，戦争賠償に関する規定が置かれた。日ソ間でも同じである。通常戦争を終了させる平和条約では戦争状態の終結の合意とともに，賠償や請求権の規定が置かれる。だから日ソ共同宣言にもこのような規定が置かれた。ただ，日ソ間では「放棄する」との規定であっ

た。

　これで，領土条項が完全に合意されていれば，そのような合意は「平和条約」になった。ところが，松本・グロムイコ書簡ではっきりしたように，そこまで合意できなかったので，これは「平和条約」と呼べなかった。通常は政治的な合意文書に使われて法律的な条約の時には使われない「共同宣言」という名称が使われたのは，紛らわしいが，このためである。ただ，だからと言ってこの合意がフルの条約でないというわけではない。「宣言」と言ってはいるが，これは両国の国会の承認を受けて内閣によって批准された正式の条約である。戦争状態を終結させる国同士の条約を平和条約と呼ぶなら，これはその意味での"平和条約"である。領土条項が完全ではなかったのでそう呼ばなかっただけである。ややこしいが，この点は明確に理解する必要がある。

　③　「平和条約」交渉と歯舞群島，色丹島の「引き渡し」（第9項）

　日ソ両国は，国交回復の後，平和条約締結交渉を継続することに同意する。

　ソ連は，日本の要望にこたえかつ日本の利益を考慮して，歯舞群島と色丹島を日本に引き渡すことに同意する。ただし，これらの諸島は，日ソ間の平和条約が締結された後に現実に引き渡されるものとする。

　これが1956年の領土に関する合意である。

　当時の日ソ交渉の経緯からすれば，この第9項にいう「平和条約」とは，国後，択捉そして歯舞，色丹の「北方4島」という領土問題を解決するための条約であることは明らかである。「松本・グロムイコ書簡」では，国後，択捉とは書けなかったが「領土問題を含む平和条約締結に関する交渉」という言及が明確にあった。その

松本全権の記録によれば，この点は交渉の最終段階の河野一郎全権（農林大臣）とフルシチョフ党第1書記との交渉（日ソ共同宣言署名の1956年10月19日の前日，10月18日）の結果であった。この時の日本の最終案は「"領土問題を含む"平和条約の締結交渉を継続することに合意する」との案であった。これに対してフルシチョフ第1書記は，これならのめる，ただし"領土問題を含む"は削除すべし，と主張。河野全権は，その点は日本にとり極めて重要なりとしたが，最終的には，松本・グロムイコ書簡を公表することなどの条件でフルシチョフ第1書記と折り合いをつけてこの交渉を妥結させた，という。だから，国後，択捉と書けるかどうかより，「平和条約」締結交渉の継続は「領土問題」解決のためであることを明記できるかどうかが焦点であったというのが現実であったのだろう。

　今から考えると，この点は決定的に重要であった。良いかどうかの判断ではない。筆者自身幾多の外交交渉を経験してきて，そのような判断を軽々にいう気にはなれない，と思う。およそ外交交渉というものは，こういうものだからである。

　また，松本全権の回想録に曰く，「河野さんは，外交こそ素人であったけれど，内政で鍛えた腕前は──全く感嘆の他はない。この点は，従来の伝統を踏む外交官が，──人間同士の交渉について修練や胆力の足りない恨みがあったのに比べると，天性の外交家と言うべき観があった」という。これも，そこに居合わせなかった筆者には，わからない。だから歴史の判断に任せると言いたいが，あれから70年近くの年月を経て，日露平和条約交渉はまだ行わなければならない状況にある。ウクライナ問題でこの現時点ではこれを行う状況にないからといって，日ソ共同宣言第9項が消えたわけではないのだから。領土問題を解決していずれの時には日露平和条約交

渉を妥結させる必要がある。だから，この松本全権の判断をわからないでは済まされないのではないか。

しかし，である。だいたい，松本全権自身，外務省に入ってはじめの勤務が在ベルギー大使館での外交官補。外務省条約局第1課長や人事課長を経て重光外相と東郷外相の時，1942年と1945年に外務次官を歴任。日ソ交渉の全権を務める前，衆議院議員になる前は戦後最初の駐英大使だった日本の外交官である。本人のいう「従来の伝統を踏む外交官」ではなかったのか。日本外交の常識を学ぶ旅。皆さんはどう考えるだろうか。

日ソ共同宣言は，この主要な3点以外にも，国連憲章遵守，日本の国連加盟支持，抑留者の帰還，貿易・通商，漁業などの重要な点も規定した。領土条項さえ完全ではなかったけれど，すでに見たような当時の日本にとってのきわめて重大な懸案を解決して，日ソは国交を回復したのであるから，吉田首相に続いて鳩山首相の功績も決して軽くは論ぜられないものである。

2 日露平和条約締結交渉

(1) ソ連崩壊前

日ソ共同宣言締結に至る経緯を見てきたが，しかし，1956年のこの共同宣言締結後，その後第9項で合意された「平和条約締結交渉の継続」は，順調には運ばなかった。

領土問題は解決済み　それは日ソ共同宣言締結から3年余り経った1960年1月27日，改定安保条約の署名直後，ソ連政府は対日覚書を通告したことに象徴される。ソ連は，この改定安保条約はソ連と中国に敵対的であるので，日本領土からの外国軍隊の撤退がなければ歯舞，色丹の日本への引き渡しはしな

迎賓館，東京，日本（1991年4月18日）。左がゴルバチョ
フソ連大統領。右は海部俊樹首相。［内閣官房 HP（https://
www.cas.go.jp/jp/ryodo/taiou/hoppou/hoppou02-01.html）］

いと言ってきたのである。これでは歯舞，色丹に加えて国後，択捉
の領有権を交渉する平和条約どころではない。

　そもそも，日米安保条約は1956年の日ソ共同宣言締結当時から
あったもので，改定安保条約はすでに見たとおり旧安保を手直しし
たもの。旧安保の時から在日米軍は存在したから，今さら日本領土
からの外国軍隊の撤退などということが問題になるのはきわめてお
かしい。だから，日本は直ちに，日ソ共同宣言は双方で合意した条
約であってその内容を一方的に変えることなどできない，と反論。
にもかかわらず，1961年9月，フルシチョフ首相は池田勇人首相
に対して「領土問題は解決済み」との立場を伝えてくるまでに至っ
た。合意内容の一方的変更である。

　ただ，「日米軍事同盟問題」は，日ソ共同宣言締結交渉の時から
論点ではあった。だからソ連からしてみれば，いきなり日米安保の
問題を提起したわけではない，と言いたいのである。つまり，米ソ

冷戦の中で日本がアメリカと安保条約を結び，それを手直しすることで日本がさらに西側との関係を深めることはモスクワにとっては耐え難いことと言いたかったのであろう，それがいかに条約論としては成り立たないものであったとしても。

未解決の問題　このようなわけで，日ソ共同宣言で約束された平和条約締結交渉の開始は遅れた。それがようやく開始されることになるのは，1972年1月23日からの大平－グロムイコ外相会談の時になってからである。そして1973年10月10日，訪ソした田中角栄首相とブレジネフ書記長の間で発表された日ソ共同声明で，「"未解決の諸問題"を解決して平和条約を締結する」交渉を行うことにようやく合意する。1956年の合意から17年経ってのことであった。

　でも，その後の交渉はまたまたはかばかしくは進展しない。"未解決の諸問題"とは何か。田中－ブレジネフ会談で，ソ連はこれは北方領土問題を含むと口頭で確認したと言われているが，共同声明ではそのことは明記されていない。ソ連はだから，長きにわたって「領土問題は存在しない」との頑なな態度をとることになる。外交交渉の中で，その結果として合意される文書の中でどのような具体的な「言葉」が用いられるか。これがきわめて重要だということが，また示されている。外交において，どのような「言葉」が用いられたかというのは，しばしば単なるレトリックの問題をこえて交渉の本質に迫ることがある例である。

　そして1991年4月18日，ゴルバチョフ大統領の訪日時の海部俊樹首相との間の共同声明第4項で，日ソ両国首脳は「歯舞群島，色丹島，国後島及び択捉島の帰属についての双方の立場を考慮しつつ領土画定の問題を含む日本国とソヴィエト社会主義共和国連邦との

間の平和条約の作成と締結に関する諸問題の全体について詳細かつ徹底的な話し合いを行った。」と明記。初めて国後，択捉を含む北方4島の名前が公式文書の中で確認された。今から思えば，1991年12月25日のゴルバチョフ辞任のほんの少し前のことである。いくらソ連崩壊直前の出来事とはいえ，歴史の事実。それまでの経緯からすれば，画期的なことであったことが理解されよう。外交交渉は，「言葉」が重要であるとともに継続が何より大切。これを忘れてはいけない。日本外交の常識を学ぶ，1つのポイントである。

(2) ソ連崩壊とロシアの誕生，その後

写真：内閣官房内閣広報室

迎賓館，東京，日本（1993年10月13日）。エリツィン大統領（左）と細川首相（右）。［内閣官房HP（https://www.cas.go.jp/jp/ryodo/taiou/hoppou/hoppou02-01.html）］

エリツィン政権 ソ連はゴルバチョフ大統領が辞任して崩壊，ロシア連邦のエリツィン大統領の時代に移る。1991年12月25日，米ソ東西冷戦の終焉である。20世紀の国際関係の歴史的転換であった。

　そのエリツィン大統領，1993年10月11日から訪日して同13日，細川護熙首相との間で「東京宣言」を発出する。その第2項。両首脳は「困難な過去の遺産は克服されなければならないとの認識を共有し」「択捉島，国後島，色丹島及び歯舞群島の帰属に関する問題について」交渉を行った。双方は「この問題を歴史的・法的事実に立脚し，両国の間で合意の上作成された諸文書および"法と正義の原則"を基礎として解決することにより平和条約を早期に締結するよう交渉を継続し，もって両国間の関係を完全に正常化すべきことに合意」した。すぐにわかるように，ソ連時代の文書の成果に比べて，日本側の立場に歩み寄ったものである。ソ連崩壊直後のエリツィン政権でロシアが政治的にも経済的にも弱っていた時のものとはいえ，日露間の公式文書である。海部－ゴルバチョフ会談で北方4島の名前が書かれたのは画期的であったけれど，これはそれをさらに進めて1956年当時文書では書けなかったことをはっきりさせたのである。だから，日本から見れば，さらに画期的なこと。歴史の事実として忘れてよいほど軽いことではない。

　さらに時を進める。1997年11月1-2日の橋本龍太郎首相の訪露。クラスノヤルスクでのエリツィン大統領との首脳会談で，東京宣言に基づき2000年までに平和条約を締結するよう全力を尽くすことに合意。その翌年，1998年4月28日に静岡県川奈で行われた日露首脳会談は，北方領土交渉が最も妥結に近づいたものだったと言われている。曰く，橋本首相の川奈提案。択捉島とウルップ島の間，つまり北方領土の北に国境線をひいた上で，ということは北方領土に対する日本の領有権を認めた上で，"当面の間"ロシアに"施政権"行使を認める，というものであったという。報道によれば，エリツィン大統領は思わず「ダー」と言いそうになったが言わずに，

結局これは幻の出来事として終わった。仮にこれで首脳間の合意ができていれば，と思うと，この時が北方領土交渉で解決に一番近づいた時，と言われるのであろう。筆者は川奈にいたわけではないが政府の担当者の1人であったので，この点の評価を公にすることはできない。でも，歴史の1つの事実としては"川奈提案"の意義を認めないわけにはいくまい。過去の幻，だけではないのである。

プーチン時代の幕開け それから2年余り。1999年12月31日正午のテレビ演説でエリツィン大統領は辞任を発表，プーチン首相を後継に指名して，エリツィン時代はその幕を閉じた。

プーチン氏は，その後2000年5月7日に大統領に就任して今日まで，メドベージェフ大統領時代を含めて長期間のプーチン時代になる（2024年3月には，プーチン大統領は選挙で圧倒的な勝利を収めている）。以来すでに四半世紀近く。このままいけばほんとうに超長期に及ぶプーチン時代である。なぜこのようなことが実際に可能になっているのかは，現在のロシアを考える時，根本的な論点であろう。いずれにしても，この時就任したばかりのプーチン大統領はその時の森喜朗首相に訪日招待される。

2000年9月4日の森－プーチン首脳会談では，平和条約問題に関する首脳声明が発出され，4島の帰属の問題を解決することにより平和条約を策定するための交渉を継続することを確認。プーチン大統領は，川奈提案を拒否するとともに，1956年の日ソ共同宣言は有効であると述べた，という。そして，2001年1月15日－17日の河野洋平外務大臣訪露を経て，シベリアのイルクーツクでの首脳会談になる。

膠着した４島の帰属　2001 年 3 月 25 日，森首相とプーチン大統領はイルクーツク声明に署名。そこでは，1956 年の日ソ共同宣言が平和条約締結に関する交渉の出発点を規定した基本的な法的文書であることが確認され，また，1993 年の東京宣言に基づき，4 島の帰属に関する問題を解決することにより，平和条約を締結すべきことも再確認された。

　ただ，振り返ると，この時点で，プーチン大統領は 1956 年 10 月 18 日の時のロシアの考え，つまり領土問題は歯舞群島と色丹島だけを引き渡して国後島と択捉島は日本に譲らないという考えを固めていたようにも見られる。それこそ 1956 年共同宣言が出発点の基本的文書という意味なのではないか。プーチン大統領から見て，の話である。

　プーチン氏は，もとはと言えばエリツィン大統領の下で，1999 年 8 月 16 日には首相に任命されてエリツィン大統領退陣に際しては後継者に指名されているのだから，エリツィン時代の日露交渉の顛末を知らないわけではあるまい。それでも，最終的に日本は歯舞，色丹の 2 島で降りると見た理由があったのかもしれない。プーチン大統領の心の中のことであるから，断定はできない。ただ，北方領土交渉に，ある時期直接携わった筆者の感想である。1956 年 10 月 18 日の時点では国後，択捉は「先送り」して決着をつけられなかったのであるから，そこへ戻れば 50 年近く経って日本は諦めるだろうと考えたとしても，確かにおかしくはない。

　逆に，日本は 50 年近く経ってそのように諦める考えがあっただろうか。その点になると，少なくとも日本政府の公のポジションはこれとは異なる。北方領土について 4 島即時無条件返還とまでは言わないが，4 島は日本固有の領土であるという 1956 年当時の対処

方針を日本政府は正式に変更したことはないのだから。これを変更するなら，政府部内でのきちんとした意思決定が必要である。その上で，それは最終的にはその時の最高指導者，つまり総理大臣の決断によることになる。領土問題という国家の主権そのものに関わる重要事項については，どのような方法によるにせよ国家の意思決定をきちんと行うことがきわめて重要であることは，指摘するまでもあるまい。

　今や状況は，2022 年 2 月 24 日からのロシアのウクライナ武力侵略で大きく変わっている。そのことはあとで触れる。でも，北方領土問題が未解決であるということは，変わっていない。プーチン大統領のロシアとは，日本はどう向き合えばいいのか。外交交渉，特に領土交渉は，どの国にとってもいつの時代であっても，国家の主権そのものに関わることであるから，ほんとうに難しい。イルクーツク合意をどう捉えるかは，これを考える上でとても重要だという

写真：内閣官房内閣広報室

　イルクーツク，ロシア（2001 年 3 月 25 日）。森喜朗首相
　（左）とプーチン大統領（右）。［内閣官房 HP（https://
　www.cas.go.jp/jp/ryodo/taiou/hoppou/hoppou02-02.html）］

気がしている。

安倍首相による「新しいアプローチ」　日本外交の常識を学ぶ旅。そのロシア編である。先を急ごう。

　この後の出来事でどうしても触れなければいけないことは，安倍首相による北方領土での「共同経済活動」の提案，そしてプーチン大統領によるウクライナ侵略と日露平和条約交渉の中断である。

　安倍首相は2012年12月26日に第2次安倍内閣を成立させ，首相に復帰する。その翌年2013年4月28日にはモスクワを訪問，平和条約交渉の加速化でプーチン大統領と一致。さらに2016年5月6日，黒海に面した保養地ソチを非公式に訪問して3時間以上にわたりプーチン大統領と会談。北方領土問題についての交渉の停滞を打破するために，今までの発想にとらわれない「新しいアプローチ」にたって平和条約交渉を行っていくことに合意した。「新しい

写真：内閣官房内閣広報室

長門市（湯本温泉）山口県，日本（2016年12月15日）。安倍首相，岸田外相，プーチン大統領，ラブロフ外相などがみえる。　[内閣官房 HP（https://www.cas.go.jp/jp/ryodo/taiou/hoppou/hoppou02-02.html）]

アプローチ」とは何か。これに少し具体的な魂が入るのが，プーチン大統領訪日の際の山口県長門市における首脳会談（2016年12月15日）であった。ここで北方4島において「特別な制度」の下で「共同経済活動」を行うための協議の開始が合意されたのである。安倍首相としては，このような「共同経済活動」という日露の協力を進めることによって北方4島の領土問題解決の糸口を見出そうとしたのである。これが「新しいアプローチ」である。実際，このあと，この協議は何度も行われていった。

　それから，2018年11月14日，ASEAN関連首脳会議の際にシンガポールで日露首脳会談が行われる。通訳を除くと安倍・プーチン両首脳だけで突っ込んだ議論が行われて，長門での首脳会談から新しいアプローチの下の信頼関係の積み重ねの上に立って，「1956年共同宣言を基礎として平和条約交渉を加速させる」ことで合意に達した。確かに，ここでは4島に言及した東京宣言は引用されていない。イルクーツク合意とそこが違う。1956年宣言は，歯舞，色丹しか言及していない。だからこれは，日本のメディアでは，従来日本政府は国後，択捉の2島も含めた北方領土4島の一括返還を求めてきたが，安倍首相は1956年当時と似た形で今後の領土交渉で歯舞，色丹の2島の先行返還を求める方針に舵を切った，と論じられた。「新しいアプローチ」とは，こういう意味だったのか。であるなら，1956年当時の，"国後，択捉は先送り"の初めの点に戻っただけなのか。それが「新しいアプローチ」か。それとも1956年の日露合意より先に進んだものがあったのか。何が「新しいアプローチ」だったのか。

4島における「共同経済活動」の実現へ

このあと2019年6月29日，大阪のG20サミットの際

71

の日露首脳会談が行われるが，安倍首相は 2020 年 8 月 28 日に健康のために辞任表明して退陣する。だから，今の疑問は確たる結果を出した形では明確にならないまま，安倍首相の対露外交は終焉を迎えてしまった。しかし，ここで少なくとも言えることは，共同経済活動の検討とか，「新しいアプローチ」という考え方とかは決して意味のなかったものではなかったという点であると思う。1956 年の時は，国交回復をしなければ先へ進まない状況があった。だから，"先送り" でもやむを得なかった。今は違う。「平和条約」はまだ締結されていないけれど，日露関係は普通の国家間関係として確立してきた。確かに，あとで見るようにウクライナ "戦争" によって日露関係は大きく冷え込んでいる。

　でも，1956 年当時のように国交がない状態ではない。双方の大使はいるし大使館もある。仮にメディアが論じるように「新しいアプローチ」が 2 島（歯舞，色丹）先行返還だったとしても，残りの 2 島（国後，択捉）を含めて共同経済活動の実現と一緒に行うのである。もちろん「共同経済活動」の内容による。でも「共同経済活動」という以上，日露双方の関係者が北方 4 島において「特別な制度」の下で一緒に経済活動をするのだから，歯舞，色丹だけではなく，いやそれらより大きい国後，択捉において新しい共同作業が始まる。そうなれば，主権がどちらにあるかというこれまでの入口論からではなく，共同作業の仕上がりによっては新たな姿が生まれるかもしれない。だからこそ「新しいアプローチ」である。少なくとも歯舞，色丹だけで終わりにするというわけではない。国後，択捉における「特別な制度」による「共同経済活動」。この具体的内容こそ交渉次第だったのであろう。少なくとも，明らかにここが 1956 年の日ソ合意より先に進んでいる。領土問題という基本的観

点からしても，少なくともさらに進むかもしれない点であった，と思う。

　安倍首相は凶弾に倒れて帰らぬ人となってしまった。だから確たるところはわからない。でも筆者は，この時のやり取りは，いつか近い将来にこの交渉が再開される時には必ずやその基礎を与えるものであることは間違いない，と考えている。あとは，未来に委ねよう。半世紀以上続いている難交渉であるから。さらなる"知恵"が出るかもしれない。どうなるにせよ，領土問題の解決は決して短期で考えるべきものではないのである。

(3)　ロシアのウクライナ侵略と日露平和条約交渉

序章としてのクリミア併合　2022年2月24日，ロシアは隣国ウクライナに大規模な軍事侵略を開始した。ロシアは理由があってこれを「特殊軍事作戦」と呼んでいるが，ウクライナ"戦争"の開始である。これには，その「序章」がある。

　2014年3月18日，ロシアはウクライナの領域であるクリミア半島を一方的に併合することを宣言した。その前の3月16日には，ウクライナで住民投票が行われて9割以上の住民がロシアによる併合に賛成したと伝えられる。プーチン大統領はウクライナ併合を宣言するクレムリンでの演説の中で，「クリミアにおけるロシア系住民は脅威にさらされているのでロシアの一部にならなくてはならない，ウクライナのゼレンスキー政権は違法なものである，1954年のフルシチョフによるクリミアのロシアからウクライナへの割譲は法的根拠がない」などとしてこれを正当化した（この時，ウクライナ東部ドンバス地方のドネツクとルガンスクの二州では武力衝突が見られたが，それはロシア軍による大規模な軍事侵略というところまではい

かなかった）。

　しかし，主権国家の領域の移転は，その地域の住民投票で行われうるとする国際法は存在しない。地域住民がどのような意思表示をしようとも，領域主権の移転には原則の問題として主権国家同士のきちんとした合意がなくてはならない。そうでなければ，世界中どこかの地域で住民が自分たちは明日から今の国ではなく隣の国の領域になりたいと言えば国家の領域主権が移転してしまうことになる。そんなことでは，国際法は成立しない。だから，この時のプーチン大統領のクリミア併合は，明らかに国際法違反のものであった。

G8 から G7 へ　この年は，たまたま当時の主要国サミット G8の議長国がロシアで，６月４−５日にソチでプーチン大統領の議長の下開催されることになっていた。しかし，ロシアを除く G7 はクリミア併合の直後の３月24日ハーグの核テロ首脳会合の際に緊急会合を開催。クリミア併合を国際法違反と断じた上で制裁を行うことに合意，ロシアがこの方向を変更するまで G8から除外して G7 に戻ることを決めた。それで，2014年６月のソチサミットは，幻のものとなった。

　もともと G7 は，フランスのジスカールデスタン大統領の提唱で1975年11月15日，ランブイエ城で第１次石油ショックに対応する世界経済を議論するために開催されたもの（最初は米，英，仏，独の G4。それに世界経済というので日本が入り G5。これに不満を持ったイタリアがランブイエに押しかけてきて G6 となり，第１回はこの６カ国であった。それではヨーロッパが多いというアメリカの主張で，第２回からカナダを入れて G7 になった。以来，G7 が定着する）。いずれにしても，"先進国"首脳会議，であった。

　それが，ソ連の崩壊で「民主化」することになって，G7 の大半

は世界の大国ロシアを G7 の枠組みに入れるべきであるという論調になった。東西冷戦に勝利した西側の"ユーフォリア（陶酔感）"である。そして 1998 年 5 月 15 日のイギリス，バーミンガムサミットの時から，ロシアはこれに正式に参加して G8 サミットになった。NATO の枠組みの変更はない。

　経済で見れば，しかし当時のロシアの 1 人当たり国民所得は 1300 ドル余り。だからもはや"先進国"サミットではない。実際，この時から"主要国"首脳会議と名称が変えられることになる。でも筆者は，なんだか辻褄が合わないと思ってきた。

　筆者だけではない。実はこの時日本は，ロシアの G7 入り，G8 化には積極的ではなかった。本音は，ロシアとは領土問題が解決していないという心理的抵抗にある。しかしきちんとした立場としては，ロシアは先進国ではないではないかというものであった。1993 年 7 月 7 日からの東京サミットを主催した宮澤喜一首相は，そのように考えていた。G7 首脳とロシアとの対話は有意義だが，G7 の枠組みに入れるのは少なくとも時期尚早というのである。それでその時点では G8 化には至らなかった。正式な G8 は 1998 年まで待つことになったのである。

　2014 年のクリミアをめぐる出来事は，だから，当時の日本の主張もあながち的外れではなかったことを示しているように思う。別にロシアと敵対的になるべしと言っているのではない。日本の考えていることは，世界の主要国の中でもっと大きな声で自信を持って言ってもいいのではないか。米英仏などにそれほど気兼ねすることはない。どうもそもそも G7 の仕組み自体，欧米，いやヨーロッパ中心の発想がある。だから，1993 年の東京サミットのときの宮澤首相は，ロシアを正式に入れることにきわめて慎重な姿勢を示した

75

のだと思う。場所が東京で日本が議長国であったというだけではない。そこには日本の立ち位置についての，何か本質的な要素もあるように思われる。

少し話がそれた。ウクライナの話に戻そう。2014 年の "主要国" 首脳会議は，それでロシアの議長の下でソチで開催することはできなくなった。既に 4 月の声を聞く時。サミットを開催するには，G7 の首脳に加えて EU の首脳を同格のホテルのスイートルームに宿泊させる必要がある。各国代表団を迎えるだけで大勢になる。加えて世界からのメディア。全て加えると数千人単位の人が集まる。2−3 カ月で準備できるものではない。前の年の議長のイギリスも 2 年連続ではできない，という。翌年の議長になっていたドイツ，来年を前倒しにして主催してほしいと言われても，急には無理である。

ヨーロッパでは通商・経済などについては加盟国ではなくて EU 自体が権限を持つに至ったので，G7 サミットができてすぐの 1977 年のロンドンサミットの時から欧州委員会委員長が参加し，その後 2010 年からは EU 理事会議長も加わって EU からは 2 人が首脳として参加してきている。でも，国際機関であって主権国家ではないのでそれまで開催地を提供することはなかった。G7 各国が，フランス，アメリカ，イギリス，ドイツ，日本，イタリアそしてカナダの順で持ち回りに議長を務め，自分の国のどこかで開催場所を提供してきた。EU やその本部があるブラッセルが G7 を主催することはなかったのである。

ロシアを追い出して，では 2014 年の主要国首脳会議をどこでどのように開催するか。ここで手をあげたのが，EU，ブラッセルであった。急遽 G7 で話し合い，2014 年は，6 月 4 日の夕食から 5 日の昼食まで，少し時間を短くしてブラッセルで行われることが決

EU，ブラッセル（2014年6月4日-5日）。左すみから右回りに，ファンロンパイ EU 議長，バローゾ EU 委員長，オランド仏大統領，ハーパー加首相，安倍首相，レンツィ伊首相，キャメロン英首相，そして後ろ姿のメルケル独首相，オバマ米大統領。［外務省 HP（https://www.mofa.go.jp/mofaj/ecm/ec/page2_000041.html）］

まった。筆者の知る限り，1年に1回持ち回りで行われる G7 サミットの本体が EU のブラッセルで行われたのは，この時だけである。

対露制裁の強化　このような経緯であるので，2014年6月4−5日のブラッセルサミットは，クリミア併合問題を含むウクライナで議論が一色になった。クリミア併合は国際法違反，だからロシアは G7 から追い出すし経済制裁も加えるという点では，G7 は一致している。しかしどこまでロシアに強く当たるかという具体論になると，必ずしも一枚岩ではない。単純化して言えば，地理的に近い独仏伊とやや遠い米英加の温度差である。もちろん日本は安倍・プーチンで平和条約交渉を行っているのだから，ロシアを非難すればよいという簡単な話ではない，という立場。

急遽ブラッセルサミットになって，その準備もたいへんであったが，蓋を開けた当日。６月４日の夕食でのウクライナについての首脳の討議から始まる。議長ははじめが前年議長のイギリスのキャメロン首相，２日目は翌年議長のドイツのメルケル首相。アメリカはオバマ大統領，フランスはオランド大統領，イタリアはレンツィ首相，カナダはハーパー首相，EU がバローゾ委員長とファンロンパイ議長，そして日本は安倍首相であった。

４日の夕食会から突っ込んだ議論。しかしそれからあとが大変であった。夕食での議論を受けて，オバマ大統領は決意した。こんな議論ではいけない，対露制裁を強化することに G7 で合意する必要がある，と。

ここからがいかにもアメリカらしい。急遽対露制裁強化の一枚紙を配布。G7 首脳の同意を求めた。普通，サミットの議論のプロセスは，関係する閣僚間の議論，特に財務大臣，外務大臣での議論，それから政務事項に関する政務総局長（Political Director，略してPD と呼ばれる）での議論，そして首脳の個人代表（ヒマラヤ登山になぞらえて，シェルパと呼ばれる）での議論を経て首脳の議論にあげられる。そうしないと，首脳間の議論が効率的に行えないし，合意の形成もしにくいからである。ところが，この時のアメリカの紙は，これまでの準備過程で一度もはかられたことのないもの。いきなり首脳での議論，それも正味半日の時に，である。筆者はこの時首脳会談の現場に，担当者の１人としていた。そしてこれは大変なことだ，と思った。

G7 首脳をまとめた安倍首相

案の定，５日朝からの議論でオバマ大統領が議長のメルケル首相を遮りこの提案をすると，首脳たちは大騒ぎ。ある首脳が，なんだこれは，

外務大臣も財務大臣もシェルパも見ていない，私は同僚と相談する必要がある，そもそも手続きだけでなく内容を見ても，とてもそのまま飲めるものではない，云々と。すると他の首脳，あなたはそれでも首脳か，他の閣僚などと相談しないと決められないのか，と。さらに続ける。我々は民主国家のリーダーだ，独裁者ではない。それに対するさらなる反論。いや，そんなことなら何のための首脳会合か，これくらいのことに合意できないなら貴方は首脳会合に出る資格はない。こう言われて，乱暴な議論の進め方について初めに発言した首脳は，あとは一言も発言しなくなった。別の首脳たちもそれぞれ激しい発言をして，首脳会合は文字とおり大喧嘩の様相を呈するに至った。

　これをじっと聞いて何やらメモをとっていた安倍首相。しばらくこの激論を聞いたあと，タイミングを見てサッと発言を求める。議長のメルケル首相，ああ，シンゾーが何か言おうとしてるから皆黙れ，と。それから安倍首相，自身で整理した論点に従って見事な"演説"をぶった。大体オバマ大統領のやり方は乱暴だ，内容も日本にもついていけないところがある，しかし，正鵠を得ているところもある，何よりロシアの行動を前にして G7 の首脳が割れている場合ではない，だから，各首脳の意見を聞いてそこでの共通項を最大にしてまとめると次の数点になる，と言って皆がこれなら仕方がないと言えるまとめを行ったのである。これを聞いたメルケル首相，他の首脳たちが，またいろいろ言いたがるのを遮って，それで行こう，シンゾーのまとめた諸点で，ここでの G7 の合意にしようと言って，ギャベル（議長の木槌）を打った。日本の首相が，興奮してまとまらない G7 の首脳をまとめた目の覚める瞬間であった。

　こうして激論がまとまったら，各首脳は安倍首相のところに歩み

寄り，ハイタッチや握手を求めた。テーブルの逆側に座っていたオバマ大統領もきてハグしたのである。

　筆者はここで，ブラッセルサミットでの首脳のやり取りを正確に再現しようとしているのではない。それは，政府による正式の文書公開まで待たねばならない。

　ただ，安倍首相の回想録にもこれに関する記述がある。その時は，6 月 5 日の夕方のパリでのノルマンディー上陸記念行事に参加することについての火花も散った。ただ，ここで言いたいことは日本の首脳が主要国の首脳を相手に対露関係の重要な事柄について自国の立ち位置を踏まえた上で皆を纏める役割を担ったということである。日本にはそれだけの外交力がある。過信はダメだが，日本はその意味での等身大の自信を持つべきである。

　安倍首相はこうしてプーチン大統領と「新しいアプローチ」を続けた。やや話が情緒的にすぎたかもしれないが，日本外交の常識を学ぶにあたって，このことはとても大切なことと思う。

ウクライナ侵略の始まり　ところが，である。安倍首相はその後退陣してしまった。

　そして 2022 年 2 月 24 日のロシアによるウクライナ侵略になる。現代のウクライナ問題は 2014 年 3 月 18 日のロシアによるクリミア併合から始まると言われるから，2022 年 2 月 24 日に突然始まったわけではない。しかし，住民投票によるクリミアの一方的併合と，10 万単位のロシア軍を集結させての大規模軍事侵略では，その意味が全く違う。両方とも国際法違反であるが，本格的な武力侵略は今日の国際法では完全に禁止されたもの。これは国連憲章の大原則である。ロシアは NATO の東方拡大を非難したり，この軍事作戦は集団的自衛権で合法だと主張したり，果てはもともとウクライナ

はロシアの一部だと言ってみたりしているが，どう言おうと，これは違法な武力侵略である。

　国際社会には国内のように最終的には裁判所が判断する仕組みが完全に整ってはいないので，この考えに同意しない国はロシア以外にも数カ国ある。それで，そんなことはなぜ断言できるのかという議論はゼロではない。さらに，何事も揉めている時には双方に言い分があるのであって，ウクライナにも非難されるところがあるではないかという議論も成り立とう。でも，どのようなことがあれ，武力行使による侵略は，ダメである。

　アメリカのバイデン大統領も，日本の岸田首相も，その他のリーダーたちも，皆プーチン大統領に，どのような理由があるにせよ武力行使はいけない，問題を平和的な外交努力で解決すべしと繰り返し訴えた。それでも武力侵略に訴えてしまった。だから，これは仕方がないとか，現実的に考えるしかないなどという立場を取ることはできない。原理原則の問題である。

　こんなことを許してしまえば，他の力の強い国が周りに武力侵略をした時に，非難できなくなってしまうではないか。国際法の破壊である。どんな事情があるにせよ，プーチン大統領は超えてはいけない一線を超えてしまったのである。

非難と制裁　国際社会の大多数はロシアを直ちに非難した。本来ならこのような国際の平和と安全に主要な役割を果たすべき安全保障理事会は，ロシアが常任理事国で拒否権を持っているので機能しない。実際に2月25日に開催された安保理ではロシアが拒否権を行使したため非難決議は採択されなかった。その時には国連総会で決議が採択される。つまり，2022年3月2日に国連緊急特別会合が招集されてロシアのウクライナ侵略を最も

強い言葉で遺憾の意を表するとの非難決議が採択された。ロシア軍の完全かつ無条件の即時撤退も求めた。賛成は194加盟国のうち141，反対はロシア，ベラルーシ，北朝鮮，シリアとエリトリアの5カ国，棄権が中国，インド，イラン，南アフリカ，ベトナム，アルジェリアなどの35カ国，であった。もちろんG7はすぐに非難の声明を出す。2022年3月11日の首脳声明では，ウクライナに対するロシアの軍事侵略と断定し，プーチン大統領への制裁を決定した。

岸田首相の外交力　このような中で，岸田首相は同年4月8日，ロシアに対する追加制裁を発表して外交的，経済的圧力を加える方向に明確に舵を切った。そして2023年5月18日には，広島で主催したG7サミットにウクライナのゼレンスキー大統領を招いて主要国首脳との顔を突き合わせた形での会談を実現。G7がウクライナの側に立って全面的に支援することを，声明文でも映像でも明確にした。G7の中で1人NATOではなくアジアからの参加国日本，たまたま議長であった岸田首相が，これを主導した意味はたいへん大きかった。

　そしてさらに，それは2023年7月12日，リトアニアで行われたNATOサミットの際のG7首脳会合で，G7として皆でウクライナの「安全を保証する」声明を発出することに至る。これも岸田首相の議長の下，である。思えばジスカールデスタン大統領の提案で開催されたG7首脳会議の初めの頃は，G7で経済以外，それも安全保障そのものを扱うことなどとても皆の賛成は得られなかった。安保理が機能しない中で改めてG7の役割が注目される時，である。議長である岸田首相の外交力は，高く評価されるべきものと思う。

　クリミア併合という国際法違反のロシアに対して，制裁を課す点

ではG7と歩調を合わせながら，他方でプーチン大統領との平和条約交渉を続けた安倍首相と，ゼレンスキー大統領支援を明確にして，プーチン大統領から平和条約交渉も北方4島での交流も中断された岸田首相。両方ともに外交力が高く評価されるというが，この違いは何か。簡単である。プーチン大統領が一線を超えてしまったからである。繰り返そう。どのような事情があろうと，戦争はダメである。武力侵略は容認できない。だから岸田首相は，舵を切らざるをえないのである。

　日本は80年ほど前に，国策を誤って侵略をして多くの人たちを苦しみに落ち入れた。それに対する痛切な反省と心からのお詫びを表明してきている。日本は2度と他国に脅威を与える軍事大国にならないとの決意を表明している。だから，専守防衛の基本原則は，変えない。そのことの意味は，少し先に進めて考えると，武力による侵略は決してしない，そしてさせない，認めない，ということになるのではなかろうか。「平和」を標榜する日本が，自分のことだけ考えればいいはずはない。自らしないだけではなく，させない，認めないということも伴わなければ，「積極的平和主義」にはなるまい。プーチン大統領によるウクライナへの侵略は，原理原則の問題として決して認められないとの立場を明確にするというのは，このような日本の岸田首相にとっては，他に取りうる選択はなかったほど重要な政策だったのである。

プーチンの反発　ただ，これに対するプーチン大統領の反発は，想定の範囲内とはいえ，強いものがあった。長年続いた漁業協力も停止される。まるで1956年宣言締結の前の状態のようである。しかし，こうなったのは日本が何かしたからではない。プーチン大統領がウクライナを侵略したからに他ならない。

リトアニア（2023 年 7 月 12 日）。NATO 首脳会合。中央が岸田首相。
［首相官邸 HP（https://www.kantei.go.jp/jp/101_kishida/actions/202307/
12nato.html）］

この点を勘違いしてはいけない。

　平和条約交渉ができない状況になったのは，日本のせいではない。プーチン大統領の侵略のためである。

　領土問題の解決は，日本にとって原理原則に関わる重要問題である。同時に武力侵略に反対することも，「積極的平和主義」を掲げる日本にとって原理原則に関わる重要問題である。そこを踏まえての覚悟の外交をするのも，原理原則であろう。日本外交の常識を学ぶにあたっての，重要な点である。

　戦争は，いつの日か終わる，いや，終わらせなければならない。いつの日か戦争が終わり，平和条約交渉が再開される時。我々は，その時に備えよう。領土問題は，まことに息の長い交渉であるのだから。

⑷　ロシアの安全保障と日露関係

　ここで，2022 年 2 月 24 日からのロシアのウクライナ侵略がなぜ起こったかのおおづかみのところを見よう。それと日露関係，領土交渉の関係についても，触れたい。

①　NATO の東方拡大とプーチン大統領

ヤルタ・フォーミュラ　ウクライナ情勢は 2021 年年末にはすでに緊迫していた。その中で同年 12 月 23 日，プーチン大統領は記者会見で，せめてウクライナにまで NATO が拡大しないことを求めた。それには背景があった。

　そもそも NATO は米ソ冷戦が始まる中で，東側に対抗してできたアメリカを盟主とする西側の軍事同盟である（1949 年 4 月 4 日，原加盟国 12 カ国で成立）。対するワルシャワ条約機構は，ソ連を盟主としてできた（1955 年 5 月 14 日，8 カ国）。本来は第 2 次世界大戦につながった同盟体制による "力の均衡" を否定して作った国連の集団安全保障体制があったにもかかわらず，現実には同盟体制の再来にしかならなかった。その象徴である。1945 年 2 月 4 日から 11 日までアメリカのルーズベルト大統領，イギリスのチャーチル首相，ソ連のスターリン書記長の連合国 3 首脳による会談で合意された「ヤルタ・フォーミュラ」。ここで 5 大国の安保理における拒否権制度ができてから，こうなることはわかっていた。5 大国の 1 つでも直接の侵略者になれば安保理は機能しないことは。だからチャーチル首相が，このような拒否権制度は "犯罪者は被告人なのにそれを同時に裁判官にしたり陪審員にしたりすることは，法制度としてあり得ない" と反対したのに，スターリン書記長がこれを断固拒否。国際連盟の経験から主要国が入らない国連は意味がないと考えたルーズベルト大統領がこれに割って入って「ヤルタ・フォーミュ

ラ」で妥協したとされている。因みに，北方領土に関する「密約」ができたのもこの時である。ヤルタ会談の重みは，今一度認識されるべきだと思う。

NATO 拡大化

しかし問題はそこにとどまらない。東西冷戦がソ連の崩壊で終わり，ワルシャワ条約機構が1991年7月1日に解体されたにもかかわらず，その時点で，原加盟12カ国からトルコ，スペインなどを入れて16カ国に拡大していたNATOは，解体されない。それどころか，冷戦が終わり，敵である共産圏がなくなったというのに，NATOは東方に加盟国を拡大させる。ウクライナ戦争前までにチェコ，スロバキア，ハンガリー，ポーランドという東欧諸国を加盟させただけではなく，旧ソ連の一部であったエストニア，ラトビア，リトアニアというバルト3国まで拡大する。モスクワからみれば，残っている国は，ベラルーシとウクライナくらいである。その両方とも旧ソ連の一部であったし，にもかかわらず，アメリカとのディールでソ連の同志として国連の原加盟国になった国である。これは今ではあまり語られていないことだが，歴史の事実である。ベラルーシはずっとロシア寄りだからいいとして，せめてウクライナくらいはとプーチン大統領が思ったとしても不思議ではない。

だからプーチン大統領は，2021年12月の時点でははっきりと，NATOはもうやめろとは言わない，しかし設立当初の12カ国，それが無理でも冷戦終了時の16カ国にもどせ，それがダメならせめてウクライナの加盟は認めるな，と迫ったのである。

2024年4月時点で，NATOは原加盟の12，冷戦終了時の16カ国から30カ国，そしてそれまで中立的な政策をとってきたフィンランド，スウェーデンをも加えて32カ国になった。

　これだけ聞くと，なるほどと思うところもある。でも，問題は，いつものようにそう簡単ではない。アメリカやNATO本部のあるブラッセルからすれば，ワルシャワ条約機構が解体したのに，NATOが東方に拡大したのは，何も自分たちが望んだことではない，と言いたいであろう。共産主義の圧政から解放された旧東側の諸国が，こぞって自由な西側に入りたい，パリに行って好きなように美味しいものを食べたい，ロンドンに行って好みどおりのスーツを作りたいと思ったからこそ，旧東側諸国が望んで入ってきただけではないか。自分たちはそこまで望んだことではない，と言いたいのである。

　プーチン大統領，こうなったのも昔のモスクワの圧政のせいなのだ，それを棚に上げて今さら何だ，というわけである。しかも，フィンランドやスウェーデンまで加盟したのは，プーチン大統領によるウクライナ侵略を見ての結果である。プーチン大統領の言い分は，この点で破綻しているとも言えそうである。

日本は何ができるか　筆者は東西冷戦の只中の1979年に，チェコスロバキアのプラハに旅行したことがある。城のたもとのカレル橋をわたって，ああこの美しい街に自由はないのだと思ったことは，忘れられない。

　だから，ヨーロッパの双方にそれぞれ言い分があるのかもしれない。それでも，どんな言い分があろうとも，戦争はダメである。

　そこで，プーチン大統領のウクライナ侵略は決して認められないとしても，ロシアの人々の安全保障に関する，このような"被害者意識"（siege mentality），いや表現が多少外交的ではなかったかもしれない，についての何らの手当てなしに，この問題の本質は解決できないのではないか。NATOを解体せよと言っているのではな

い。ロシアが侵略をしている時に，NATO にロシアを入れろなどという議論ができるわけはない。でも，外交とは，考えもつかないことを考えるのが鉄則である。"Think unthinkable" というではないか。それも NATO ではない，ヨーロッパに位置しない日本が，である。言い過ぎであろうか。

　もちろんこのような努力はヨーロッパ自身でも行われてきた。全欧安全保障協力会議（CSCE，1973 年 – 1975 年）や，欧州安全保障協力機構（OSCE，1994 年 –）である。しかし，このような努力のいずれもウクライナ戦争に対しては全く意味をなさなかった。現に侵略戦争は起こってしまったし，本書執筆時点でこれが終結する見通しさえ立っていない。何とかしなければならない。日本にとっても，単にヨーロッパの問題と言って済まされることではない。何ができるのであろうか。

②　ウクライナと日露平和条約交渉

　このような途方もないことは，実は日露平和条約交渉とも無関係ではない。いくら「新しいアプローチ」はまだ意味があると言ったところで，ウクライナについて少なくとももう少し見通しが立たないと，現実には動かない。でも，それだけではない。1956 年宣言当時からすでに「日本の軍事同盟問題」があったことは，前に見た。今やロシアは言わなくなったとはいえ，1960 年安保改定の時はこれで 1956 年宣言は基礎を失ったとまで言った。その後，日露平和条約交渉が進められる過程でも日米安保体制の問題は影を落としてきている。つまり，ロシアから見たときに，ヨーロッパ地域だけではない，極東地域においてもロシアの安全保障に関するメンタリティーはあるのである。

　ウクライナ「戦争」は，東アジアの"台湾有事"と結び付けられ

て論じられることが多い。それはそれで議論しなければならない。本書でも取り上げる。でも、直接の対露交渉に関しても、この点はよく考えるべき論点である。日本外交の常識を学ぶ旅で触れなければならない重要な点と思う。だからこそ、ヨーロッパの安全保障のメカニズムの本質に切り込んで日本も考えるべきであり、またそうすることのできる立場にあると思う。欧州とアジアの安全保障、いや今や世界の安全保障はグローバル化の進行に伴って別々に切り分けて考えられなくなっているのだから。"知恵"を出そう。こうすることで日露平和条約交渉の再開も見えてくるかもしれないのである。

3 領土交渉の本質と教訓

ロシアにつき議論する最後に、北方領土問題とは何かにつき改めて考えよう。

北方領土問題 北方領土とは、北海道の北東に位置する歯舞群島、色丹島、国後島と択捉島のことである。歯舞は群島であるので島の数は4ではないが、俗に北方4島と言われるものである。これらの島は、1945年にソ連により占領されるまで、一度も日本以外の領土になったことはない、"日本固有の領土"である。北方領土問題とは、この領有権をめぐる問題である。

この関連で、日露にはやりとりの歴史がある。

1855年、日露両国は当時成立していた国境線を、択捉島とその北のウルップ島の間にひき、北方4島が日本の領土であることを確認する。日露通好条約である。

1875年の千島・樺太交換条約。この条約で日本は千島列島をロシアから譲り受ける代わりにロシアに対して樺太を放棄した。ここ

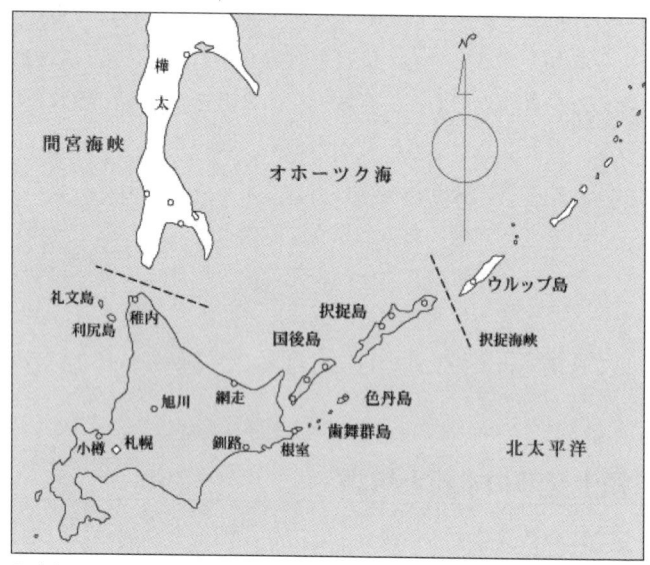

北方領土の関連地図　［外務省 HP（https://www.mofa.go.jp/mofaj/area/hoppo/hoppo.html）］

で注目すべきは，この「千島列島」とはウルップ島以北の島々をいっているのであって，歯舞，色丹，国後，択捉は含まれていないという点である。

　1905 年のポーツマス条約。日露戦争の講和条約であるポーツマス条約によって，日本は樺太の南半分を獲得した。戦争の結果の領土移転の合意である。歯舞，色丹，国後，択捉はもとより「千島列島」は既に日本の領土であったのに加えて，日本は樺太の南半分を条約によって得たのである。

　1951 年のサンフラシスコ平和条約。すでにみた。日本は「千島列島」に関するあらゆる権利を放棄している。ただ，誰に放棄した

かは書いていない。そして，ソ連はこのことへの不満もあってサンフランシスコ平和条約を署名せずその締約国にはならなかった。だから，「千島列島」の放棄先はソ連ではない。少なくともソ連であると合意されてはいない。

　以上が日本から見た経緯である。しかし，これ以外にもう１つ重要な「取り決め」がある。「ヤルタ協定」である。

ヤルタ協定　1945年２月11日に，ヤルタにおける連合国３首脳，アメリカのルーズベルト大統領，ソ連のスターリン書記長そしてイギリスのチャーチル首相によって署名された「協定」。それによれば，「“千島列島”がソ連に引き渡されること」（第３項）などを条件として，ソ連は対日参戦することが約束されている。これに基づきソ連はその年の８月９日に日本に対し宣戦布告した。だから，スターリン書記長の目からすれば，約束とおりに対日宣戦布告をしたのであるから，戦後当然にソ連は“千島列島”の引き渡しを受ける立場にある，ということになる。

　しかし，そんなことは日本の知るところではない。日本の領土を，どのような理由があるにせよ他国が日本の了解なしに勝手に処分できるなどという国際法は，どこにも存在しない。そもそも，「条約は第三国を利せず害せず」が原則である。さらに戦後アメリカやイギリスが慌てて言い直したように，「ヤルタ協定」は当時の連合国３首脳が合意しただけのものであって国際法上正式の合意ではなく，議会の承認もない。単なる戦争遂行のための首脳個人による合意でしかない，という点もある。

　いずれにせよ，この「ヤルタ協定」があるからといって「千島列島」がソ連の領土になったということは，国際法上の議論としては成り立たない。

法と正義　　こう見てくると，日本の北方領土に対する領有権の主張は，法律的には根拠の強いものであることがわかる。千島列島はロシアのものになってはいない。そもそも北方4島は「千島列島」ではない，日本固有の領土である。だから，日本からすれば，「法と正義」の下でこれを諦めることには，到底ならない。いくら半世紀以上の実際の支配の現実があろうがそれで領有権を認めてしまえば，どこに「法と正義」があるのか。戦争に参加して勝手に領土を取れば，そしてそれへの実際の支配を続ければ，相手がずっと反対を唱えていようが，いかに法的根拠がなかろうが，領有権を取得できる，そんなことは認められるはずがない。これもたいへん強い原則論である。理があるのに，戦争で負けたからその理は通じない。これでは国際法にはならない。

　そもそも第2次世界大戦の連合国の戦争遂行の原則に「領土不拡大原則」があった。大西洋憲章（アメリカとイギリス，1941年8月14日）やカイロ宣言（アメリカ，イギリスと中国蒋介石，1943年11月25日）に明記されている。「領土拡張の何らの念をも有するにあらず」。アメリカとイギリスという連合国の戦争指導方針の綺麗事というかもしれないが，世界に宣言した原則である。だからこれを破ってソ連に千島列島の見返りを与えて対日参戦をさせた「ヤルタ協定」については，チャーチル首相はルーズベルトとスターリンの約束ができたあとで嫌々署名したと言われているし，のちのアメリカ政府は，これはルーズベルト個人のもので国際的に意味のあるものではないという趣旨の立場を表明している。戦争に勝利するときの大国とはこういうものといえばそれまでだが，自らの領土についてディールされる日本は黙ってはいられない。「領土不拡大原則」があったではないか，との指摘をするのは当然であろう。

　いずれにせよ，北方領土については，「法と正義」に照らせば日本の言い分にはどう見積もっても強い言い分がある。何年経とうがこのこともあって日本としてはもういいですとは決していえないのである。

世界の領土問題　世界には領土問題は沢山ある。きちんと数えたことがあるわけではないが，100を超えるという専門家もいる。

　なかでも，たとえばフォークランド（マルビーナス）紛争（実際のイギリス・アルゼンチン間の戦闘は1982年3月19日から6月14日）は第2次世界大戦後の大規模戦闘の1つとして記憶に残っている。もとはと言えば，両国間に領土紛争があって武力衝突にまでいった。今のイギリス・アルゼンチンの関係は敵対関係ではないが，この領土問題は解決されていない。確かにこの軍事衝突の後，1990年2月5日には両国の国交は正常化されている。でも，アルゼンチンはこの島についての領有権の主張をおろしていない。もともとアルゼンチンのもとのスペインがこの島の領有権を確立した後，1833年にはイギリスがこの島を実際に支配するようになった。1816年にアルゼンチンがスペインから独立したあとイギリスに対してこの島の返還要求を始める。これ以上詳しくは見ないが，したがって，この島を巡る領有権の争いは昨日や今日のものではない。200年以上にわたっている。そして，アルゼンチンからすれば，まだ解決していない。

　地中海から大西洋に出るところに位置するジブラルタルも似ている。イベリア半島の先端のジブラルタルはイギリスが実際に支配していてイギリスの海外領土となっているが，ここもスペインが18世紀から領有権を主張してイギリスとスペインの間に領土問題があ

るという。世界で最も古い領有権争いの地とも言われる。ざっと300 年以上である。

　他方，交渉によって解決された国境画定の例もある。2008 年 7月 21 日に署名され 10 月 14 日に発効した中露東部国境確定追加議定書で，長年もめてきた中露間の国境は最終的に全て画定した。ロシアと中国が，領土問題を外交交渉で双方の受け入れられる合意に達することで解決したのである。アムール川の中にある島について，半分に分割したりして，とにかく交渉によって平和裡に解決した。これには様々な政治的背景があったと言われるにしても，条約締結による領土問題の解決である。

　国際法で領土問題を解決した例は，他にもある。インドネシアとマレーシアの間の，リギタン島とシパタン島の領有権争いは，両国の合意のもと国際司法裁判所（ICJ）に付託され，2002 年 12 月 17日の判決でマレーシア勝訴。双方がこれを受け入れて解決した。マレーシアとシンガポールの間の，ペドラ・ブランカ島等領有権問題も長年両国が争っていたが，両国が ICJ 付託に合意。2008 年 5 月23 日に ICJ の判決が出て，ペドラ・ブランカ島はシンガポール領，中央岩石はマレーシア領とするなどの判決で解決している。

　国際法も捨てたものではない。戦争を防げなかった例もたくさんあるけれど，平和的な外交交渉や国際裁判やらで領土問題が解決された例もあるのである。それも何十年と揉めたすえ，である。何百年も揉めて解決していない例もあるのだから，領土問題は一概にどれくらい交渉すればそれでいいという相場感があるわけではないだろう。我々はともすると時間軸の取り方が短いきらいがあるが，領土問題に限っていえば数十年単位，いや 100 年単位でものを考える必要があるのかもしれない。主権国家の矜持とは，このような長期

的視野を持てるかどうかによっているという側面があることを，忘れてはなるまい。

　日本の外交の常識を学ぶ旅。皆さんはどう考えるだろうか。

　日露関係や北方領土問題を考え，さらに最近のウクライナ戦争も議論すれば話は尽きない。第2章は筆者の思惑に反してずいぶんと長い旅になってしまった。そろそろアメリカに続いて話をしたかった中国に話題を進めよう。長い旅は，いよいよ佳境に入る。

外交小話3 モスクワの思い出　ギドン・クレーメルとピアソラ，チャイコフスキーのバイオリン協奏曲

　筆者は日露平和条約交渉の事務レベルの担当も務めたから，モスクワには何度か行った。モスクワ以外にもサンクトペテルブルクなどにも多少は訪れた。幾つも思い出がある。でもその中で忘れられないのが，モスクワで聞いたギドン・クレーメルのチャイコフスキーのバイオリン協奏曲である。

　確か，1998年11月11日から13日までの小渕首相のモスクワ訪問の時であったと思う。何かの事情でこの演奏会に行くことになった。その時点でギドン・クレーメルはすでに世界的なバイオリン奏者であったし，チャイコフスキーをモスクワで聴けるのであるからこんなに嬉しいことはない。楽しみにしてコンサートホールに赴いた。そして聴いてみて，びっくりした。

　表現はあまり適切ではないかもしれないが，この時の名手ギドン・クレーメルのバイオリン，まるでクラシックオペラのアリアを日本の演歌歌手が歌っているような弾きぶり。はじめから音が少し上下するし，感情たっぷりである。それまでCDで聴いていた，正統派名手バイオリニストの音とは全く違うもの。これ以上言葉で上手く言えない。何度も聴いたこの名曲を，新たに聴き直した。もち

ろん心を揺さぶられたのである。

　あとで調べてみると，ギドン・クレーメルは1995年ころからアルゼンチン・タンゴのアストロ・ピアソラにはまり，クラシックバイオリンでピアソラのタンゴを弾くようになったとか。なるほど，それならこの時のチャイコフスキーが，それまでとは全く違うものだったのも間違いではない。耳に残って忘れられなくなったこのバイオリン協奏曲。モスクワから帰国して，ピアソラ以降のギドン・クレーメルのCDがあるに違いないと探したが，見つけられなかった。筆者の努力不足だったに違いない。だから1回だけ聴いた"少し崩れた"チャイコフスキーのバイオリン協奏曲。もう一度，聴いてみたい。

　音楽は人を超え，国境を越える。1人1人の心に残って感動を呼ぶ。こうして人が結びつく。モスクワで聴いたギドン・クレーメルのチャイコフスキー。ロシアは素晴らしい文化と人がいる。それなのに，なぜウクライナ侵略などするのだろう。

　ロシアの音楽といえば，もう1つだけ。東京の芸術劇場で聴いた，スベトラーノフ指揮のロシアステート交響楽団と中村紘子さんのラフマニノフのピアノ交響曲第2番。ずいぶんと前のことだ。指揮者のタクトがあがってホールがピンとした緊張に包まれる。そして第1楽章のピアノの和音。有名な出だしである。その瞬間，背筋に電気が走ったような感動。素晴らしい。これも心を揺さぶられた音楽である。ギドン・クレーメルのチャイコフスキー，スベトラーノフのラフマニノフ，そしてロシアとは関係ないがグルベローバの歌うオペラ，"ランメルモールのルチア"。この3つは，数ある音楽会のなかでずっと記憶に残るものになった。

　文学もそうであろうが，ロシアの芸術は，誠に素晴らしいと思う。

第3章

日本と中国，台湾

　日本外交の常識を学ぶ旅は，アメリカ，ロシアに続いて中国の話に移る。日中関係の基礎はどこに求められるか。そもそも台湾とはどのような地位にあるのか。現在の，強力な指導力を持つ習近平政権とはどう向き合うのか。日本の取るべき道を考える。

　そのためには，戦後の日本が，「中国」とどうやって関係を結んでいったのか。それが台湾の「中華民国」政府であったのはなぜか。どうして大陸中国，つまり「中華人民共和国」政府と「国交回復」をするのか。そこから話を始めなければならない。そして，現在大きな注目を集めている台湾海峡の平和と安定の議論にも触れよう。日本の対中外交。本書もさらに佳境に入る。

1　日華平和条約

(1)　「中国」との戦争状態の終結

「吉田－ダレス書簡」　もともと吉田首相が，大陸中国の中華人民共和国との間で，日中間の戦争状態を終結させ国交を設定したいと考えていたのかは，さらなる分析が必要であろう。少なくとも吉田首相は，当時のソ連との関係もあって，大陸中国との関係を気にしてはいた（吉田茂，回想十年，第三巻，70-76頁，新潮社，1958 年）。

　しかし，朝鮮動乱が勃発したのは 1950 年 6 月 25 日，サンフラン

台北賓館，台北，中華民国（1952 年 4 月 28 日）。
署名する河田特命全権大使と葉公超外交部長。
［提供 朝日新聞社］

シスコ平和条約が署名されたのは，1951 年 9 月 8 日である。そしてジョン・フォスター・ダレス国務省顧問（特使，前上院議員，のちの国務長官）が 1951 年 12 月 13 日 と 18 日に訪日して，吉田首相と会談し，日本が台湾の中華民国政府と平和条約を締結しないで北京の中華人民共和国政府と行えば，アメリカの上院はサンフランシスコ平和条約を認めないであろうと吉田首相に伝えたことは，歴史の事実である。

世にいう北方領土に関する "ダレスの恫喝" と並び，実はこれも台湾に関する "ダレスの恫喝" であった。

吉田首相はこれを受けて，早速 12 月 24 日付で書簡を発出（これは，アメリカ上院外交委員会でのサンフランシスコ平和条約承認審議開始に合わせて 1952 年 1 月 16 日に公開される），日本政府は「(台北の)中華民国国民政府との関係を重視しているのであって，中華民国国民政府との間の正常な関係を再建する条約を締結する用意がある」と明言した。そして「中国の（北京の）共産政権と二国間条約を締結する意図を有しないことを確言する」と付言した。

これに対して，ダレス特使は 1952 年 1 月 18 日付で返書を送り，「対日平和条約及び日米安全保障条約の批准について……生じたかもしれない誤解は，一掃される」として，吉田首相の「勇敢で直裁な態度に敬意を表」すると謝意を述べた。これが日本が中国との戦

争状態の終結を含む平和条約の締結を，北京の中華人民共和国政府とではなく，台北の中華民国政府と行うに至った大きな背景であった。

　吉田首相は単純に"ダレスの恫喝"に屈したのだろうか。

　否，そう評価するのは妥当ではない。なぜなら，吉田－ダレス書簡の時には，サンフランシスコ平和条約が本当に成立するかどうか，アメリカ上院の承認が得られなければわからない時点だったからである。平和条約の署名はされていた。でも，それが批准され成立するかはまだわからなかった。つまり，日本の独立は完全ではなかった。日本はまだ独立国として確立していなかったのである。だから，その時点で，"恫喝"に屈するも何もない。吉田－ダレス会談の様子はすべて公開されているから，その記録を見ればこのことは明らかであろう。単独講和に踏み切った日本としては，なんとしても早く独立を回復する，それが最大の目標だったのであるから。

イギリスの対中政策　ここで，このような日本とは対照的な歴史の事例がある。それは，その時のイギリスの対中政策である。これは，同盟の本質を考えるきわめて重要な点でもある。イギリスとアメリカが，この時異なる対中政策をとったことを見てみよう。

　中国では長い間，蒋介石率いる国民党と毛沢東率いる共産党が国共内戦を戦った。その結果，国民党が敗退，共産党が 1949 年 10 月 1 日に北京で中華人民共和国設立宣言を行い，蒋介石は台湾に逃れて同年 12 月 7 日台北で中華民国政府の移転を宣言する。

　その翌年，1950 年 1 月 6 日。イギリスのアトリー内閣は北京の中華人民共和国を政府承認して外交関係を結んだ。イギリス労働党のクレメント・アトリー党首は 1945 年 7 月 5 日の総選挙で保守党

に大勝して，同年7月26日国王ジョージ6世から組閣の命を受け，イギリス首相になる。アトリー内閣はアーネスト・ベヴィン外相のもとで反共外交を展開するが，ベヴィン外相が対米自主外交を志向したともいわれて，アトリー内閣は前任のチャーチル首相とは異なる対外政策をとった。その典型が中国政策である。北京の共産党政権樹立直後の11月1日には，イギリスは北京を政府承認することをアメリカ国務省に通告，12月15日にはそれを閣議決定。そして翌1950年1月6日の政府承認になる。単にチャーチル首相の親米路線からの転換だけでもなかった。99年にわたる香港の租借権を維持するためには，実質的に中国本土を制圧した共産党政権と話をしないとイギリスの権益は守れないとの判断も大きかったといわれる。

血の同盟におけるアメリカとイギリスの相違　それに対してアメリカは民主党のハリー・トルーマン大統領。その国務長官のディーン・アチソンは，反共の旗頭といわれた。当時のアメリカは，全体にソ連の共産陣営が世界を席巻するのを止めなければならないとの思いが強かった。だからトルーマン大統領は，北京の共産党政権を政府承認せずに，台湾に逃れた国民党の蒋介石政権との外交関係を継続した。これで"ダレスの恫喝"になるのである。

　でも，イギリスは違った。"血の同盟"といわれるイギリスとアメリカは，対中政策で根本的に異なる道をいくことになったのである。因みに，吉田書簡を英国に通報した際のやり取りの中に「本件について英国は全然日本に圧力を加えなかったことはご承知のとおりである」との記録が公開されている。そのうえで，イギリス自身はアメリカと異なる対応をする。当時の中国は今見た通り国共内戦

がそのような形で一応の決着を見たところであって，混乱のさなか，現在のような圧倒的な存在感を示しうるような状況ではなかった。とはいえ，それでも大国中国，である。イギリスとアメリカがその対中政策について正面から異なる政策を取る，吉田－ダレス書簡と一緒にそのことを考えると，国家の独立ということがいかに重要なことであるかがわかる気がする。逆に，同盟の本質とは，「合意しないことに合意する（agree to disagree)」ことができることにもある，との点を学ぶ最良の事例かもしれない。

(2) 日華平和条約の内容

話がだいぶ逸れた。イギリスとアメリカの対中政策の違いという重要な点を学んでいたから，皆さんのお許しを乞おう。

日本は台北の中華民国と平和条約を締結する。1952 年 4 月 28 日，サンフランシスコ平和条約発効の 7 時間 30 分前に台北で署名され，同年 8 月 5 日に発効した日華平和条約である。

① 戦争状態の終結の合意（第 1 条）

これは，日中間に存在した戦争状態の終結の合意から始まる。つまり，「日本国と中華民国との間の戦争状態は，この条約が効力を生ずる日に終了する」ことに合意した。本書で何度か見たように，伝統的な国際法では戦争は一方的な宣戦布告で始まる。しかしその終了には戦争当事国の合意が必要である。それを行うのが通常の意味での平和条約である。だからこの合意がまず初めにくるのは当然である。ただ，日中間の場合，これはそれほど単純ではない。

まず，日中間の戦争状態は宣戦布告なくして始まった。重慶政府の宣戦布告はあるが，それを持って中国の対日宣戦布告があったかは，はっきりしていないといわれる。だから，国際法上いつから戦

争状態にあったかは，日本とアメリカやイギリスとの間のようには
はっきりしない。それでもどこかの時点からは日中間には国際法上
の戦争状態にあったことは，当事者が認めている。したがって，国
際法上これを終結させる合意が必要である。日華平和条約第1条は，
それである。

中華民国と中国　さらに話はややこしい。日中間に存在した戦争
状態と言ったが，この第1条では，日本と「中
華民国」との間の戦争状態が終了することに合意している。そして
第10条では中華民国の国民とは，台湾および澎湖諸島の住民また
は「今後施行する法令によって中国の国籍を有するもの」，とされ
た。つまり，この日華平和条約は，台湾に住む人のみを対象にして
いる。今後それが拡大して中華民国の法令が施行されることになっ
たら，それも含む，つまり，もし台湾の国民党政府が反撃に成功し
て大陸に戻るならその時にはそれも含む，と言いたかったのである。

　因みに，この条約とともに交わされた交換公文でも，日華平和条
約全般について，この条約の条項が中華民国が支配している領域に
限らず，今後支配する地域にも適用されることが確認されている。
逆にいえば，台湾が反撃して大陸をもう一度制することがなければ，
この条約は台湾のみに適用されていて大陸中国への適用はない，と
いうことになる。ならば，そのような中華民国との間の平和条約で
あるなら，大陸中国との間の国際法上の戦争状態は終結できていな
いではないのか。

　それが，そうではないのである。国際法上の理屈はこうである。
日本は，相手が毛沢東であれ蒋介石であれ，中国との間で戦争状態
にあった。中国は誰かによって代表される。中華民国と中華人民共
和国と言う2つの国があるわけではない。つまり，"2つの中国"

があるわけではない。北京も台北も，そのようなことを認めたこと
は一度もない。少なくともこの当時はそうである。

　たまたま毛沢東が内戦を戦って大陸を制した。蒋介石は台湾に逃
れたけれど，まだ全中国を代表していると言っている。現実に台湾
などにしか自らの法令が施行できていないだけ，である。毛沢東は
大陸を制覇したけれども，台湾には自らの施政は及ぼせていない。
場所の広さは別にして，どちらの１人も全中国を制覇できていない
のである。となると，中国の外の，外国からすれば，この２つのう
ちどちらかを全中国を代表する政府として認めないと，中国との話
は進められないことになる。実は，対中政策をめぐるアメリカとイ
ギリスの違いや"ダレスの恫喝"の話は，この選択をどうするかと
いう問題だった。どちらの政府を代表として正当なものと認めるか，
つまり政府承認の問題であったのである。

中国の政府承認のポイント　　日本は蒋介石の国民党政府，つまり台
湾を中国を代表する政府とすることに
した。いくら北京の政府が大陸を制したとは言っても，台北の政府
はあるのであるから，それを中国の代表として認めた，正当な政府
として認めた，ということである。実態にはそぐわない。中国大陸
全土は，毛沢東の共産党が制しているから，である。しかし，イギ
リスは別としてアメリカなどはみなそうしたのである。だいたい，
第２次大戦後にできた国際連合の安全保障理事会の５つの常任理事
国は，国連発足以来，アメリカ，イギリス，フランス，ソ連，そし
て中国であるが，その中国は台湾の中華民国政府によって代表され
ていた。これが変わるのは1972年まで待たなければならない。そ
のことは，旅の中でこれから学んでいくことになるけれど。

　だから，ややこしいように見えて，物事はきちんと整理すればそ

れほどわけがわからないことではない。施政を及ぼしている地域が
いかに狭かろうと，台北の国民党政府，つまり中華民国政府が中国
を代表しているというのなら，その政府と平和条約を結んで戦争状
態を終結させれば，日本と中国との間の国際法上の戦争状態は終
わったとする他はない。国家としての中国は1つであるのなら，中
国を代表する政府との合意は，中国という国家を縛るものになる。
少なくとも，中国以外の外国，この場合は日本，からみればそうい
う以外に理屈を整理することはできない。中国という国家を誰が代
表するか，北京なのか台北なのか，という問題と，外国から見た場
合にそのどちらにせよ国を代表して条約を結んだのであればそれが
中国という国を縛ることになるという問題は，密接な関係はあるけ
れど別の問題としなければ，中国という国との関係は先に進めるこ
とはできないのである。

　ずいぶんとくどくなった。でも，この点は中国との関係を考える
時には，きわめて重要な点である。大陸中国と台湾という "2つの
中国" という見方をしないというならば，このように考えるしかな
いであろう。

　②　財産及び請求権の処理（第3条）

　財産および請求権の処理は，これまで見たとおり，平和条約の重
要な構成要素である。だから，日華平和条約はこの点の規定を置い
た（第3条）。これらの処理は，日本と中華民国の別途の「特別取
極の主題とする」。つまり，この平和条約ではこの処理を将来行う
ことを約束しただけでその中では合意しなかった。そして，理由が
あってこの「特別取極」はついに一度も締結されないままこの日華
平和条約は失効することになる。それで，財産および請求権，さら
には戦争に関する賠償の問題は結局どうなったのか。この点は，日

本外交の常識を学ぶ旅の中で，今後触れていくことになる。

　③　領域の確定

　そもそも日本は，サンフランシスコ平和条約でアメリカやイギリスなどの連合国に対して台湾に関するすべての権利を放棄した（第2条(b)）。台湾は日本が日清戦争の結果の講和条約である下関条約で当時の中国（清）から割譲させ，植民地にしていた地域である。それを太平洋戦争の結果，放棄した。ロシアのクリールアイランズ（千島列島）と同様，「誰に対して」放棄したことは明記されていない。ただ，もはや日本の領域ではなくなっている。日華平和条約はサンフランシスコ平和条約発効の直前に署名されていることをもう一度思い出したい。

　日華平和条約では，このことを規定して，日本が台湾を放棄したことが「承認」されている（第2条）。だから，日本は台湾については，いかなる意味でも権利を持っていないので，その帰属先についても何かを言う立場には立ち得ない。普通に考えれば日本は中国から台湾を割譲させて植民地にしたのであるから，太平洋戦争後にそれに対する全ての権利を放棄したといえば，それは元々の中国に返すことを意味する，と言いたくなる。しかし，条約上はそこまではっきり書いていない。ただもはや日本のものではない，と言っているだけである。

　その台湾に物理的に存在する中華民国政府と平和条約を締結しているのだから，少し頭が混乱する。でも整理すれば，日本は台湾という地域についていかなる意味でも領有権の主張はできない，すべての権利を放棄しているというだけであって，中国を代表する政府が誰かという観点から，台湾にある中華民国政府を正当な政府として認め，そこが全中国を代表する政府として日中間の戦争状態を終

結させる平和条約を結んだ，ということである。だから，日華平和条約で，日本から見れば日中間の，つまり日本と国家としての中国との間の戦争状態は，完全に法律的に終結したのである。

　因みに，この時点では中国側は尖閣諸島についての独自の主張は行っていなかった。だから議論する領土問題はなかった。もっとも日本からすれば，その後も日中間には尖閣を含めて領土問題は存在しない，のであるが。

2　日中共同声明

釣魚台，北京，中華人民共和国（1972年9月29日）。田中角栄首相と周恩来首相。　　　　　[提供 朝日新聞社]

(1)　日中国交正常化交渉

　こうして日本は北京ではなく台北に行った。それは当時の世界情勢や独立前の日本という状況からして，他の方法は取りようのないものであった。と同時に，台湾は一貫して日本との関係を大切にしてくれる友人でもあった。蒋介石総統の人となりからだけではない。

日本が台北の中華民国政府との関係を絶って北京の中華人民共和国
政府を承認した後も，例えば李登輝第4代総統（1988年1月13日－
2000年5月20日）が京都大学出身のたいへんな親日家，知日家で
あったことは，多くの日本の人の知るところである。

　それでも，中華民国は大陸中国に戻りそれを制圧することはな
かった。それどころか，国際社会の多くのメンバーは，台湾と正式
の国交を持つよりも，大陸中国と正式の外交関係を有するに至って
いる。

　日本も台北と平和条約を締結したあと，大陸との関係も作ってい
くことになる。1962年11月からのいわゆるLT貿易（廖承志駐日
友好教会会長と高碕達之助元通商産業大臣との間の覚書による貿易）は
記憶されているその例である。しかし，大陸中国との関係の抜本的
見直しは，1972年2月のアメリカのニクソン大統領訪中のあとま
で待たなければならなかった。

北京空港，中華人民共和国（1972年2月21日）。ニクソ
ン大統領と出迎える周恩来首相。

［Wikimedia Commons より］

釣魚台，北京，中華人民共和国（1972年2月21日-28日）。ニクソン大統領と毛沢東首席。　　　　　　　　　　　　　　　　　　　［AP/アフロ］

①　ニクソン訪中とアメリカの対中政策

　日本の大陸中国との“国交正常化”は，1972年2月21日-28日のアメリカ大統領リチャード・ニクソンの中華人民共和国訪問と同年7月5日の田中角栄内閣の誕生を抜きにしては語れない。

「ニクソン・ショック」と「上海コミュニケ」

　ニクソン訪中は，キッシンジャー大統領補佐官の極秘訪中などの米中交渉の準備を経て実現される，「ニクソン・ショック」であった。同盟国日本には何も相談，連絡はなかった。それで，アメリカはいざとなると日本の頭ごしに，きわめて重要な外交案件を進めるとのトラウマを今でも残すことになったものである。思えば1972年という年は，沖縄返還協定の発効（5月15日）やこの日中国交正常化，それに韓国の1人当たりGDPがようやく北朝鮮のそれを抜いた年でもあり，歴史の1つの転換点であった年である。中でもニクソン・ショックの顚末を語り出したらそれだけで1冊の本でも足りないくらいであるから，ここでは深入りしない。ただその結果として米中で発表された共同声明の意味だけ見ることにする。日本外交の常識を学ぶ旅を進めるのは，ここが大事

だからである。

1972年2月27日には，ニクソン訪中の結果として「上海コミュニケ」と呼ばれる米中共同声明が発表された。その中でもっとも重要な部分は，次である。

「米国は，台湾海峡の両側のすべての中国人が，中国はただ1つであり，台湾は中国の一部分であると主張していることを認識している（acknowledge）。米国政府は，この立場に異論をとなえない（The United States does not challenge that position）。」

この時アメリカと北京の中国とで合意された重要点はこれであった。つまり，アメリカは北京の台湾についての主張を「認識」してこれにチャレンジしない，と言ったのである。ここで「認識する」acknowledge という言葉の語感に注意したい。アメリカは中国の台湾に対する主張に「同意する（agree）」と言ったわけでも，「受け入れる（accept）」と言ったわけでもなく，認識しただけ，である。しかし，英語の acknowledge という言葉は，それをただ事実として認識したという語感と，相手の立場を正しいものとして受け入れてそのことを認めた，そのようなものとして認識したという語感の両方がある。ましてそのあとにアメリカはこの点について北京の立場にチャレンジしないと言っているのだから，北京の中国政府がこの意味を後者のニュアンスで説明したとしても，それほど無理な説明ではないということになる。

1972年のこの上海コミュニケで米中関係は大きく変化していくが，それでもアメリカが北京の中華人民共和国政府を正式に承認して台湾の中華民国政府との正式な関係を断つのは1979年1月1日からであった。この時の米中外交関係設立の共同コミュニケでアメリカは北京の政府を承認した（ジミー・カーター大統領と鄧小平指導

者)。

アメリカの首都ワシントンD.C.には, 市内北西部に「雙橡園(ソウゾウエン)」"Twin Oaks" と呼ばれる 17 エーカーの広大な屋敷がある。ここは 1937 年から 1978 年 12 月まで, 中華民国の 9 人の駐米大使が公邸として住んでいたところである。1979 年以降, アメリカは台湾とは正式の外交関係がないから現在ではもはや大使公邸ではないが, その後の経緯を経て, いまだにワシントンに駐在する台湾代表処の代表は, この場所を夕食会やさまざまな機会に使っている。筆者もアメリカ在勤中に何度かここに招かれた。最後は, 2024 年 5 月 20 日に台湾の副総統に就任した蕭美琴氏が駐米代表だった時であった。それは見事な屋敷, 邸内誠に由緒ある趣になっている。アメリカと台湾の関係をある面で象徴する立派な邸宅である。

Twin Oaks, ワシントン D.C., 米国
[Wikimedia Commons より]

３つのコミュニケの意味

また話がそれた。米中関係を考える時には, 1972 年 2 月 27 日の上海コミュニケ, 1979 年 1 月 1 日の外交関係設立時の共同コミュニケ, そして 1982 年 8 月 17 日の米国の対台湾武器売却問題の際の共同コミュニケの 3 つのコミュニケを見る必要

がある。

上海コミュニケのポイントは今見たとおりであるが，1979年米中外交関係設立の時のコミュニケもそれと同様であった。「米国政府は，中国はただ1つであり台湾は中国の一部であるとの中国の立場を認識する（acknowledge）」。再び"acknowledge"である。北京の立場にチャレンジしないとの表現はないが「認識する」との言葉は同じである。

そして，1982年8月17日の共同コミュニケはこれとは表現は同一ではないが内容は違うものではない。「中国政府は，台湾問題は中国の内政問題である旨を重ねて言明」するのに対して，「米国政府は，中国との関係を非常に重視しており，中国の主権と領土保全を侵害する意図も，中国の内政に干渉する意図も，"2つの中国"あるいは"1つの中国，1つの台湾"政策を推し進める意図もないことを重ねて言明する（reiterate）」とした。「台湾は中国の内政問題」と明確に言ったわけではないが，"（北京と台北という）2つの中国"政策や"（北京という）1つの中国と（台北という）1つの台湾政策"をとることはしない，と明言したのであるから，これまでの表現と全く同一ではないとはいえ，これまでの2つの米中コミュニケと比べて本質的な相違はない。「2つの中国」政策は取らない，台湾を中国と別のものとは扱わないと明言したのであるから，北京としても納得のいくものであった。アメリカからしても，従来の対中政策を別の言い方で表現したに過ぎないものと言いうるから，これで納得したのである。

因みに，1972年2月27日の上海コミュニケに向かう大きな流れを受けて，ニューヨークの国連本部では1971年10月25日，決議案が賛成76，反対35，棄権17で国連総会決議として採択される。

「中華人民共和国にそのすべての権利を回復させ，その政府の代表を国連における中国の唯一の合法政府と認め，かつ，蒋介石の代表を国連およびそのすべての関連機関において非合法に占めている議席から即時追放することを決定する」と規定した，いわゆるアルバニア決議案の採択である。

「即日追放」などという通常の外交用語では使われないきつい表現があるとか，この前に中国代表権問題は「重要事項」であって総会の3分の2の多数が必要だとする「重要事項指定決議案」が賛成55，反対59，棄権15で僅差で否決されるとか，「逆重要事項指定決議案」も議論されたとか，アメリカや日本などの対中外交，国連外交にとってきわめて重要なこともあった。

いずれにしても，この国連総会決議の採択によって，1945年以来中国を代表してきた台北の中華民国政府はその立場を失い，国連から退場して安保理の常任理事国の席も北京の中華人民共和国政府に渡すことになったのである。アメリカの対中政策の大きな転換点にあって，日本の対中政策や国連外交という意味でこの大きな出来事については語るべきことがまことに多い。でも，これも今となっては歴史の一部，日本外交の常識を学ぶ旅では，このような論点があったということを記すだけにとどめることにしよう。旅を進める。

米華相互防衛条約の無効化と安保理　さて，この米中間の3つのコミュニケに関連して，もう1つきちんと理解しておくべきことがある。それは1979年4月10日に米国議会で成立した台湾関係法である。

1972年に始まった米中関係正常化の動きが正式になったのは1979年からである。繰り返し見たように，上海コミュニケを経てこの時の外交関係設立時の共同コミュニケで，アメリカは1979年

1月1日から，正式に中華人民共和国政府を中国を代表する政府として承認して台湾との関係を正式の外交関係ではないものに変更した，のである。

これに伴い，1954年12月2日に署名され1955年3月3日に発効した米華相互防衛条約は無効化して失効する。台湾と断交したのであるから，自然のことである。そして前段で見たように，この時1979年には，国連において中国は北京の中華人民共和国政府によって代表されていて，北京は安保理の常任理事国になっていた。考えてみれば，それまでは台湾の中華民国が安保理で拒否権を持つ常任理事国であったのだから，時代は動いたのである。

ただ，北京の中華人民共和国政府が安保理の常任理事国になったと言っても，中国はすぐには国連安保理で強力な存在感を示したわけではない。1997年1月20日に採択された安保理決議。長年のグアテマラ内戦終結に伴いこの和平合意の遵守状況監視のための国連グアテマラ人権監視団（MINUGUA）が，国連の平和維持活動として安保理によって設立された。この時には日本が安保理の非常任理事国として会議の議長を務めていた。日本の小和田恆常駐代表であった。筆者も安保理を担当する外務省の課長として採決の場に居合わせた。

この安保理決議の採択にあたっては，常任理事国の中国（もちろんその時はすでに北京の中華人民共和国政府の代表である）は採決の10日ほど前のこの案件の初めの安保理会合で，まず拒否権を行使した。なぜか。グアテマラへの平和維持部隊の派遣に反対だったからではない。グアテマラが台湾と外交関係にあるという理由で拒否権の行使をしたのである。公式・非公式の様々な討論の後，安保理本会合が開催されて，議長である小和田大使の采配で採決に移る。

本議案に賛成の国の代表の挙手が求められ，理事国15のうち14が賛成。続いて反対の国の代表の挙手が求められ，中国1カ国の代表が挙手。その途端に議長が，「採決の結果，本案は否決されました。これにて会議を終了します。」と言って会議が終わる。拒否権が行使された，瞬間であった。

　安保理の話は，どこかでまたきちんと扱えるかもしれない。ここでは中国のその時の拒否権行使が，国連安保理が始まって以来中国によるものとしては3回目でしかなかったと言われたことを紹介したかっただけである。つまり，中国は国内の情勢などもあって，国連発足以来一貫して常任理事国の地位を占めてきたが，台北であれ北京であれ，冷戦終了直後くらいまでは拒否権行使に象徴されるような，国連での存在感は決して高くなかった。自国に密接な関係のある台湾問題になると決然とその存在感を示すが，他の国際社会の問題についてはあまり関心を示さなかったというわけである。中国が台頭してあらゆる意味で存在感を示し，国連安保理でもしばしば拒否権も行使するようになった現在の状況とは，隔世の感があろう。

アメリカの台湾関係法　またまた，話がそれた。アメリカの台湾関係法の話に戻ろう。

　台湾関係法は先ほど見たように，アメリカが台湾と断交して米華相互防衛条約が意味を失った後の1979年4月10日，米議会によって成立させられる。そこでは外交関係がなくなった後も台湾との商業的，文化的その他の関係を促進することの必要性，防衛的な武器供与を行うこと，などが規定された。その上で，アメリカ大統領は台湾の安全に対するいかなる脅威や危険についても直ちに議会に通告する義務を負い，アメリカの大統領と議会はそのような危険に対

して米国憲法に従って適切な行動をとることを決定せねばならない
ことが明記されている。ただ，これからも明らかなとおり，台湾関
係法はアメリカの台湾防衛を義務として規定したものではない。米
軍の介入は選択肢として決定されうるけれど，必ず台湾防衛をする
と書いてあるわけではない。そもそもこれはアメリカの国内法で
あって相互防衛条約ではないのだから，これを「戦略的曖昧さ
（strategic ambiguity）」と表現したところで，このことはある意味
では当然である。それよりもアメリカは台湾と正式の外交関係を
絶った後も，場合によっては台湾有事に軍事介入するかもしれない
ことが国内法で明記されたことの意味の方が大きい。

　2022 年 5 月に日米首脳会談で訪日したジョー・バイデン米国大
統領が記者団から「大陸中国が台湾に武力行使をしたらアメリカが
軍事介入することを大統領は確約できるか」と聞かれて「確約す
る」と答えたのは，このような背景がある。同時に大統領は，アメ
リカの対中政策，つまり "2 つの中国" も "1 つの中国，1 つの台
湾" もとらないことに何ら変わりはないと言った。これは 1982 年
8 月 17 日のコミュニケの文言そのものである。ニュアンスやら国
際情勢の現実の変化という点は大いにあるが，冷静に見るとアメリ
カの対中政策や台湾防衛の大筋は，何か新しい枠組みになったとい
うことはないのである。

　②　田中角栄首相と日中国交正常化

　米中関係を追ったので，日中国交正常化の議論に入る前にずいぶ
ん時系列が先に進んでしまった。でも，日中関係は米中関係と無関
係にあるわけではないので，これもやむを得ない。ここで，話を田
中首相の訪中と日中共同声明に向かう論点に戻そう。日中関係の，
いよいよ本番である。

田中 = ニクソン会談　1972 年 7 月 7 日に就任した田中首相は，同年 2 月のニクソン訪中を踏まえて日中国交正常化交渉に踏み切るが，その前に大平正芳外相とともにハワイを訪れニクソン大統領と会談した（1972 年 8 月 31 日 – 9 月 1 日）。

ハワイ，アメリカ合衆国（1972 年 9 月 1 日）。大平外相，田中首相とニクソン大統領。　　　　　　［提供 毎日新聞社］

　この結果出された共同発表では，12 項目にわたり成果が文章にされたが，それよりも本書の文脈で最も重要な点は，日本側が大陸中国と本気で国交正常化交渉を達成するつもりであること，そしてそれは日米安保条約の枠組みを変えることなく実現する考えであることをアメリカに説明して，これらについてアメリカ大統領の了解をとった点である。

　田中訪中直前にわざわざ行われた日米首脳会談。この大きな焦点は，ここにあった。田中訪中で本当に日中国交正常化が実現するかどうかまだ見通しも立たない時。そこに向かうためにアメリカとの関係をきちんとしておいたこと，特に日中関係を大きく進展させる

にあたっては日米安保条約に基づく同盟関係の実質にいかなる意味でも変更がないことを明示に確認しておいたこと，これをしておくべきだと考えた田中首相と大平外相の指導力は，誠に敬服すべきものであると思う。

これは何も対米追随という意味ではない。そもそも，1972年2月のニクソン訪中はあったけれど，アメリカの対中国交正常化は1979年まで待たなければならなかったのであり，日本はアメリカに先駆けて日中国交正常化を実現しようとしていたのであるから，1950年1月6日のイギリスの対中政策と同じようにアメリカと異なる政策を追求したとまでは言わないが，中国政策についての対米追随などではなかったからである。

田中首相の訪中　そして田中首相の訪中になる。もとよりその前の7月25日からの，公明党の竹入義勝委員長の訪中と，その結果を記して田中首相に提出された「竹入メモ」。これで，中国側が戦争賠償は放棄する，日米安保は容認すると言った内容が伝えられていたことが，田中首相の訪中を決断させた大きな要因になったといった事情はあった。しかし，田中訪中自体は確実な見通しがあってのことではなかったと言われている。だから，これも指導者，田中首相の大きな政治決断だったと評価されているのである。

田中首相は，こうして1972年9月25日北京に到着する。一行は，大平外相や二階堂進官房長官，高島益郎外務省条約局長など。対する中国側は，毛沢東国家主席，周恩来首相，姫鵬飛外相，廖承志中日友好協会会長，など。幾多の歴史に残るドラマの後，同9月29日には日中共同声明が署名されて北京の中華人民共和国政府との間の国交正常化が成立，台湾の中華民国とは政府の正式な関係を断絶

した。ここに至るドラマは詳しく追いたいところだが，日本外交の常識を学ぶ旅では，そこまでの余裕はない。結果として合意された共同声明の主要論点だけに焦点を当てる。

(2)　日中共同声明の主要論点

①　日中間の「戦争状態の終結」＝日華平和条約問題

中国は日中国交正常化にあたっては，「復交 3 原則」を掲げた。

　ｉ．中華人民共和国政府が中国を代表する唯一合法な政府であることを認めること，

　ⅱ．台湾は中華人民共和国の領土の不可分の一部であることを認めること，

　ⅲ．「日華平和条約」なるものは不法・無効であり廃棄することを認めること，この 3 原則である。

まずは，日本として日中国交正常化を達成するためには，この 3 原則にどう対応するかがポイントであった。このうち，署名された共同声明の文章の順で見ていくと，第 3 番目のポイントがまず問題になる。

北京の中華人民共和国政府からすれば，これまでも繰り返し見てきたとおり，台湾には “逆賊一派” が残党として残っているだけであって，そことの戦争状態終結などの合意である「平和条約」などは全く認められるものではない。台湾にあるいかなる「団体」も中国を代表する政府ではありえないから，それとの「平和条約」などは存在し得ないし，だから中国との戦争状態はまだその終結の合意に至っていない。しかし，日本政府からすれば，何回も見たように，いろいろな経緯やアメリカとの関係などがあったにせよ，結論は台北の中華民国政府を中国を代表する政府として認め，これとの間の

平和条約で，中国との戦争状態の終結の合意をしたのであるから，今さらこれが無効・不法というわけにはいかない。

　そもそもここでいう日中国交正常化というのは，正確に言えば，台北の中華民国政府から北京の中華人民共和国政府に国際法上の政府承認の変更をするだけであって，台北から北京に正当政府の承認を変えたからといって，中国という国家との基本的な国際法上の関係，つまり戦争状態の終結合意ということはすでに済んだ問題とせざるを得ない。この，両者の立場の違いをどうするか，これが日華平和条約問題である。これは言葉を変えれば，日中間の戦争状態終結をどう扱うかの問題であった。なんだか舌を噛みそうなややこしい論点であるが，このことは，結局中国内戦の結果，北京と台北に分けられたことをどう扱うか，台湾にある中華民国との関係をどう位置付けるかの問題と同じ線上にあるということもできる。

合理的妥協策　こう見ると，この第1の論点については，日中間では法的にも政治的にも決して交わらない相違があるということにある。だから，日中正常化交渉をまとめるためには，日中双方の立場をいずれも否定することなくどのような妥協策で合意できるか，双方の知恵によってこのような方策が見つけられるかを交渉することが必須となった。筆者自身も，長年，外交交渉をまとめる中で，双方の立場がどう見ても交わらないほど異なるところを，それぞれ相手側を完全に否定をせずに双方が納得できる合理的な妥協策を見つける努力をしてきたが，ここで見ている問題はその最も典型的なものであったということができる。外交交渉の本質，である。

　その合理的妥協策は，この場合は次のようなものであった。

　日中共同声明第1項は，「これまでの"不正常な状態"は，この

共同声明が発出される日に終了する」とした。そしてその前文で，「戦争状態の終結と日中国交の正常化という両国国民の願望の実現」を謳う。また戦争賠償についても，中華人民共和国政府による「戦争賠償の請求を放棄する」ことを宣言する規定も置かれた（第5項）。同時に日本側は，共同声明発出直後の大平外相の記者会見で，「日華平和条約は，日中国交正常化の結果として，存在の意義を失い終了したものと認められる」との一方的な立場表明を行った。つまり，日本は日華平和条約が初めから無効だなどとは言っていない。この共同声明により日中国交正常化が達成されたのでその時に日華平和条約は存在の意義を失って失効した，としたのである。でもこのことは，日華平和条約によって"日中間の戦争状態の終結の合意"がなくなった，ということまで意味しない。

　つまり一度は成立してそれにより日中間の戦争状態を終わらせた日華平和条約の効果まで否定はしてはいない。この点は当時も条約論としてかなり議論されたようであるが，日本の立場は一貫して保たれている。だからこの共同声明では「戦争状態の終結」にこれで合意した，とまでは言っていない。"不正常な状態の終結"の合意だけである。東京と北京の間に正式の関係がなかったのは，誠に"不正常な状態"であった，のだから。

　他方，中国の立場から見れば，その根本的なところは確保されたと考えられたのであろう。「戦争状態の終結」という言葉は各条項の前の前文だけれどもあるし，「不正常な状態」の意味を中国なりに解釈する余地はあるのだろう。そこは中国側の話，である。だから，このような幾つかの合わせ技によって，日中間の決して交わらないとみられた難しい論点について妥協をすることができたのである。

　ちなみに，この，不正常な状態，といった表現の「知恵」を出し

たのが，日本の外務省の高島条約局長であったと言われる。そして，交渉の最後に中国の周恩来首相は高島局長を指して"法匪"と呼び，中国にも条約交渉においてこのような知恵を出せる人材が欲しいといったと言われている。ことの真偽，特に"法匪"という言葉が使われたかどうかはともかくとして，外交交渉を学ぶときに，先人の知恵として記憶したほうがいいことかもしれないと思う。

②　中華人民共和国政府が唯一合法な中国を代表する政府

復交3原則の第1がこれであるが，この点は他の点に比べて問題は大きくない。これまで見たように，日本からすれば日中国交回復問題は，台湾の中華民国政府から北京の中華人民共和国政府に中国を代表する政府の承認を変更することにある。政治的な問題の大きさはあっても，法律的には2つのうちの1つに代表を変えるということである。問題は，国際法上の政府承認の変更である。だから，この点については，理論的な整理は難しくはなかった。

③　台湾の扱い

これに対して復交3原則の第2番目の台湾の扱いは，きわめて難しかった。いや，今でもこの問題はずっと尾を引いている点であるから，しっかりと見ておかなければならない。

そもそも台湾は日清戦争の結果，その講和条約である下関条約（1985年4月17日署名，5月8日発効）で日本が当時の中国，つまり清から割与されたところである（同条約第2条）。

それで，日本にとってはのちの朝鮮半島の前に，台湾を植民地とした。それが太平洋戦争の講和条約であるサンフランシスコ平和条約で，「すべての権利を放棄」した（同条約2条b）。すでに見たとおり，誰に対して放棄したかは条約上明確に規定されてはいない。歴史的に見れば元々台湾を領有していた中国に対して放棄したと見

春帆楼，下関（1895年4月17日）。正面右側が伊藤博文日本全権大臣，手前左側が李鴻章清国全権大使。　［近現代PL／アフロ］

るのが常識的であるが，中国は理由があってサンフランシスコ講和会議には呼ばれもせず，したがってその条約の締約国ではない。「条約は（当時国ではない）第三国を，利せず害せず」，だから，サンフランシスコ平和条約によって中国は台湾の領有権を取得したことにはならない。そこでは日本が植民地であった台湾の権利を放棄したことが規定されている，だけである。

国際法上不明確な台湾の帰属　では，台湾はどこへ行ったのか？
どう見ても元の中国に返ったのであろう。でも，それを規定する国際条約の明示の根拠はない。少なくとも，国際法上，日本はその帰属についてとやかく言える立場には立ちえない。ただ，これだけならば，国際法上の明示の根拠がないと言ったって，国際社会全体の目から見れば常識的に台湾は中国に返されたのでしょうと言って済むような論点である。ところがそんなに簡単にはいかない。なぜなら，中国は大陸の中華人民共和国政権と台湾の中華民国政権に分かれていて，かつ，両方とも「2つの中国」とは言わないからである。つまり，台湾は「中国」に返され

たのは誰も反論はないにしても，そこでいう「中国」とは北京のことか台北のことか。こここそ問題が面倒になる本質である。

　日本は台湾を放棄した。もともと中国である清から割譲されたもの，返す先は常識的に中国である。でも，サンフランシスコ平和条約からそこまでは言えない。日本は放棄した台湾の帰属について確定的にいうことはできない。ただ，台湾は「中国」に返還される“べきもの”という見解を述べることはできる。日本は，「中国は1つ」という立場を全面的に尊重する。台湾の独立を支援しようなどという意図は，全くない。台湾が現在中華人民共和国政府とは異なる中華民国政府の支配下にあることから生ずる問題は，中国人自身の手により解決されるべき問題であって，したがって，これは「“基本的には”中国の国内問題」である。だからこそ，両岸関係の平和的解決を強く望む。台湾海峡の平和と安定は，国際社会の平和と繁栄にとって不可欠の重要性を持つ。

　でも，何度見てもこれはややこしい。両岸問題は中国人自身の手で解決されるべき問題というなら，ストレートに，それは「中国の内政問題」と言えばいいではないか。なぜもって回って“基本的には”などという言葉をつけなければいけないのか。いや，間違えてはいけない。そここそポイントである。

　北京には中華人民共和国政府がある。今や世界第2位の経済，それだけでなく，政治・軍事やあらゆる面で国際社会で大きな存在となった。同時に事実として台北には中華民国政府があり，自由と民主主義に基づいて市場経済による無視しえないユニットを確立している。選挙による政権交代もする。2024年1月13日の台湾総統選挙でも蔡英文総統に代わってその副総統であった頼清徳候補が当選して5月20日には就任した。同じ民進党であるから政権交代では

ないが，堂々たる民主的な選挙である。このように，台湾は我々と価値や本質的制度を共有している。

台湾有事における日米安保　それだけではない。本書の第 1 章で詳しく見たように，台湾は日米安保条約第 6 条にいう「極東」の中に含まれていて，日米安保は朝鮮半島有事の時だけではなく台湾有事の時にも作動する仕組みになっている。万が一大陸中国が台湾に対して武力行使をして台湾統一を図ろうとした場合において，我が国としてそのようなことを「中国の内政問題」とだけ片付ける立場を必ずとる，というわけにはいかない。もちろん，状況による。アメリカの台湾関係法にしたって，そのような時には大統領と議会が直ちに協議して適切な対応をすることになっている。「中国の内政問題」と断じてしまえば，このような時に介入することは内政干渉になり国際法違反になる。だから「基本的には」，なのである。

　繰り返そう。台湾の帰属が国際法上は明確にされていないこと，いやそれよりも何よりも，物理的な大小はあれど中華人民共和国政府と中華民国政府とが現実に存在していてそのいずれもが 2 つの中国を主張していないこと。これが問題の根幹である。

日本政府の基本的立場　この根幹を踏まえて，1972 年の田中首相訪中による日中国交正常化では，台湾問題はどう処理されたのか。現在でもなお日中関係の基礎になる重要な点である。

> 「3.　中華人民共和国政府は，台湾が中華人民共和国の領土の不可分の一部であることを重ねて表明する。日本国政府は，この中華人民共和国政府の立場を十分理解し尊重し，ポツダム宣言第8 項に基づく立場を堅持する。」

　ここで，ポツダム宣言第8項では「カイロ宣言の条項は履行せられるべく」と書かれ，そのカイロ宣言では「台湾は中国に返還されるべきもの」と書かれている。太平洋戦争終結にあたって日本はポツダム宣言を受諾しておりその中にカイロ宣言が履行されるとあるから，日本は台湾が中国に返還されることを受け入れたのであり日本はその立場を堅持するというのがこの大体の意味である。

　つまり，まずは，日本政府は台湾に関する中華人民共和国政府の立場を「十分理解し尊重」する。その上で，「政治的には」台湾は中国に返還されるべきもの，と言ったのである。つまり，日本政府は，中華人民共和国政府が実効的に支配していない台湾が中華人民共和国の領土の一部になっているということに同意までしたわけではない，そのような認識に合意しているわけではない，台湾は中国に返されるべきもの，そして中華人民共和国政府が台湾は中華人民共和国の一部であると言っていることは承知していてそのことを理解し，その上でそのような中華人民共和国政府の立場は尊重するがそれ以上日本政府は言うべき立場にない，と言ったのである。

外交交渉における「言葉の力」と解決策

　ここで決着する交渉の経緯を見ると，台湾の扱いについて，はじめは日本政府は本書ですでに見た米中の1972年の上海コミュニケの表現（すなわち米国は中国が台湾は中国の一部であるとの立場を"acknowledge（認識）"するとの表現）を踏まえて，これと同様の方式で問題の決着を図ろうとしたが，中国はこれを強く拒絶した，という。それで，北京に到着した日本政府の代表団は中国側に対して，「十分理解し尊重する」との案を提示したが，これだけでは中国側の受け入れるところにはならなかった。このような中国側の本件に対する強い姿勢は日本側がある程度予想したところで

あったので，万里の長城に行く車中において大平外相が姫鵬飛外相に対してギリギリの腹案を提示，それを周恩来総理が了承してこの最終決着になった，と言う（栗山尚一「日中国交正常化」，早稲田法学74 巻 4 号，1999 年，48-49 頁）。だから，交渉の経緯からすると，日本政府の基本的立場は変更せずにこの問題の決着が図られたと言いうるとともに，中華人民共和国政府側からしてもその立場を曲げることなく本件の決着が図られたと言いうるようになったものと見るのが，客観的であろう。

　これが，外交交渉というものである。また，外交の中で国際法がどのように機能しているかを示す 1 つの典型的な事例である。つまり，双方にとってそれぞれが譲れぬ一線というものがある。そしてそれらは決して交わらない，原理原則。理論的には両者を同時に満たす解決は存在しない。その時に，それぞれの立場を全面的に毀損しない範囲で妥協策を見つける，それぞれが自分の立場を相手に打ち負かされたとは言わないで自らを守ったと言えるようにして，双方の「合意点」をとにかく見つける。理論的にはあり得ない解決をそのようにして見つけること，"agree to disagree" をしてそれを「言葉の力」でうまく「覆い隠す」，それこそが "外交" であると言ってよい。それでお互いの「顔が立つ」。交渉がまとまり，先に進むことができる。いや，さらに突き詰めれば，国家間のやり取りを基本とする「外交」だけではなくて，およそ人間の行う「交渉」ごとであれば，いちばん最後に行わなければならないことは，これである。「日中国交正常化交渉」における台湾問題，さらには根本的なその問題についての「解決策」は，それを端的に示しているように思われる。「日本外交の常識」を学ぶ旅，これこそ最も重要な部分の 1 つかもしれない。

3 日中関係の推移と台湾問題

　現代の日中関係を考える際には，なんと言っても，以上でみた日華平和条約とそれを受けた日中共同宣言が最も重要な，大きな転換点であった。この2つを見て初めて，戦後の日中関係の基本が理解できてくる。日本外交の常識を学ぶ旅は，この基本の理解なしには続けられない。戦後のサンフランシスコ平和条約体制，日米同盟の基本，日露平和条約交渉と北方領土問題に続いて，ようやく日中関係の基本まで旅は進んできた。この基本を踏まえて，さらに対中関係，台湾問題の最近の状況に進んで，中国の関係を締めくくることにしよう。

(1) 日中平和友好条約の締結

　1972年9月の日中共同声明8項は，日中双方が，"平和友好条約の締結を目的として，交渉を行うことに合意した"ことを規定した。

　人民大会堂，北京，中華人民共和国（1978年8月12日）。園田直外務大臣と黄華外交部長の署名式の写真である。　　　［提供 朝日新聞社］

これは，「両国間の平和友好関係を強固にし，発展させるため」であった。ちなみに，ここでいう「平和友好条約」とは，国際法上の「平和条約」，すなわち国家間の戦争状態を終結させる条約ではない。すでに繰り返し見たとおり，日中間の戦争状態は終了している。どこで終了したかについては，日中間で必ずしも意見の一致が見られているわけではないが，それは既に行われた交渉の中で決着済みのことである。だから，ここでいう「平和友好条約」とは，文字どおり両国間の平和友好親善関係の促進を確固たるものにする，どちらかというと政治的な条約である。

　そのような性格もある。この条約締結交渉が始まっても，なかなか順調には進まなかった。そして，当時は中ソ対立が激しい時代だったという背景がある。また，1976 年には 1 月 8 日に周恩来国務院総理が，同年 9 月 9 日には毛沢東国家主席が死去して，10 月 7 日に華国鋒体制が成立，1977 年 7 月に鄧小平が 3 度目の復活を成し遂げるという中国国内の激動もあった。日本は，19776 年 12 月 24 日から 1978 年 12 月 7 日までの福田赳夫内閣であった。

　交渉の焦点は，「覇権条項」であった。中国はソ連の覇権反対から，反覇権条項を明示に入れることを主張，日本は北方領土問題を解決して平和条約を締結する交渉を進める必要からもあまりに反ソ的な覇権条項には賛成できないという立場にあった。考えてみれば，今現在は中露が接近して“蜜月”とさえ一部では言われているから，時代は変わるものである。ただ，時代は変わるとはいえ，まだ半世紀も経っていないその時代には，中ソ対立が激しかったという事実は，忘れてはいけない。外交を考える時には，1 年，2 年という短期の見方だけではなくて，5 年，10 年，いや，50 年，100 年という長期の視点もきわめて重要だからである。

　交渉は難航した。1975年9月に国連総会出席の際に喬冠華外相と会談した宮澤喜一外相は「宮澤4原則」を提示したが，中国側は国内事情もあってまとまらない。結局，交渉は1978年7月21日からの外務次官級協議を踏まえ，同8月9日に園田外相が北京を訪れて大臣レベルでの交渉。その結果，ようやく8月12日に条約の署名に至った（日本においては国会承認を経て，批准書交換により10月23日に発効した）。この間の経緯については，筆者は外務省勤務時代に，上司として仕えた斉藤邦彦駐米大使，外務次官（この条約締結当時，外務省条約課長）から詳細を聞いたことがある。園田大臣の決断と，それを支えた佐藤正二中国大使（元外務次官，条約局長）の外交交渉に臨む矜持である。政治家の責任と外交官の覚悟。これが両方重なる時に，外交交渉はまとまるものと教えられたように思う。

　まとまった条約は，平和5原則や武力不行使義務の確認（第1条），経済・文化・交流促進努力（第3条）などとともに，双方が「いずれの地域においても覇権を求めるべきではなく，また，このような覇権を確立しようとする他のいかなる国又は国の集団による試みにも反対する」ことを表明した（第2条）。同時に，「この条約は，第三国との関係に関する各締約国の立場に影響を及ぼすものではない」ことが規定された（第4条）。このような規定によって，当時置かれていた日中双方の立場が確保されて，日中関係の進展に大きく寄与したのである。ただ，その時の意義は大きかったにせよ，この「覇権条項」をめぐる顛末は，現在の国際環境からすれば，歴史の一コマになっている要素が大きいと評価されるのかもしれない。

　他方，そうでない現代的な意味を見出すことができるかもしれない。特にウクライナ戦争勃発以降の中露関係を見ると，新たな意味

があるという見方もできよう。いずれにせよ，この条約交渉ではこの条項が最大の論点であったことは，歴史の事実である。

(2) 天皇，皇后両陛下の訪中

人民大会堂河西大庁，北京，江沢民国家主席主催歓迎晩餐会
（1992 年 10 月 23 日）　　　　　　　　　　［提供 朝日新聞社］

日中平和友好条約締結の後の日中関係を振り返るときに，平成天皇，皇后両陛下の訪中（1992 年 10 月 23 日 – 28 日）について触れないわけにはいかない。1972 年の日中国交正常化から 20 年。中国の招待を受けて平成天皇，皇后両陛下が歴史上初めて中国を訪問され，江沢民国家主席との会見，歓迎晩餐会などのほか，西安，上海などの地方も訪問された。画期的な歴史的訪問であった。

これについては，訪問の事前にも，また，事後にもいろいろな議論があったことは事実である。訪問自体は，中国側の招請を受けた宮澤喜一内閣の決定であった。筆者自身，外務省の職員として若干の議論を聞いたことがあるし関連文書も公開されている。しかし，

日本外交の常識を学ぶ本書の旅の中では，このような歴史的訪問が
あったことを記すことに留めることにしたい。

(3)　江沢民国家主席訪日

　1998年の後半は，日本外交にとって多くの出来事があった年で
あった。まず8月31日12時過ぎ，北朝鮮の大浦洞（テポドン）に
あるミサイル基地から「テポドン1号」と見られる弾道ミサイルが
日本に向けて発射され，弾道部が日本上空を通過して三陸沖に落下
した。初めての北朝鮮からの日本上空を越えたミサイルの発射で，
日本国内は騒然となった。同年9月には中国の江沢民国家主席の訪
日が予定されていたが，中国国内の洪水被害のために延期。同年
10月7日から10日まで，韓国の金大中（キムデジュン）大統領が
日本を公式訪問，10月8日に東京で小渕恵三総理との間で「日韓
パートナーシップ宣言」を発出した。その後，小渕首相は11月12
日にモスクワを訪れロシアのエリツィン大統領と会談，「モスクワ
宣言」を発出した。1998年11月19日から20日にアメリカのクリ
ントン大統領が訪日，その直後の1998年11月25日から30日まで，
中国の江沢民国家主席が国賓として中国の国家元首としては初めて
訪日して，小渕首相との間で日中共同宣言を発出した（1998年11
月26日）。

　こう見るとわかるように，1998年の秋は，北朝鮮のテポドン発
射から始まり，中国の江沢民訪日延期，韓国の金大中大統領訪日，
小渕首相の訪露とエリツィン大統領との会談，アメリカのクリント
ン訪日，中国の江沢民訪日と続いて，北朝鮮の後，韓国，ロシア，
アメリカ，そして中国との首脳会談がめじろ押しで行われた，とて
も忙しい秋であったということができる。筆者は当時，外務省の条

約局条約課長をしていて，それぞれの共同声明の起草過程に携わったから，その時のことを外交官としてよく記憶している。ただ，日本外交の常識を学ぶ本書の旅のここ第 3 章では，これはいちいち記載しない。この文脈では，次の第 4 章で見る "小渕・金大中日韓パートナーシップ宣言" に比べて，"小渕・江沢民日中共同宣言" の方が全体としてあまり好感を持って受け止められなかったことだけを記したい。なぜそうだったのか。それには理由がある。

日中共同宣言の成果と "あと味の悪さ"　この日中共同宣言は，年に 1 回の指導者の相互訪問とか，第 4 次円借款の後 2 年分の供与（3900 億円）とそれに対する中国側の謝意（今から思うと "古き良き時代" の感がある）とかなど成果も多かったし，全体としての日中関係が「上向きの時代」だった時のものということはできるかもしれない。しかし，中国国内の洪水被害のために 9 月の訪日が延期されて，韓国の金大中訪日の後になったことが大きな影響を与えることになった。つまり，まず日韓首脳会談が行われて，そこでは小渕首相が「我が国が過去の一時期韓国国民に対し植民地支配により多大の損害と苦痛を与えたという歴史的事実を謙虚に受け止め，これに対し，痛切な反省と心からのお詫びを述べた」と明言した。これは，1995 年の「村山談話」よりも更に一歩踏み込んで，過去の植民地支配についての反省とお詫びをはっきり述べたことになる。

そこで，この日韓首脳会談を受けて，中国側も過去の歴史認識問題について，日本からの「反省とお詫び」を強く求めることになった。韓国との関係でもそうであるが，中国との関係では，過去の歴史に関する問題が常に根底に横たわるものとして存在している。第 4 章で詳しく見るが，韓国との関係でも，これはまたやや違う形で

出てきてきた。小渕・金大中宣言で明言したにもかかわらずこの問題は大統領が変わると大きく取り上げられ，時として韓国側は「ゴールポスト」を動かすことさえするというのが，少なくと日本の一部にある強い反発である。

　1998年11月の中国との関係は，この点がまさに大きな焦点になった。因みに，この年の9月訪日を前提としたその夏の日中間の事前折衝では，いつものことであるが，この歴史認識と「台湾問題」が難しい問題であった。その時の日本の責任者は，高村正彦外務大臣であった。しかし，歴史認識について，日本側からの「お詫び」の表明に焦点が当たったのは，首脳会談の順番が韓国が先でその後に中国になったという事情が大いに影響したのは事実と言ってよいであろう。

　もともと江沢民国家主席には，「日本は過去の軍国主義への精算が充分ではない」という考えが強かったとされている。だから，東

迎賓館，東京，日本（1998年11月27日）。乾杯する江沢民国家主席（左）と小渕首相（右）。　　　［提供 朝日新聞社］

京であらゆる機会に日本の歴史認識を批判した。それに加えて，日韓首脳会談の後に日中首脳会談が行われることになって，「お詫び」問題に焦点が当たってしまった。では，その結果はどうなったか。

江沢民国家主席の言動は，日本側の反発を招いた。小渕首相自身がそうであったとされている。結局この時の日中共同宣言では，「日本側は，中国への侵略によって中国国民に多大な損害と苦痛を与えた責任を痛感し，これに対して深い反省を表明した」として，「心からのお詫び」は共同声明の中には書かれなかった。これは，首脳会談の中で小渕首相が述べるに「とどめて」，この訪日を終えることになったのである。

中国国内での洪水被害という不幸な出来事で首脳会談の順番が逆になったことが，すべての原因などということはない。ただ，1つの引き金ではあった。いや，その偶然によって，物事の本質がより顕在化したというべきなのかもしれない。いずれにせよ，このような次第で，金大中（キムデジュン）訪日に比べて，江沢民訪日はやや"あと味の悪さ"が残るものになったというわけである。

(4)　安倍首相訪中と「戦略的互恵関係」

この"あと味の悪さ"，そしてそれに続く小泉政権下での日中関係の冷え込みを何とかしようとしたのが，第1次安倍内閣による訪中（2006年10月8日から9日）であったと言ってよい。その際には，「日中共同プレス発表」が発出され，その中で初めて「戦略的互恵関係」という考え方が謳われた（胡錦濤国家主席，温家宝総理）。ここで「戦略的互恵関係」とは，「日中双方が，アジア及び世界に対して厳粛な責任を負うとの認識の下，国際社会に共に貢献する中で，

お互いに利益を得て共通利益を拡大して日中関係を発展させること」とされている。政治体制を異にする中国に対して，あえて「戦略的」という概念を持ち込んで，日中関係の飛躍的発展と安定化を目指した。中国側の表現をそのまま使えば，「氷を打ち砕く旅」，「氷を溶かす旅」だったという。

　安倍首相は，すでに第1章や第2章で見たように，唯一の同盟国アメリカとの関係や，平和条約締結問題を抱えるロシアのプーチン大統領との関係に腐心したが，隣国中国との関係でも政権発足まもなくの頃から「戦略的」に取り組んだことが，わかる。

　そして，これをさらに明確に打ち出したのが，2008年5月6日から10日まで国賓として訪日した胡錦濤国家主席と福田康夫首相との間の「"戦略的互恵関係"の包括的推進に関する日中共同声明（2008年5月7

人民大会堂，北京（2006年10月8日）。安倍首相と胡錦濤国家主席

[代表撮影/AP/アフロ]

日）」である。これによってその内容が一層明らかにされた。因みに中国は，1972年の国交正常化の共同声明，1978年の日中平和友好条約，1998年の日中共同宣言に加えて，この2008年の"戦略的互恵関係"に関する共同声明の4つを，日中関係重要4文書と位置付けている。

　その直後の2008年6月18日には，日中間でいまだに境界が画定されていない東シナ海を「平和・協力・友好の海」とするために，「日中間の東シナ海における共同開発についての了解」と「白樺（中

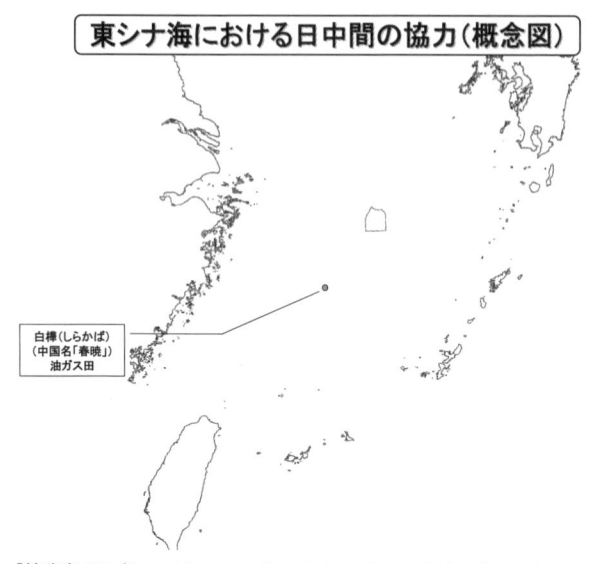

東シナ海における日中間の協力（概念図）

白樺(しらかば)
（中国名「春暁」）
油ガス田

［外務省 HP（https://www.mofa.go.jp/mofaj/area/china/higashi_shina/press.
html)］

国名：春暁）油ガス田開発についての了解」が日中共同プレス発表
の形で明らかにされた（ただし，この内容は，現在に至るも全く実施
されていない）。

　2012 年 12 月 26 日に成立した第 2 次安倍政権の下でも，日中は
「戦略的互恵関係」の基礎が重要とされてきた。2012 年 11 月 15 日
には，胡錦濤体制から習近平体制に移行が始まり，2022 年 10 月 23
日には習近平総書記は異例の 3 期目に入りこれまでにない強固な指
導体制を築いてきている。このような中でも，日中双方とも「戦略
的互恵関係」の重要性については，異論を挟む様子はない。このこ
とは，2023 年 11 月 16 日に，APEC 首脳会議が行われたサンフラ
ンシスコでの岸田－習近平日中首脳会談で，1 年ぶりに会談した両

国首脳が「戦略的互恵関係」の推進で一致したことにも示されている。この点は間違いのない事実であるが，最近の日中関係を語るうえでここでどうしても触れなければならないことがあるので，それを見ながら，日本外交の常識を学ぶ旅を続けよう。

(5)　中国による「力による一方的な現状変更」

中国漁船衝突事件　2010年9月7日午前11時40分頃，沖縄県尖閣諸島付近をパトロールしていた海上保安庁の巡視船「みずき」が尖閣領海内を航行している中国籍の漁船を発見，日本の領海内での違法操業なので領海からの退去を命じたが，中国漁船はこれに従わずに操業を続行，逃走時に「みずき」と別の巡視船「よなくに」に衝突，この2隻を破損させた。これが，尖閣諸島中国漁船衝突事件である。

　海上保安庁はこの中国漁船の船長を公務執行妨害で直ちに逮捕，9月9日に那覇地方検察庁石垣支部に送検した。13日，船長以外の船員と船体は中国に返還されたが，船長は勾留された。24日，那覇地検は船長を処分保留で釈放と発表，25日船長が中国チャーター機で石垣空港から中国に送還される。この時は，菅直人首相，仙谷由人官房長官，そして岡田克也外務大臣から代わった前原誠司外務大臣であったが，菅首相と前原外相は国連総会でニューヨーク出張中であった。筆者は2011年1月から外務省アジア大洋州局長に就任するが，このときは地球規模課題審議官（気候変動担当大使）であった。

　その後，本事件を撮影したビデオが2時間のものを6分50秒に短縮して11月1日，国会に限定して公開される。11月4日午後9時頃，YouTube上に"sengoku38"というアカウント名から44分

137

の画像がアップロードされた。のちにこの映像は海上保安官が流出させたものであることが判明，12 月 22 日この保安官は国家公務員法守秘義務違反で書類送検される。ただ，2011 年 1 月 21 日，この元保安官と，本件事件を起こした中国人船長は起訴猶予となった。

　これが，尖閣諸島漁船衝突事件の，大雑把なあらましである。この事件の詳細を検証することが，ここでの目的ではない。日中関係の経緯を考える時，この事案を思い出すことは不可欠だと考えたので概略を振り返ったのである。この事案の本質は，何か。

　それを分析するときには，そもそも尖閣諸島でどうしてこのような事件が起こるのかを見なければならない。

尖閣諸島は我が国の固有の領土　尖閣諸島は，我が国固有の領土である。領土，領海そして領空は，我が国の領域で，また，我が国はこれを有効に支配している。言葉を変えれば，我が国の施政の下に有効に置かれている。我が国の領域であるということに対して，独自の主張を行っている国，地域はあるが，だからこの領有権について国際法上の問題があるということにはならない。

　例えば，どこかの外国が，東京都の一部は自分の領域だと主張し始めたとしても，それで東京の一部について領土問題が発生することには到底ならない。だから，領土問題に関する「決定的期日（クリティカルデイト）」の問題も，ない。日本を含めて国際社会の大多数は尖閣諸島の日本の領有権について，これと同じような考えを持っている。そして，わが国の有効な施政の下に置かれているという基本的事実に挑戦している国は，1 つもない。わが国の有効な施政の下に置かれている領海だから，それを侵犯することで独自の領有権主張を表明しているだけである。尖閣諸島については，そもそ

も領有権問題は存在しない，というのはこのような意味からきている。

　尖閣諸島とは，沖縄県石垣市の北北西170キロに位置する魚釣島，北小島，南小島，久場島，大正島，沖ノ北岩，沖ノ南岩，飛瀬などからなる島々の総称。19世紀には無主の地であったものを，1895年1月に正式に日本の領土として編入した。これに対して抗議したり反対した国は，存在しない。

　中国がこれに対して独自の領有権の主張を始めたのは，事実の問題として，1968年秋に行われた国連機関の調査で石油埋蔵の可能性があるとの指摘を受けて1970年代に入ってからである。1972年の日中国交正常化交渉の過程でこれに関する日中間のやり取りがあったとしても，独自の主張が行われているからといって日本の確立した領有権について国際法上の問題が発生することは，ない。

(6)　尖閣諸島の基本的解説

　尖閣諸島の領有権について国際法上の解説をしようとすると，それだけで1冊の本になるから，ここでは以上の基本的解説にとどめる。それよりここでは，そのように領有権が明確なら，その領海を侵犯し日本の法令違反を犯した中国漁船の船長をなぜ釈放しなければならなかったのか。このあと見るように，尖閣諸島のうち個人の地権者が所有していた魚釣島，南小島および北小島の3島を国が購入して国有地にしたのは，なぜか。

　少なくとも日本から見れば，中国の尖閣に対する主張は全く独自のものであって，国際法上の根拠を持たない。領有権に関する問題も存在しない。しかし，これとは別に，事実の問題として，独自の主張をする国があることは，否定できない。そのような国の漁船が

我が国の領海で我が国国内法に違反する行為を行えば，それに対しては正当な領域主権を行使して，我が国の法に則って厳正に対処する。だから上記の漁船衝突事件が発生したときは，船長を直ちに逮捕して勾留した。仮にこの時に，事実の問題として違法行為をした船長を逮捕できなかったとしても，そのような違法行為をした船長は，我が国の法令に従って逮捕されるべき立場に立っていたことになる。これが，法の物理的強制と規範的強制の意味である。

そしてこの中国人船長は，処分保留で釈放され，最終的には起訴猶予となった。これも日本の法令に従った措置である。"sengoku38"のビデオが YouTube に流出されたとき，このような明白な我が国官権に対する違法行為があったにもかかわらず，それを為したものがきちんと処罰されずに釈放されるのかという，素直な憤りを多くの人が感じたに違いない。他の国で同様なことが発生したら，こんなことになるだろうかとの思いもあろう。尖閣諸島に関する我が国の領有権について異なる考えを持つなら仕方ないかもしれないが，そうでないなら，なぜ，という思いである。きわめて自然で，かつ当然の思いである

しかし，同時によく立ち止まって考えるべきこともある。およそ法というものは，国内法であれ国際法であれ，その実施や適用，運用は，適正な手続きに従うべきであるが，それにとどまらず，最終的には，法の目的とする社会の秩序の維持，平和・安全の確保，そして最終的な正義の実現といったような実質的事項の達成を目指して行われるべきものである。単に形式的な手続的正当性の確保だけにとどまってはならない。この事例の場合についての評価は，歴史による判断に委ねるの他はない。ただ，あくまで一般論として言えば，外交実務を担う者には実質的正当性の基準に照らした総合的な

判断を求められることもあるということは，事実として指摘しなければならない。手続的正当性を逸脱してはいけないが，それにとどまるだけでなく，法の本質的目的である実質的正当性の基準による判断がなされねばならない場合もある。それらを総合的に判断して，最も適切な法の運用，実施が必要とされるのである。この事例の場合はどう考えるべきだったのであろうか。容易に答えが出る問題ではないが，だからといって放っておいてよいものではない。読者一人一人の判断を求めたい。

(7) 「国有化」

何か文句がありますか　ことは，2012 年 4 月 16 日にアメリカの首都ワシントンのヘリテージ財団主催のシンポジウムでの石原慎太郎東京都知事の発言から端を発する。石原都知事はそこで，「尖閣諸島のうちの 3 つの島を所有する地権者からこれを購入する方向で基本的に合意している，東京都が購入する目的は，島に港湾移設などを建設・整備して日本が実効的に施政を及ぼしていることをさらに確実にするためだ」などと述べた。さらに曰く，「日本人が日本の国土を守るのに，何か文句がありますか」，と。

　かつて尖閣諸島には日本人が住んでいた時期（明治 30 年代）もあったが，その後無人の諸島になる。尖閣諸島のうち魚釣島，北小島と南小島の 3 つの島は日本の民間人が所有していて，日本政府がそこから賃借して管理していた。それで，日本政府はこの島の「平穏かつ安定的な維持管理を実施するために」島への日本国民の上陸は基本的に認めず，政府自身の島の維持管理も「限定的なものにとどまっていた」との一部の批判があった。石原都知事の上記の発言は，このような批判に基づき，この 3 つの島の所有権を地権者から

購入して日本政府の管理権を排除して，日本の地方公共団体によって島の「実効」支配の実態を対外的により強く見せることに目的があったというわけである。尖閣諸島が昔から日本固有の領土であって，これに関してはいかなる意味でも他国と領有権の争いなどないというなら，日本のしかるべきものが，土地の所有者として港湾施設や場合によっては観光施設などを建設して何の問題があるのか，だから，「何か文句がありますか」，というのである。

民主主義における役割分担　その通り，である。しかし，すでに指摘したように，「領土問題は存在しない」けれど，事実の問題として尖閣諸島に独自の主張をしている国や地域は存在している。漁船衝突事件の項で見た点と同様である。尖閣諸島のような長らく人も住んでいない島で，このようなことをあえて行うことは，全体として見た時の社会の秩序の維持，平和と安定の確保，そして究極的な正義の実現にほんとうに資するのか。感情的な「主権意識」にはそぐうかもしれないが，中長期的な日本全体の国益，社会の安定，そして国際的な平和の維持に資するものなのであろうか。

　民主主義では，本書の別のところでも触れるように，民意で選ばれた人（elected officer）の意見に正当性がある。民意で選ばれた人に任命されただけの人（appointed officer）には，そのような正当性はない。わかりやすく言えば，民主国家では選挙を勝ち抜いた政治家には正当性があって，どれだけ難しい試験に合格したかは知らないが，選挙で選ばれたわけでもない，単に任命されただけの人，役人，官僚，官吏には，正当性は，ない。これに間違いはない。でも，だからこそ，選挙で"選ばれた人"には大きな責任があるのであって，その人が民意におもねいたり，単なる"アジテイター"になっ

てほんとうの"ステーツマン"にならなかったとしたら，民主主義は終わる。それではいけない。

　あえて，いう。選挙で選ばれていない"役人""官僚""官吏"には，このことを指摘する役割がある。政治家には政治家の「責任」があり，官吏には官吏の「矜持」がある。政治家は民意に問うて，命をかけて責任をとる。官吏はその優れた能力を使い"ベストアンドブライテスト"のプライドを持って，国のため，社会のため，世界のために命をかけて意見を進言するのである。ただ，決めるのは，国民，そして国民から選ばれた政治家である。国民から選ばれてもいない官吏ではない。それが民主主義である。民主主義は，ベストではないかもしれないが，独裁主義や先制主義よりはずっとマシ，ベターなものである。だから，終わらせてはならない。そのためにこそ，このような「役割分担」がいる。これを蔑ろにする国は，滅びる。民主主義も，最後には勝てなくなる。

野田首相の真意と決断　話を元に戻そう。当時は，野田佳彦首相，藤村修官房長官，玄葉光一郎外務大臣，佐々江賢一郎外務次官。筆者は外務省のアジア大洋州局長であった。日本政府は，このような動きは，全体として，我が国の国益，社会の秩序の維持，そして国際関係の安定的発展にとって，中長期的には決して資するものではないと考えた。野田首相自身が，この石原発言のすぐ後からそのように感じられていた，と思う。野田首相は，まことに立派な国の指導者だと，筆者は思っている。だから，日本の外務省はこの年の6月頃から実務的に中国との静かな意思疎通を図っていった。それは，基本的にそのような考えに基づいていた。あとになって中国側から，日本側からの説明はなかった，というような発言があったとすれば，それは事実と異なる。それは，主権に

ついて中国におもねいたことでもないし，中国に不必要に高圧的に出たことでもない。外交として，当然すべきことであった。

野田首相がこの考えから，この問題となっている3つの島を国が地権者から購入して所有権を国に移転し，平穏かつ安定的に長期で管理しようという考え方を固めたのは，その年の8月18日夜だったという。この年2012年11月15日には，中国は胡錦濤政権から習近平政権に変わるが，その要素もあったに違いない。野田首相が決断したあとも，外交当局同士では意思疎通を図り，日本政府の考えるところは充分に説明している。つまり，尖閣の所有権を国が地権者から購入する（世間ではこれを「尖閣の国有化」と呼んだ）のは，あくまで上記の考えからであって，必要以上に殊さら中国と対立的な態度を示そうという意図ではあり得ないという真意，である。もちろん，日本の尖閣諸島の領有権に関する立場には，いささかの変更もないし，中国に対する説明にもその点に何らの変わりもなかった。これらの点は，これ以上ないほど，明確であった。

ウラジオストック，APEC首脳会合の際の，野田首相と胡錦濤国家主席との間の「立ち話」（2012年9月9日）。　　　　　　　　[AP/アフロ]

そして，日本政府はその年2012年9月10日に，これらの3つの島を地権者から国が購入することを決定。翌11日に，これを20億5000万円で購入して日本国への所有権移転登記を完了させたのである。しかるに，この直後の中国の反応は，

反日デモや一部の暴力行為などで，凄まじいものがあった。いちばん激しい時が，11日から18日まで続く。

　その後の激しい日中関係の展開は，ここでは省く。その年2012年12月26日には野田首相から安倍首相に政権交代して，安倍政権の下で戦略的互恵関係が「復活」し，2018年1月25日から27日の安倍訪中で日中の冷たい関係からの脱却が図られたことのみを記すにとどめる。そして2019年5月1日，令和天皇御即位。5月25日から28日まで，令和天皇御即位後初の国賓としてアメリカのトランプ大統領夫妻が訪日する。他方，中国の習近平国家主席の国賓訪日は，2020年3月5日に主としてコロナのために延期されて以来，今に至るまで実現の目処はたっていない。

　2022年11月17日にはバンコクで岸田－習近平首脳会談が行わ

サンフランシスコ，アメリカにおける日中首脳会談（2023年11月16日）。「戦略的互恵関係」の確認。
［外務省HP（https://www.mofa.go.jp/mofaj/a_o/c_m1/cn/page1_001916.html）］

れる。この時には，アルプス処理水（東京電力福島第一原子力発電所の建屋内にある放射性物質を含む水について安全基準を満たすまでに浄化した水のこと。日本政府は 2021 年 4 月にこれを海洋放出することを決定したが，大多数の国が日本政府の決定に理解を示したのに対し，中国政府はほとんど唯一これに反対している），尖閣，邦人拘束，半導体規制など，日中関係は低調であった。さらにその約 1 年後の 2023 年 11 月 16 日，サンフランシスコで再び岸田 − 習近平首脳会談。日中間の戦略的互恵関係が再確認された。

⑻　強力な習近平政権と中国への向き合い方

　岸田首相は 2024 年 4 月 8 日から 14 日まで国賓待遇で訪米して，4 月 10 日にはバイデン大統領との首脳会談，11 日にはアメリカ議会での演説を行ったことは，本書の第 1 章で見た。その議会演説の中でも中国については特に触れて，中国からは強い反発があった。これらのことをどう捉えたらよいのか。これは本書執筆時点での一過性の課題ではない。だからここでよく整理して考えてみよう。日中関係を考える日本外交の常識を学ぶ旅もずいぶんと長くなったが，ここは日本外交を考えるうえで，肝になる部分である。だから，もう少し付き合っていただきたい。

第 5 世代の強力な習近平政権　中華人民共和国の指導部は，その建国以来の指導部を大きく分けて 5 つの世代に捉えることができる。

　①　1949 年から 1976 年までが第 1 世代。毛沢東国家主席をはじめとして，周恩来首相，劉少奇第 2 代国家主席などが重要人物である。のちに林彪と四人組と呼ばれる人たちもこの世代である。

　②　1976 年から 1989 年までの第 2 世代。文化大革命が終了した

のちに華国鋒主席が後継者になったがすぐに鄧小平主席が実権を握る。胡耀邦総書記，葉剣英元帥，など。鄧小平主席は 1978 年に改革開放を提唱して，中国経済はその"近代化"に向けて大きく舵が切られることになった。そして，外交面では「韜光養晦（爪を隠し，時期を待つ）」の考え方を前面に出した。このような姿勢から，国家指導者は 1 期 5 年 2 期までに限る，との不文律を確立したのも鄧小平指導者だったといわれる。

③　1989 年から 2002 年までが第 3 世代。江沢民総書記をはじめに，李鵬首相，朱鎔基首相などが主要人物。

④　続く 2002 年から 2012 年までが第 4 世代。胡錦濤総書記，温家宝首相などが中心人物。「胡・温体制」などとも呼ばれた。

⑤　そしてこれに続いたのが 2012 年から現在に至る第 5 世代。はじめは習近平主席，李克強首相であったが，李克強首相は 2023年 3 月 11 日に総理を退任，そして同年 10 月 27 日には死亡した。既述したように，習近平主席は，指導者は 1 期 5 年 2 期までとされた慣例を破って，2022 年 10 月 23 日に中国共産党総書記に 3 選されて，強力な「習近平体制」が確立する。この強力な体制は，もはや第 5 世代とは呼べないという議論をどう考えるかは，本書の能力を超えている。中国専門家の分析を待つしかない。しかし，今の中国が，鄧小平時代の枠組みを超えて，新たな時代に入っていることはまちがいあるまい。同時にこれまで目覚ましい台頭を遂げてきた中国経済にもその翳りが見え，一貫して増加してきた人口も減少局面に入るなど，「少子高齢化」や近いうちの「財政赤字」にも直面して，10 年単位で考えると中国は大きな曲がり角にあるとの見方をする識者も多い。いずれにせよ，「鄧小平からの遺訓」からの本質的転換，である。

中国との向き合い方　筆者は中国の専門家ではない。中国語もできない。しかし，長年外交官として中国との関係や台湾問題に向き合ってきた。外交全般にわたって関与してきた。その経験からして確信するに至ったこれに関する基本的な考え方は，次のとおりである。

①　尖閣諸島に見られるような中国の力による現状の一方的変更は，決して認めない。全ての問題は国際法に則り，平和的に解決されるべきであるとの原理原則は，変えることはない。そうでなければ，国際社会における法の支配は確立せず，国際社会が無秩序な"万人の万人による闘争"になってしまう。日本は「積極的平和主義」に基づき，このような事態を避ける最大の努力をしなければならない。

②　同時に，だからこそ日本は，いかなる相手であれ，相手の立場を最大限尊重する。中国は日本にとって最も重要な近隣国であって，その関係を断つが如きはできないしすべきでもないのであるから，この関係を発展・促進するための努力を惜しむべきではない。だから，「戦略的互恵関係」に基づき，中国との対話を積極的に進めるべきである。気に入らないからと言って話をしないというのでは，何も先へ進まない。

③　そもそも，翳りが見えたからといって，中国が近・現代の国際社会の歴史の中でも，アメリカを除けば他に例を見ないほどの頭抜けて大きな存在になっていることは，好むと好まざるとにかかわらず厳然たる事実である。米ソ冷戦は，2大超大国米ソの対立であったが，その時のソ連に比べても，中国の存在は圧倒的に大きい。だから，単に近隣国というだけではなく，その中国に向かい合わなければ日本の外交は成り立たない，といってよい。

④　第1章でも見たように，日本の唯一の同盟国アメリカも，中国を「脅威」とは呼ばずに「戦略的競争者」と規定している。日本も中国のことを「最大の戦略的挑戦」と位置付けて，アメリカの見方とほぼ同じ立場をとっている。米ソ冷戦時にアメリカをはじめとする西側資本主義陣営はソ連を「脅威」として，これを「封じ込める（containment）」政策をとった。しかし，日本もアメリカも欧州も，対中「封じ込め」政策をとっているわけではない。

日本としては，外交のあらゆる枠組みや持てる能力を活用して中国と向き合い，中国が国際社会の中で責任ある大国として行動するように，そして，国際協調主義に基づき国際法を遵守する主要なプレーヤーになるように促進する努力をすること。同盟国や同志国と"ギャングアップ"して中国に対抗しようとするのではなくて，圧倒的な力を持ちアジアのど真ん中に位置するという地政学的にこれほど重要な国はないという中国と向き合う際に，まずは日本がきちんと2国間で向き合うとともに，日本1人で対応するのではなく国際社会と一緒になって中国に対応すること。これこそ対中「関与（engagement）」政策である。そして，これは対中「融和（appeasement）」政策をとることを意味しない。中国に譲るべきではないことまで譲って融和的な態度を取るべし，といっているのではないからである。

繰り返す。「封じ込め（containment）」政策ではなく，「関与（engagement）」政策である。ここにこそ，米ソ冷戦時の対ソ政策と，今の対中政策の決定的な違いがある。

「台湾有事」について考える際にも，このような基本認識を十分に踏まえることがきわめて重要と思う。そもそも台湾の基本的地位についての明確な認識は不可欠である。だから，本書でもこの点を，

昔話に遡って詳しく見たのである。日米安保条約における台湾の扱いも，その1つであった。これらを総合的に見回して，その時々の状況に合わせた，適時的確な外交判断が求められる。本書では，もっぱら外交・安保に力点を置いて見てきているが，本当はこれらの点と，国際経済面での分析や貿易・投資活動とか個別具体的なビジネス活動も含めた全体としての判断こそが大変重要と思う。

　習近平体制の強さや性格付けについての専門家の議論には，さまざまなものがあろう。でも，それがいかなるものであるにせよ，今筆者が述べたことが対中政策の基本にあるべきものと思う。日米を核として，日米韓，日米比，日米豪印，米英豪日，日韓米 NZ などの枠組みを重層的，立体的に組み立てようとするのは，何も「対中包囲網」を構築しようとするのではない。巨大な中国に向き合う時に，より有効な手立てをとって中国に対する「関与政策」を遂行しようとしているのである。中国との積極的対話がきわめて重要というのは，このような考え方によっている。残念ながら，この点についての理解は充分とは思えないし，また，説明もされてはいるがそれは盤石とはいえないように見える。日本外交の「常識」をやや超える部分かもしれないが，だからからこそ，このような考えが広く共有されることを願って，この，日本外交の常識を学ぶ旅の中で詳述した次第である。読者の皆さんは，このことを，どう考えられるだろうか。

<table>
<tr><td>外交小話4</td><td>中国の老紳士　日中投資保護協定締結交渉時の"法律顧問"（リュウド氏のはなし）</td></tr>
</table>

　日中関係にとっては，ずいぶんと前の話である。しかもこれから話すことは，本書では取り上げなかったいわゆる経済外交の分野に

属することである。でも，中国についての外交小話で取り上げる意味はあると思った。

　1988年8月27日，日中投資保護協定が北京で署名された。国会承認などの手続きを経て，1989年5月14日に発効した。その締結交渉に，筆者はまだ30歳半ばの外務省条約課事務官として携わった。これはその時の小話。

　若かったが，筆者は実務レベルの条約交渉に日本代表団の，いわば法律顧問のような役割で参加した。もちろん中国の代表団にも法律顧問の役割をする人がいた。条約交渉であるから当然である。その人は，リュウドという名前の，初老の紳士であった。だから，年齢に関係なく筆者は“法律顧問”同士でこのリュウド氏との間で何度もやり取りをすることになった。

　投資保護協定とは，相手国に投資をした際にそれを行う企業やその財産などを保護するための条約で，例えば投資活動の内国民待遇や最恵国待遇，送金の自由などを定めるもの。今まで日中間でとても大きくなった投資活動に，法律的な基礎を与える重要な取極（とりきめ）であった。論点は多岐にわたったが，この小話のエッセイではそれらに深入りはしない。ただ，筆者の相手になった老紳士，リュウド法律顧問の思い出だけを記す。

　リュウド氏は，誠に趣のある紳士であった。話していくうちに，何でも中国の文化大革命で地方に追いやられて，ずいぶんと長い間たいへんな苦労をされた由。もちろんその詳細を話したわけではないし，今となれば昔話，細部を覚えているわけでもない。でも若い筆者からすれば，ずっと年配の法律顧問，さぞやいろいろあったのだろうと感じ入っていた。とにかく下放された時は，本もないし国際法の勉強どころではなかったという話だったから。

　そのリュウド法律顧問とのやりとりの中で，1つとても思い出に残ることがある。

　投資保護協定であるから，その当事国は勝手に投資を収用したり国有化したり出来ないことを規定する。そこでは，「法の適正な手続き」がなければ財産などを奪われないことを規定するのが普通で

ある。もともとは，英米法でいう"due process of law"の考え方であるが，現在では多くの国の国内法において，刑事法でも民事法でも1つの原則として規定されていることによる。考えてみれば，「法の支配」というなら当然の規定である。ここで，法の適正な手続きという意味は，まず，①財産などを奪う場合には，法で規定された手続きによらなければならない。つまり，手続きが法定されていなければならない。そしてそれだけでなく，②その手続きは実質的，実体的に適正なものでなければならない。手続きが法定されているだけではなく，その手続きが実質的な観点からきちんとした正当なものでなければならない。このような意味を持つものである。日本では憲法上も長きにわたり確立した概念であり，国際法上も通常の投資保護協定にはこの規定が置かれる概念である。だから，日本側はそれまでの通常の規定に従って，日中投資保護協定にもこれについての規定を明記することを主張した。

　これに対して，中国側はこれを断固受け入れなかった。そもそもこの概念は意味がわからない。元々欧米で始まったものであり，中国はそのようなものに縛られない，云々と。もちろん，日本からの投資を勝手に収用したり国有化などは決してしない。そのようなことをしたのでは，投資保護にはならない。しかし，言葉として"due process of law"はダメである，と。

　筆者は，日本代表の"法律顧問"として，リュウド法律顧問と何回となくこの点を議論した。確かに経緯からすると英米法から生まれてきた概念であるが，現代ではほとんどの国内法でこの概念は確立しているし，投資保護の国際法でも通常置かれる規定であって，日本が締結した最初の投資保護協定であるスリランカとの協定でもこの規定はある。是非このことを今一度理解し日本の主張を受け入れて欲しい，と。

　そこで最後になってリュウド法律顧問，あなたの粘り強い主張には敬意を表する，だから基本的に受け入れて妥協する用意がある，と。ああよかった，わかってくれたのかと思ったら，でも一言だけ入れた修文をして欲しいとの主張。こちらも交渉であるから内容さ

えわかってくれるなら柔軟に対応しよう，だから具体的に提案して欲しい，と述べると，出された提案。繰り返しの説明に基づき"due process of law"という表現を入れよう，ただし，その言葉の前に一言，"domestic"と入れて欲しい，と。だから，"domestic due process of law"でまとめたい，との提案である。

　これでは，ダメである。そもそも"due process"の概念は，もはや国内法上の概念だけではなく，国際法上の，協定における規定である。さらに，すでに解説したとおり，法定の手続きがありさえすれば良いというだけではなく，その手続きが実体上適切なものでなければならないことを意味するものである。だから，"domestic"などが入っては台無しである。これは瞬時にダメだと思ったから，さらに，なぜダメかを説明して説得に努めた。でもリュウド法律顧問は応じない。中国側は最大限の譲歩の姿勢で日本側の考えを飲んだのに，なぜ日本はそれほどまでに頑ななのかと。それで交渉は全くまとまらなかった。筆者の力不足であったが，リュウド法律顧問は筆者の説明を理解することはなかったのだ，と思う。

　もちろんこの協定は，内容的にはきちんとしたものとして交渉が妥結され，締結された。だからこの交渉が終わってリュウド法律顧問が訪日した時には，筆者の上司であった斉藤邦彦外務省条約局審議官（当時）が筆者とリュウド法律顧問の労をねぎらうために2人を食事に招いてくれた。そこで食事を頂きながら，この中国の老紳士，法律顧問と大いに友情を温めたものである。この顛末は，忘れられない思い出になった。

　中国との交渉はこの時だけでは，もちろんない。でも，なぜかこの時のことは，ほんとうにしっかりと覚えている。いろいろな点で意味のある経験であった。

　リュウド氏は，どうされているのだろうか，と今でも折に触れて思う。

韓国と北朝鮮

　さて，旅も，だいぶ進んできた。戦後日本外交の大きな枠組みの理解から始まって，アメリカ，ロシアそして中国と旅をしてきた。するとこれらに並んでどうしても触れないわけにはいかない「日本外交の常識」は，朝鮮半島との関係である。つまり，日韓関係と北朝鮮である。筆者は，2000年4月から2004年7月まで，ソウルの在韓日本大使館に政治担当公使（政治部長）として勤務した。その後，アジア大洋州局長として北朝鮮との交渉の担当でもあった。そのような中で，日本外交は，朝鮮半島との関係をきちんとできない時には，その初めの第一歩がしるせない，というほどの重要性がここにはあると考えるようになった。だから本章は，日本外交の常識を学ぶ旅の中でも，ことさら大切な部分と考えている。

　それは，なぜか。さあ，旅を続けよう。

1　朝鮮半島の独立と南北の分断

(1)　日本の植民地の終焉と韓国・北朝鮮の樹立

　本書の序章で見たように，戦後日本外交はサンフランシスコ平和条約を締結したところから再開される。この平和条約は1952年4月28日発効して，日本は独立を回復する。そしてこの平和条約はその第2条(a)で，日本は「朝鮮の独立を承認して」それに対する「すべての権利，権原及び請求権を放棄」することを規定した。日

ソウル，韓国。大韓民国の樹立（1948年8月15日）。　　　[Wikimedia Commonsより]

本から見れば朝鮮半島は，このように日本から分離独立した地域，である。序章で学んだように，朝鮮半島は，当時の国際法では少なくとも法律的には有効に成立した1910年の日韓併合条約で日本の一部とされた地域，だったからである。

南北の分断　この平和条約発効前に，第2次世界大戦の戦闘の終結により日本の植民地支配から解放された朝鮮半島は，北緯38度線以南の部分の大韓民国（1948年8月15日）と，その以北の部分の朝鮮民主主義人民共和国（北朝鮮，1948年9月9日）に分かれて独立を宣言する。これは，第2次世界大戦の戦闘の終了時に，南の部分はアメリカ軍に占領され，また北の部分はソ連によって占領されて日本から解放されたためである。つまり，ソ連は第2次世界大戦末期の1945年8月8日に対日宣戦布告をしてからすぐに，朝鮮半島を北東部から軍事的に制圧していき，1945年9月2日の日本との休戦協定締結までに，北緯38度線以北の北朝鮮全域に進駐したのである。ソ連と合意したアメリカは，北緯38度線以南の部分を占領統治をすることになったため，第2次大戦の戦闘の終了とともに，朝鮮半島は南北に分断されることになってしまったのである。

　ちなみに，韓国，北朝鮮の双方とも，一貫して1910年の日韓併合条約の有効性は認めていない。日本からすれば，これは当時の国

際法では少なくとも法的には有効に成立して，それがこの南北の独立によって1948年にその存立の基礎を失い条約として失効した，というのであるけれど，韓国も北朝鮮もそれは認めていない。このことは，日本と朝鮮半島の関係を学ぶときの，原点とも言える基本

ピョンヤン，北朝鮮　朝鮮民主主義人民共和国の樹立（1948年9月9日）。［AP／アフロ］

的な点である。第4章を通じて何回も触れることになる。

(2)　朝鮮動乱と南北分断の「固定化」

金日成による韓国侵略

　　朝鮮半島における第2次世界大戦の戦闘終了直後のこのような状況を受けて，1950年6月25日未明，金日成最高指導者率いる北朝鮮軍は北緯38度線を突破して韓国に侵略を開始した。38度線から韓国の首都ソウルまでは平坦な地形で，特段の障害物がなければ戦車で1時間もかからない。現在では，ソウルから板門店に行く舗装された道路は，38度線の板門店の近くになると有事の際には道路を大きな岩で塞ぐことができるように仕掛けができている。これはこの時の経験によるものである。そしてこの時の韓国は，日本の植民地支配から解放されて日本の軍がいなくなった後，国防は誠に手薄であった。例えば戦車は一両もなかったという。一方の北朝鮮。兵力はより整備されていた。実戦経験部隊も増強されており，火力は韓国の10倍ほどあったと言われている。

それだけではない。北朝鮮の金日成最高指導者は，ソ連と中国への根回しをしていた。1949年3月にはソ連を訪問して，スターリン最高指導者に対し韓国侵略を認める要請をするが，この時点ではソ連は慎重であった。当時唯一の核保有国であったアメリカと直接の戦争になるのを避けようとしていた，と言われる。しかし1949年8月にプルトニウム爆弾の実験に成功し核保有国になり，また，1950年2月14日に中ソ友好同盟相互援助条約（どちらかが第三国から攻撃を受けた時の相互の防衛を規定）が署名されて（4月11日発効），態度を変える。スターリン最高指導者は金日成最高指導者に対して，北朝鮮の韓国侵略を認める立場を伝える。これを受けて金日成最高指導者は中華人民共和国を訪問し，毛沢東主席から韓国侵略について容認を取り付ける。中華人民共和国の樹立は1949年10月1日であるから，これはそれから半年しか経っていない時，である。

アチソン・ライン　これに対して，アメリカの対応は，誤算に基づくものであった。1950年1月12日，アメリカのディーン・アチソン国務長官は，アメリカが責任を持つ防衛ラインはフィリピン－沖縄－日本－アリューシャン列島までであるとして，それ以外の地域に責任を持たないことを含意したと受け止められた（「アチソン・ライン」）。つまり，台湾，朝鮮半島を防衛ラインから外してしまった，と見られたのである。

北朝鮮による韓国侵略へのソ連（スターリン）の同意，中国（毛沢東）の容認，そしてアメリカの不介入意思（アチソン・ライン），そして当事者の韓国の防衛能力の無さ，これらの要素が重なって，北朝鮮の韓国侵略の決定が行われたのである。このことは，歴史の事実として，あれから70年以上を経た今日の国際情勢を語る時にも大きな教訓になるものである。この点は，何度強調してもし足り

ない。日本外交の常識の中でも，最も学ばなければいけないことの1つ，と思う。

　このような状況であったため，6月25日未明の北朝鮮軍の奇襲的な韓国への侵略軍事行動に対して，韓国軍はきわめて不利な状況に置かれた。6月27日には首都ソウルを放棄，28日にはソウルは陥落する。その後さらに後退，そのまま行けば韓国南東部の主要都市釜山までも放棄して韓国は完

朝鮮動乱の勃発（1950年6月25日）
［Science Source/アフロ］

全に敗北するかもしれない瀬戸際に追い詰められた。この時の象徴的な戦闘が，慶尚北道大邱に近い多富洞の戦いであったと言われる。1950年8月13日から30日。韓国軍最初の大将と呼ばれる白善燁（ペクツンヨブ）将軍の突撃。筆者は，お元気だった頃の将軍に何度もお目にかかった。韓国内での評価は様々あるかもしれないが，実に立派な軍人，外交官，政治家であった。

安保理決議による「国連朝鮮軍」の編成

　北朝鮮による軍事侵略開始直後，国連安保理が直ちに開催され，ニューヨーク時間で6月25日，北朝鮮の武力攻撃を（国連憲章第39条にいう）「平和の破壊」と認定し，敵対行動の即時停止，北朝鮮軍の即時撤退を「要請」する決議82を，ソ連の欠席の下で採択した（当時の理事国11のうち，9カ国が賛成，ユーゴスラビアが反対した）。そして6月27日，安保理は決議83を採択して，

韓国に対して国連加盟国が「武力攻撃を撃退し，かつ，この地域における国際の平和及び安全を回復するために必要と思われる援助」を提供することを「勧告」した（賛成7カ国，投票不参加2カ国，ユーゴスラビアは反対，ソ連は欠席）。その上で，安保理は決議84を採択（賛成7カ国，棄権エジプト，インド，ユーゴスラビアの3カ国，欠席ソ連）。この決議では，決議83に従って「兵力その他の援助を提供するすべての加盟国がこれらの兵力その他の援助をアメリカ合衆国の下にある統一司令部に提供することを『勧告』」し，また，この統一司令部が"国連旗"を使用することを許可した。この決議84に従って編成されたのが「朝鮮国連軍」と呼ばれるものである。これは，本来国連憲章第7章で規定された，国連の強制的軍事行動としての「正規の国連軍」とは異なるものであるが，安保理の勧告による広い意味での国連の強制行動の1つとして歴史に刻まれたもの。いや，今でも韓国にはこの国連軍を統括する司令部と国連軍司令官がいるから，現在も存在しているものである。日本との関係でも国連軍地位協定が存在しているから，朝鮮国連軍は1950年の過去のものではない。

安保理：国家実行による慣行確立

1950年7月31日には，さらに安保理決議85が採択されて，上記の統一司令部が現地における責任を遂行する様要請し，適当と認める報告を安保理に提出することを要請した（9カ国の賛成，ユーゴスラビアは棄権，ソ連は欠席）。実は，この時ソ連の代表は，安保理における中国代表権問題をめぐって安保理を欠席していて拒否権を明示的に使えなかった。成立した北京の中華人民共和国が安保理で中国を代表しておらず，台湾の中華民国が代表していることへの抗議をしていたのである。この時のソ連の欠席が，欠席だけでは常

任理事国の拒否権行使にならないという先例を作るものとなった。
それで，ソ連の代表はこの決議85の採択の後安保理に戻り，その
後はソ連の拒否権行使が想定されたので国連における朝鮮動乱問題
の議論の場所は安保理ではなく国連総会に移ることになる。国連憲
章第27条3の規定ぶりにもかかわらず，5常任理事国による拒否
権行使は，安保理に出席し，かつ，明示に反対を表明しなければな
らない（つまり，単なる棄権や欠席では拒否権行使にはならない）とい
う国家実行による慣行が確立する，初めであった。

作戦統制権の米国への移譲と返還　朝鮮国連軍の最高司令官には，
日本を占領していた連合国の最
高司令官ダグラス・マッカーサー元帥が任命された。1950年7月8
日のことである。

　因みに，この直後の7月14日，ソウルが陥落して釜山に向かっ
て敗走する韓国の李承晩大統領はマッカーサー総司令官に対し「韓
国軍の作戦統制権（Operational Control）を移譲する」という書簡
を送付，マッカーサー総司令官が7月16日に返書を送ってこれを
歓迎，これによって韓国軍の作戦統制権は在韓国連軍総司令官に移
譲された。

　その後在韓国連軍と在韓米軍の合同司令部（Combined Forces
Command）ができて以来（1978年10月7日），韓国軍の作戦統制権
は国連軍司令官も兼ねる韓米連合司令官である在韓米軍司令官（大
将）が持つことになった。考えてみれば，自国の軍の作戦統制権を
大統領ではなくて駐留する米陸軍の大将が持っているということで
あるから，通常の主権国家では例のないことといってよい。普通は
考えられないことであろう。しかしこれも朝鮮動乱の特別な事情か
ら生まれたという背景抜きには理解できないことである。このこと

の意味を，我々はもっとよく理解する必要があるように思う。朝鮮動乱が後で見るように休戦協定で終わり韓国が大きくなっていく過程で，ある意味ではきわめて自然なこととしてこの作戦統制権の「返還」問題が議論されるようになる。

　そして，1994年12月1日には，作戦統制権が平時（アメリカ国防省の概念でデフコン Defense Readiness Condition 5段階のうちレベル5と4，通常の防衛態勢＝5とそれより少し上の準備態勢＝4のレベルにある時のことを指す）と戦時（デフコン3，2，および1，高度な準備態勢＝3，準戦時態勢＝2および最高度の準備態勢＝1のレベルにあるときのことを指す）とに分けて，デフコン5と4の平時の際の作戦統制権は米軍司令官から韓国側に「返還」されることになった。戦時の作戦統制権「返還」は，現在もなお完成していない。これはこれで韓国内と米韓間の大きな議論のある問題であるが，ここではこのもとが朝鮮動乱にあったということを指摘して，旅を先に進めることにする。

　繰り返すが，このような基本的な "常識" だけはきちんと理解する必要がある。

中国義勇軍と国連軍　さて，また話を朝鮮動乱勃発時に戻す。1950年6月末から7月。この時は，日本はサンフランシスコ平和条約を締結（1952年4月28日）して独立を回復する前，である。そしてマッカーサー将軍は日本の佐世保から司令艦マウント・マッキンレーに乗艦，9月14日に朝鮮半島の仁川沖に到着する。仁川上陸作戦が開始されたのは翌15日早朝であった。この成功の後，国連軍は9月28日にはソウルを奪還，李承晩大統領が首都に帰還する。10月7日には38度線を超えて北朝鮮に進撃した。平壌を制圧したのが10月20日。そして，韓国陸軍部隊は

10月26日中朝国境の鴨緑江に到達して"統一も遠くない"と騒がれる状況になった。仁川上陸からの目覚しい戦況である。

　このような状況の下，金日成主席から要請されまたスターリン指導者からも連絡を受けた毛沢東主席は，これに介入することを決める。ただ，国民党との内戦に勝利したばかりの中国共産党は，アメリカとの全面衝突となって中国領域内にまで戦闘が及ぶことは望まない。そこで，中国人民解放軍を「義勇軍」として派兵することとし，彭徳懐総司令官の下，中朝国境沿いの丹東から鴨緑江を渡河して北朝鮮に入る。国連軍はこの渡河を阻止するために丹東から北朝鮮にかかる鴨緑江の橋を爆撃したが，今でも丹東の中国側からにはこの時に半分爆破された橋が残っているし，彭徳懐の記念碑も建っている。

　中国の義勇軍は，1950年11月25日には総攻撃を開始する。後方待機部隊も含めると100万人規模の大部隊だった中国義勇軍は国連軍を圧倒した。それで，アメリカ陸軍史上最大と言われる敗走を余儀なくされる。北朝鮮軍と中国義勇軍は1950年12月5日には平壌を奪還，1951年1月4日にはソウルを再度奪還した。誠に素早い。

中朝国境沿いの中国側の町，丹東にかかる鴨緑江の橋

しかし，その後国連軍側も持ち直し，3月14日にはソウルを再奪還して，戦況は1951年春には早くも38度線付近で膠着状態に陥った。どのようなことでも，緒戦が大事，そこで決着がつかないと長引いていくということの，典型だったのかもしれない。

マッカーサーの退任　このような中で，マッカーサー総司令官は1951年4月11日にトルーマン大統領から解任される。それは満州への原爆使用などの強硬な主張を繰り返したからとも言われているが，事情はそれほど単純ではなかったようである。もともとトルーマン大統領とマッカーサー総司令官とはあまり折り合いが良くはなかったとされている。いずれにせよ，マッカーサー元帥は1951年4月16日，羽田からアメリカに戻る。そして4月19日，ワシントンD.C.の上下両院合同会議に出席して，歴史に残る退任の議会演説を行った。今から75年近く前の演説であるけれども，今読み返してもなお東アジアの地政学にとって意義深いところがある。そして演説の最後。兵営で歌われたバラードの一節を引用した名文句，「老兵は死なず。ただ消え去るのみ（old soldiers never die; they just fade away）」といった後，「さようなら」と。

　マッカーサー元帥といえば，1945年9月27日，降伏直後の在京アメリカ大使公邸の大広間で行われた昭和天皇陛下とマッカーサー司令官の会見の時の写真が思い出される。筆者はこの写真を何度かアメリカ大使公邸での行事などの際に見たことがある。これについての思いもあるが，そこはこの本の読者の思いに任せよう。それで，日本外交の常識を学ぶ旅を，先に進める。

休戦協定と38度線　朝鮮動乱は，こうして38度線を挟んで一進一退になり，1951年6月23日にはソ連のヤコフ・マリク国連大使が休戦協定締結を提案したことによって停戦

が模索され始めた。しかし，戦闘の当事者はいずれも自らに少しでも有利な条件で停戦に持ち込もうとするのでこの交渉は難航する。1953年1月20日にはアメリカの大統領がハリー・トルーマンからドワイト・アイゼンハワーに変わる。ソ連も同年3月5日にスターリン最高指導者が死亡，中国の毛沢東主席もこのような状況で停戦に応じるようになった。戦闘の当事者の多くが，3年近くになり戦況が膠着する中で，これ以上の戦闘継続を嫌うようになったと言うことである。しかし，そのことは朝鮮半島を38度線を境にして南北分断を固定化して戦闘を止めることを意味する。だから，韓国の李承晩大統領はこれに強い反発をした。それでも，アメリカも，北朝鮮も，ソ連もそして中国もそうではない。結局，1953年7月27日に，38度線の板門店で，北朝鮮，中国両軍と国連軍との間で休戦協定が締結された。署名者は，金日成朝鮮人民軍最高司令官，彭徳懐中国義勇軍司令官，そしてマーク・クラーク国連軍総司令官の

板門店，朝鮮半島38度線，朝鮮動乱の休戦協定署名（1953年7月27日）。　　　　　　　　　　　　　　　[akg-images/アフロ]

3名であった。南北統一を成すべしと強く考えた韓国の李承晩大統領は，この署名に加わらなかったのである。

　戦後の歴史の中で，朝鮮動乱をことさら取り上げて詳しく見たのには，理由がある。朝鮮半島に関する基本文書は，この時以来この休戦協定だけだと言ってよい。もちろんそれから長い年月を経て，韓国と北朝鮮間では「合意文書」がいくつか交わされているが，そのいずれも限定的，技術的，もしくは政治的な文書であって，朝鮮動乱を国際法上終結させる最終的な合意文書ではない。世の中では，だから，朝鮮半島にはいまだに「平和条約」がない，という。

　しかし，朝鮮動乱は，厳密にいうと古典的な国際法上の戦争であったかはそれほど単純化して言えるわけではない。すでに見たように，朝鮮国連軍自体が，変則的な形とはいえ，国連安保理による軍事的強制行動と見られるのだから，そうであればこれによる戦闘行動は，古典的な意味での「戦争」における武力行使ではあり得ないことになる。であればその最終的な終結の法的な整理は，古典的な国際法上の「戦争」終結の「平和条約」にはならない。少なくともその論点に関する整理が必要になる。

　安保理決議による国連の強制行動というのであれば，その終結には安保理決議が必要ということになる。「湾岸戦争」の時がそうである。しかし1950年7月の安保理決議，それもきちんとした国連の強制行動とは言えない，変則的な「朝鮮国連軍」である。そのような複雑な問題で，かつ，肝心の韓国が当事者として署名していない休戦協定しかない状況であるのだから，およそ関係する当事者，少なくとも韓国，北朝鮮，国連，そして中国，さらには実質的に大いなる関係を持つアメリカ，ロシア，そして日本を巻き込んだ，朝鮮半島に法的な平和と安定をもたらす大きな枠組みが望まれるのか

もしれない。現実の今日の外交の中ではここまでいうと"夢物語"のような話に聞こえるかもしれないが，外交には，このような中長期的，本質的な視点が極めて大切である。朝鮮動乱を取り上げたのは，日本にとっては決して人ごとではない問題ととらえられるからである。

また面倒な議論に読者を巻きこんでしまった。でも，ここでは，朝鮮半島については，朝鮮動乱の"休戦協定"以来南北の分断がそのままになって75年近くになっていることと，その最終的な法的整理をする作業が完結しないで単なる軍同士の"休戦協定"だけしかないまま今日に至っているということ，このような基本的事実の理解をきちんとすることにしよう。これこそ，"日本外交の常識"を学ぶこと，である。

2 日韓国交正常化交渉

(1) 日韓交渉の道のり

朝鮮半島は，日本からみれば日本の分離独立地域である。だから朝鮮半島とは新しく国際法上の関係を設定する必要がある。ところがその朝鮮半島は，南北に分断されてしまった。そうすると，分離独立した朝鮮半島全体との新たな国際法上の関係を1つにして設定することは，現実の問題としてできない。同時に，韓国も北朝鮮も正式に相手を認めてはいない。建前としては自分が朝鮮半島すべてを代表する正統な存在だとしてきていた。しかも，本書ですでに見たように，戦後の日本はアメリカとの同盟を基礎として西側陣営に入って経済的繁栄を得ることにした（吉田ドクトリン）。だから共産圏側に入った北朝鮮と西側陣営に入った韓国とでは，日本からすればまずは韓国との関係をきちんとする以外の現実的方法はないこと

になる。そのため日本は，まずは韓国との国際法上の関係を正式に
設定する交渉に臨むことになる。世に言う「日韓国交正常化交渉」
である。

日韓交渉の整理　この日韓交渉は，1951年10月20日から11月28日までの予備会談から始まる。これは，1948年に韓国，北朝鮮が樹立され，そして1950年6月25日に朝鮮動乱が勃発した後，1951年に入り戦況が38度線をめぐり膠着状況に陥った時である。つまり朝鮮動乱のまだ最中，また，1951年9月8日にサンフランシスコ平和条約と旧安保条約が署名された直後，1952年1月18日のいわゆる李承晩ライン（韓国初代大統領李承晩が大統領令で一方的に設定した海洋境界線のこと）の直前のこと，なのである。この時系列の関係は，よく頭に入れたほうがよい。

　それから約14年，これが最終的に妥結するのは，1965年6月22日の日韓基本条約の署名，そして同年12月18日批准書が交換されて発効した時であった。これとともに，日韓請求権・経済協力協定，在日韓国人の法的地位協定，漁業協定，文化財・文化協力協定，そして紛争解決に関する交換公文が締結された。

　この交渉は途中何度も中断した，まさに苦節14年に及ぶ難交渉。
次のとおりである。

・第1次会談（1952年2月15日から4月24日）
・第2次会談（1953年4月15日から7月23日）
・第3次会談（1953年10月6日から10月21日，1953年10月15日いわゆる「久保田発言」）
・第4次会談（1958年4月15日から4月19日）
・第5次会談（1960年10月25日から1961年5月15日）
・第6次会談（1961年10月20日から1964年4月3日，1962年11

　月12日いわゆる「キム・大平メモ」)

　・第7次会談（1964年12月3日から1965年6月22日）

　日本は吉田内閣から始まって岸内閣，池田内閣そして佐藤内閣，韓国も李承晩政権から張勉政権，そして朴正煕政権と，まさに歴史の流れの中での日韓交渉であった。本書ではこの交渉の歴史を1つずつ振り返る余裕はない。ただ，上記で見るように，第3次会談の中1953年10月15日に，いわゆる「久保田発言」（日本政府の久保田貫一郎代表が"日本の韓国併合は結果的にインフラ投資などで韓国の生活水準の向上に資する面もあった"と発言したとされ，韓国側が「妄言」と猛反発して交渉が中断した件）があったことを記すにとどめる。また，第6次会談の中，1962年11月12日に作成されたいわゆる「キム・大平メモ」が決定的に重要であったが，これはこの先詳しく見ることにする。

　これだけの長い年月に及ぶ難交渉であるから，そこでの論点は多岐に及ぶ。在日韓国人の法的地位協定に関する論点は現在でも議論されているし，この時締結された漁業協定は，1998年11月28日に署名され1999年1月22日に発効した漁業協定で全面的に取って代わられている（筆者は，この全面改定された1998年日韓漁業協定については，当時外務省条約課長で日本政府の交渉者の1人として条約文の起草にあたった。本書ではその問題まで詳細に立ち入る余裕がないのでここでは詳述しない）。文化財の返還問題もある。竹島の領有権問題との関係での紛争解決交換公文もある。しかし，日本外交の常識を学ぶ本書の旅の中では，日韓関係の基礎をなす2つの論点を詳しく取り上げて，この交渉の結果がどうであったかを理解するようにしたい。

東京，内閣総理大臣官邸，日韓基本条約署名式（1965 年 6 月 22 日）。椎名悦三郎外相（右側）および李東元外務部長官（左側）。　　　　　　　　　　［提供 朝日新聞社］

(2)　交渉妥結の 2 つの論点

①　1910 年日韓併合条約の有効性について

　日韓国交正常化交渉の最大の論点は，なんと言っても 1910 年の日韓併合条約の意味をどう考えてそれを国交正常化の基礎を作る日韓基本条約でどのように規定するかという点にあった。この点は，現在に至る日韓関係を語るときに，必ず正確に理解しなければならない論点である。

二国間の溝　すでに見たが，日本と韓国は，"韓国併合ニ関スル条約"を締結して（1910 年 8 月 22 日署名，同年 8 月 29 日発効），日本は韓国を併合し植民地とした。現代の国際法では，植民地主義は認められない。そこからすれば，このような植民地化をする条約の正当性はないし，国際法上の有効性はない，ということになる。そして，日本政府は植民地支配について，「痛切な反省と心からのおわび」を表明している（小渕－金大中日韓パートナー

170

シップ宣言)。

　ただ，当時の国際法に照らせば，この条約は今から見れば正当性はないものではあっても，当時は法律的には成立していた。条約法に関するウィーン条約の規定に照らしても，当時の条約としては，有効に成立していた。これが日本側の考えである。

　しかし，韓国側は，一貫してこの考えとは異なる立場をとっている。つまり，この条約は，そもそも不当，違法な植民地主義を実現したものであって，その根底からして合法性はない。手続的にも当時の韓国政府は，日本の軍事的威嚇によってその意に反してこの条約の署名を強要されたものであって，有効には成立していない，と。

　この両者の基本的な立場の違いは，長い年月をかけた日韓交渉の中でも，決してその差が埋まることはなかった。この違いは本質的な違いであって，条約論としていかに交渉をしても，埋めることのできない違いであった。日本には日本の法的な立場があり，それを譲ることはできない。他方，だからと言って韓国もその立場を譲ることはない。

　そうなると，この違いは違いとして先に進むような“知恵”を見つけるか，交渉を決裂させるか，この問題に触れずに済ます道を見つけるかと言った，何らかの道を選ばなければいけないことになる。この選択は簡単ではない。だから長い年月がかかったということもできる。

　日本も韓国もアメリカの同盟国。東アジアの国際情勢からしても，また日韓関係の本質からしても，日韓が永遠に正式の国家同士の関係を構築しないでよいということにはならない。だから，交渉の決裂で済ませることのできる問題ではない。同時に，この本質的論点に触れずに済ますこともできない。となると，違いは違いとして，

171

何らかの方法で日韓国交正常化を成し遂げて，先に進めるような
"知恵"を見出す以外に道はない，ことになる。

日韓基本条約第２条　　この"知恵"。これが，最終的に妥結した日韓基本条約第２条の規定である。

　日く，「1910年の日韓併合条約は『もはや無効である（are already null and void）』『ことが確認される（It is confirmed）』」，と。第２条の前の第１条で，日韓両国間に「外交及び領事関係が開設される」とされた（まさに「国交正常化」である）あとである。この意味するところは，何か。

　つまり，この日韓基本条約が発効すれば，1910年併合条約は無効，それも「もはや無効」であるから，日韓基本条約発効より前に無効になっていることが「確認される」。日本の考え方は，政治的な当，不当はともかく純粋な法律論からすれば，一度は有効に成立したものが無効になった，いつ無効になったかといえば，韓国が独立を達成して大韓民国が樹立された1948年の時に，併合条約はその意味を失ったので，その時点で失効して無効になった，というのである。1951年９月８日に署名して1952年４月28日に発効したサンフランシスコ平和条約第２条(a)で，「朝鮮の独立を承認して」「すべての権利，権原及び請求権を放棄する」前，である。このように解すれば，日本側の基本的立場と相入れないということはない。

　では，韓国側から見れば，どうか。繰り返し述べているように，韓国側は一貫して1910年併合条約はその当初から無効だというのであるから，日韓基本条約の締結時に「もはや無効」となっているのは当然で，「もはや無効」とは，もともと無効という意味である，と解することができる。確かに「もはや（already）」というと一度は有効であったというニュアンスはあるかもしれないが，併合条約

は初めは有効であったとまで確定的に言ってはいないので，韓国側の基本的立場に背馳するものではなく，この表現であれば最初から無効であったという主張を通すことができる。

このようにすることによって，決して交わることのない，この根本的な日韓の立場の違いに「ブリッジ」をかけて，互いの立場を害することなく「合意」に持っていった。このようなことは，1972年の日中国交正常化の共同声明の時にも行われたということは，すでに第3章で詳しく見たところである。

乗り越えて進む勇気　「agree to disagree」。両当事者が，互いに立場は譲らないが，どこについて合意していないかをはっきり理解した上で「合意」する。これこそ外交の妙味ではないか。いや，およそ人間の行う交渉ごとにおいては，最後はこのような"知恵"により問題を乗り越えて先に進む「勇気」と「覚悟」が求められるのではないか。日本外交の常識を学ぶ旅の，佳境である。

ただし，ここでこの点に関しては，本質的で重要なことを指摘しておかなければならない。それは，このような「agree to disagree」をして「合意」に到達したとしても，それは決して公に説明はしないし，また，事柄の性格上それはできない，ということである。つまり，あくまで「agree to disagree」は外交交渉の責任当事者間で行うものであって，それぞれの国内での公の説明ではそのまま言うことではない。逆にいえば，だからこそ決して交わらない点についての妥協が成立可能になるのである。それぞれの国内の説明は，あくまで自らの立場は確保された，相手の主張に屈したことはない，と言うのだから。そして，このような「agree to disagree」は，時としてあうんの呼吸で行われることさえありうる。難しい点になれ

ばなるほどどこでそれを行ったかは明確にして，できれば文書に残すくらいの clarity がないと，交渉成立の後で揉めることになるけれど，そこは交渉責任者同士，最終的には国と国との信頼関係の強さによっている。これも外交交渉の妙味である。いや，これこそが，最も肝心な点かもしれない。

また，ここで外交交渉の責任当事者とは，普通の民主国家では政府である。議会や裁判所ではない。そして，政府の中では，政府の長，大統領とか首相，そして政府の中での担当責任者たる外務大臣である。日本を含めた民主国家で，外交は内閣の権限とされているのはこのようなことによる。外交に対する民主的統制の問題と，外交交渉に必然的に伴う極秘の部分とをどう調和させるかは，どの民主国家のシステムでも大きな問題であるが，だからといって外交交渉に政府の責任による極秘の部分があることを否定することにはならない。ここまでくると，日本外交の常識を学ぶ旅を少し超えた本質的論点になるかもしれないが，ここではこのような重大な論点があることだけは明確に指摘しておこう。そして，旅を先に進める。

実は，今述べた点は，最近の日韓関係でも大きな論点になっているいわゆる「徴用工」に関わる問題，日本政府の言うところの旧朝鮮半島出身労働者に関する問題，特にその関係での韓国の大法院判決に関わる問題にダイレクトに関連している。しかし，その点はこの次の項で日韓請求権・経済協力協定の論点を見る時に扱うことにしよう。

外交による暗黙の合意

繰り返す。一番肝心の，日韓併合条約についての日韓の合意は，決して交わることのできない双方の立場を踏まえて双方が「合意できない，合意しないこと」に「合意」して，それぞれが説明できる方法を見つけた，と

いうことである。第2条の表現はきちんとした「合意」であるので，そこにある表現以上にこの本質はあえて強調はしない，つまり再度「パンドラの箱は開けない」ことに暗黙の「合意」をした，それが双方の外交交渉に責任ある当事者同士の理解であった，ということである。この話を延々と続けても交われないし，そうなると日韓の国交正常化もできない。だからこの問題は第2条の表現に「合意」したら，それ以上の双方の議論はしないことに「合意」した，という意味である。言葉を変えれば，自らの立場については決して妥協しないと同時に相手の立場を全面的に否定することまではしないことに「合意」した，と考えるべきものということもできる。外交は国を代表して政府が行うものであり，外交交渉の結果であれば，それは政府の責任において行われた「合意」と捉えるべきものであって，これが外交と言うべきものではないか。

　外交に対する民主的統制という重要な論点はある。だから，筆者の考えに対する反論はあろう。読者の判断を仰ぎたい。日本外交の常識を学ぶ中での，本質の議論である。この点は，また後で詳しく触れることになる。

②　日韓請求権・経済協力協定の本質的論点

　この第1番目の基本的論点に続いて触れなければならない第2番目の基本的論点は，日韓請求権・経済協力協定で約束された日本から韓国に対する3億ドルの無償資金協力と2億ドルの円借款供与，つまりここで規定された5億ドルの政府による資金協力の性格をどう捉えるか，という点である。これは第1の論点と表裏をなす問題である。

　韓国は一貫して日韓併合条約の合法性を認めていないのであるから，1910年の併合条約による35年余りの日本の統治は不当である

ばかりではなく違法であって，韓国はそのような日本の違法行為に対して国際法上の損害賠償請求権を持つ，という立場となる。

　これに対して日本は，繰り返し見たとおりで，法律的には日本の統治は違法とまではいえないので，だから国際法上の損害賠償を請求される立場にはない，ということになる。これは，第1番目の基本的論点について日韓では決して合意に達することができなかったのであるから，このような立場の相違も簡単に解決することはできないとせざるを得ない論点となる。

　だから，日韓国交正常化に際して，日本は韓国に対していったいどれくらいの資金供与をすべきなのかという「額」の問題もあるが，その資金供与はいかなる性格のものなのかについては根本的違いがある点なので，これらについて難交渉が行われたのは至極当然であった。ただ，この点については，基本条約で「もはや無効」という表現で双方が折り合うのであれば，両方の立場は確保されていることになるので，出口を見つけることはできるかもしれない。その結果が，日韓「請求権・経済協力協定」という名称，前文と第1条である。

３億ドルの無償資金協力と２億ドルの円借款供与

まず，名称。「財産及び請求権に関する問題の解決並びに経済協力に関する日本国と大韓民国との間の協定」，これが正式名称である。そして前文では，両国が財産及び請求権に関する問題を解決することを希望し，また，両国間の「経済協力を増進すること」を希望してこれを協定した，と記した。その上で，日本は韓国に対して，10年間で3億米ドルの無償資金供与（第1条1(a)）と2億米ドルの円借款供与（第1条1(b)）を行うことが約束された。そして第2条では，両国の財産，権利及び利益並

びに請求権に関する問題が,「完全かつ最終的に解決されたこととなること」が確認された。

　つまり,こうである。日本は韓国に3億ドルの無償資金協力と2億ドルの円借款供与をする。第1条にはこれが「経済協力」としての資金供与とは書いていないが,「損害賠償金」という概念も明記されていない。いや,協定の名称と前文の規定から,普通に読めばこれは日本の韓国に対する「経済協力」の資金提供である。「損害賠償」としての資金提供ではない。第2条では,「これによって」とは書いていないが,第1条に続いて両国の請求権に関する問題が「完全かつ最終的に解決された」と確認されているのだから,この第1条の資金提供によって請求権に関する問題に"ケリがつけられた"と読むのが普通であろう。

　あとで見るように,法律的にはこのような見方へのチャレンジはあろうし,それ以上に政治的感情的にはこれで全てが解決しているわけではないのが現実かもしれないが,基本条約第2条を基礎として考えると,これに関する問題については「もう一度パンドラの箱を開けない」と考えたのが当時の政府の交渉責任者たちの考えだったのではないか。こう見ると,日韓請求権・経済協力協定の表現はかなり日本側の主張に近寄った「合意」と見られるが,基本条約第2条の「もはや無効」との規定はそれぞれの主張をどちらも否定まではしていないと読むことはできるだろうことも踏まえると,この基本的論点さえ確保されれば,今見ていることはどちらかに決着をつけたとまではいえない,と主張できるのかもしれない。

　繰り返そう。どのように考えるにせよ,日本と韓国の間の資金提供の問題と請求権の処理は,これによって「幕を引いて」両国関係を先に進めようとした,というのがこの交渉での「合意」だったと

考えるべきものではないかと思う。

　もちろん，そうだからと言って，いやもしそうであるならあるほど，この資金提供の「額」をどこで折り合うかは，たいへん重要な論点であったはずである。損害賠償であれ経済協力であれ，国交正常化にあたって，いったい，日本は韓国にいくら支払うべきものなのか。どうやって積算していっても客観的に"いくらが妥当"という「額」など簡単に出てくるものではなかろう。だから，この折り合いはなかなかつかなかったのである。

キム・大平メモ　これに大局的観点から決着をつけたのが「キム・大平メモ」であった。第6次会談の中の1962年11月22日に作成された，韓国の金鐘泌中央情報部長と日本の大平正芳外相との間の「合意」がメモされた手書きの紙である。

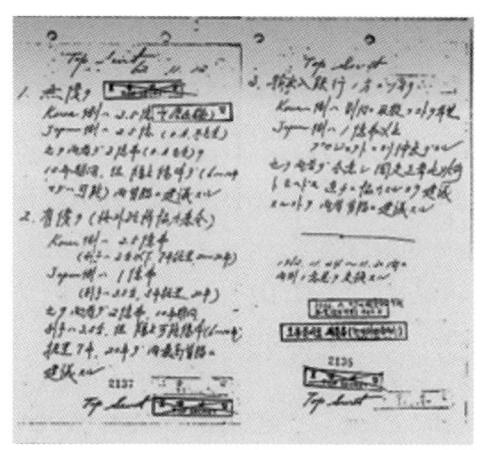

キム・大平メモの原文コピー（1962年11月22日）

　ちなみに筆者は，ソウルに勤務している時に，すでに一線を退い

た金鐘泌元首相に自宅まで伺ってお目にかかったことがある。日本語が私より上手い，というか，とても「古典的」な日本語を話される方であった。

1961年といえば，その年の5月16日にのちに韓国大統領になる朴正熙第2野戦軍副司令官（少将）が軍事クーデターを成功させた年である。韓国では第1共和国（1948年-1960年）の李承晩大統領をハワイに亡命させ「4月革命」をおこした張勉内閣（第2共和国＝1960年-1961年）をわずか1年で終了させた5.16クーデター。その後に第3共和国（1963年-1972年）を作ることになった時，であった（ちなみに韓国は，その第3共和国の後，第4共和国＝1972年-1981年，第5共和国＝1981年-1987年，なおこの時のことは韓国では有名なテレビドラマにもなっている，そして現在に至る第6共和国である）。

金鐘泌元首相はもともと韓国陸軍士官学校を8期で卒業しているが，この5・16クーデターでは朴正熙将軍に参加し主導的役割を担った。そしてその年の5月20日には，設立された中央情報部（現在の国家情報院）の初代部長に就任した。それでその年1962年の秋に，日本の大平外相との間でこの「額」の交渉をして，"無償3億ドル，有償2億ドル，そして日本輸出入銀行（輸銀），今の国際協力銀行，のソフトローン1億ドル以上"で合意して手書きのメモにしたのである。

ここでその時の交渉の具体的姿について研究者などが分析しているところでは，この時大平外相は，戦後日本が支払ったフィリピン，ベトナムやビルマ（現在のミャンマー），インドネシアなどへの戦後賠償金などの例も考えながら，日本としては，いくらくらいなら支払えるという議論をしたようであるし，金鐘泌部長はそれでは足り

ない，といった交渉をした模様である。また，この時は，1975 年 4
月 30 日にサイゴン陥落でベトナム戦争が終結する前でアメリカが
ベトナムに本格的に軍事介入する直前であったから，アメリカが共
に同盟国である日本と韓国の国交正常化を急ぐように強く促したと
いう側面があったとも言われている。当時のアジアの戦略環境から
言えば，おそらくそうであろう。ともかく，日韓双方の交渉責任者
の勇気ある「政治決断」で，これにより「額」についての大枠の合
意が達成されたのである。

③　その後の日韓関係

　1965 年の日韓国交正常化交渉とその結果，特に日韓基本条約と
請求権・経済協力協定の本質の部分を学ぶ旅が，ずいぶんと長く
なってしまった。在日韓国人の法的地位，文化財返還問題，漁業問
題，そして日韓で領有権の争いのある竹島問題に触れていないのに，
である。残念なことに，本書ではこれら重要な論点について議論す
る余裕がない。それでも，日本外交の常識を学ぶ際に，そして日韓
関係の基礎を理解するためには，これまで見てきた基本的な論点の
理解が不可欠である。

日韓 60 年　日韓基本条約など国交正常化をする条約が署名され
てから，2025 年 6 月 22 日で 60 年が経つ。本書執筆
の 2024 年春の時点では，それがどのように祝賀されるのかどうか
わからない。それでも最小限言えることは，韓国はその後「漢江の
奇跡」を成し遂げ1972 年にはその GDP が北朝鮮を上回るように
なって，1988 年ソウルオリンピックも見事に成功させ，1996 年に
は OECD にも加盟して，選挙によって政権交代をする完全な民主
国家として成長した，ということである。

　ひと足先に高度成長を達成した日本も，この 60 年近くで世界の主要国の集まりである G7 の一員として国際社会の中で大きな存在となった。最近の少子高齢化，人口減少あるいは財政赤字などの大きな問題があるとはいえ，日本が国際社会の中で高い尊敬を集め多くの人たちから好かれる存在であることには変わりはない。1965年に日韓国交正常化交渉を担った両国政府の責任者たちが今の日本と韓国の状況を見たら，大いなる驚きと感慨を持つに違いない。全体として日本も韓国も，大変立派に発展してきたし，日韓関係も少し前では考えられないほど深く強いものになっている。

　この間 60 年くらいの日韓関係をここで詳しく遡ることは，しかし，到底不可能である。本書の目的からも少し離れてしまう。ちょっと考えただけでも，金大中事件（1973 年 8 月 8 日〜），陸英修暗殺事件（1974 年 8 月 15 日），朴正熙暗殺事件（1979 年 10 月 26 日），中曽根訪韓（全斗煥大統領，1983 年 1 月 11 日），大韓航空機爆破事件（1987 年 11 月 29 日），韓国・北朝鮮国連同時加盟（1991 年 9 月 17 日），米朝枠組み合意（1994 年 10 月 21 日）と朝鮮半島エネルギー開発機構（KEDO），金大中大統領訪日（小渕・金大中日韓パートナーシップ宣言，1998 年 10 月 8 日），南北首脳会談（平壌，2000 年 6 月 14 日），小泉訪朝（2002 年 9 月 17 日），ソウル慰安婦像設置（2011 年 12 月 14 日）など，触れなければならないことはたくさんあって，とても本書の手に負えることではない。ただ，1965 年に築かれた日韓関係の基礎からして，その後の日韓関係やそれをめぐる日本外交の常識の中でどうしても触れなければならない論点だけを見ることにしよう。この旅も，もう少し，である。

(1)　「慰安婦問題」と 1965 年「合意」

　対中関係でもそうであるが，日韓関係を見るときには必ず過去の歴史に関連した問題が浮かび上がる。日韓併合条約が「失効」してから 70 年以上が経ったとはいえ，植民地支配の歴史はそう簡単に消えるものではない。日本にいると中国，韓国や他のアジア諸国との関係でこのような歴史問題があるように思われがちであるが，フランスとアルジェリア，イギリスとインドなど，過去の歴史に関わる問題は世界の各地に多くある。いや，イギリスとアイルランドもそうである。それぞれ背景や歴史は異なるので一緒にするのは適切ではない。それでも，この種の話は日本とその関係国に特殊な問題ではない，ということは確かである。それで，前段で詳しく見たように，このきわめて難しい点を「いちおう乗り越えて」前に進んだのが，1965 年の日韓国交正常化の合意であった，いや，あったはずであった。少なくとも“法律的には”「ケリがついたはず」であった。にもかかわらず，それは 1965 年から暫くして何度も頭をもたげる。その典型が，「慰安婦問題」と「『徴用工』問題」である。

慰安婦問題とは，何か　慰安婦とは，突き詰めるといろいろな定義があるが，一般的には，戦争中に主として戦地で作られた“慰安所”で軍の将兵の性の相手をさせられた女性のことをいう，とされている。戦争の時にはこのようなことは日本だけではなく，どの国でも実際には行われてきたと言ってしまっては，話は終わりである。他の事例がどうであれ，またそもそも売春が合法であった時代もあると言っても，今の時代からすれば，悪いものは悪い。現在もなお外交問題になりうる「慰安婦問題」については，事柄を正確に捉えて正面から見つめる必要がある。そうは言っても本書の 1 項目の中でこの問題の全てを語ることは可能では

ないし，筆者の意図するところでもない。だいたい，慰安婦は韓国との関係だけではなく，フィリピン，台湾，インドネシア，オランダなどとの関係がある。その全てをここで取り扱うことは無理である。本書のこの部分では，主として韓国との関係に絞ってこの問題を見ていくことにする。

　繰り返し見たように，日本の韓国との関係では，1965年に日韓国交正常化が達成された時に請求権・経済協力協定が締結されて，その第2条で，両国の財産，権利及び利益並びに請求権に関する問題が，完全かつ最終的に解決されたことになることが確認されている。このような規定に合意されていれば，条約上は，慰安婦に関する問題についてもいかなる請求権の新たな要求もできないはずである。ここでいう「請求権」には，どれは含まれていてどれは含まれていないというような議論を始めてしまえば，このような条約上の合意の意味はなくなりはしないか。このようなことも含めて，3億ドルの無償資金協力と2億ドルの円借款供与とで“ケリをつけて”，日韓は先に進んだ，はずではなかったか。にもかかわらず，現実の日韓の外交関係はそのようには進まなかった。1990年代に入って，慰安婦問題は日韓関係で大きな外交問題になったのである。

なぜ蒸し返されるのか　その1つのきっかけが，1990年にソウルで結成された「韓国挺身隊問題対策協議会（略称，挺対協）」（のちに他の組織と統合して，2018年には「日本軍性奴隷制問題解決のための正義記憶連帯（略称，正義連）」になる）の主張である。それによれば，いわゆる「従軍慰安婦」は旧日本軍によって「強制的に連行された」，だから日本政府はこれについて戦争犯罪を認め，公式に謝罪し，法律的な賠償をすべきだ，というのである。これは明らかに1965年日韓合意に関する日本政府の立場と全く相

容れないし，日韓両国で到達した合意内容とも全然一致しない。それでもなぜこのような主張が強くなってきたのか。

それには様々な要因があろう。その中の1つ。1965年の日韓国交正常化に向かう交渉の中では，この「慰安婦問題」が具体的に取り上げられた様子はない。元「慰安婦」と言われる人たちが声を上げてその誠に非人道的な経験を公に発言し始めたのは，1965年の正常化よりずっと後になってからである。無理もない。本書でも見たように，韓国が経済的に発展し始めて「漢江の奇跡」を起こして北朝鮮のGNPを抜くのは1972年になってから。ソウルオリンピックを開催して成功させたのが1988年。全斗煥，盧泰愚大統領という軍人出身者が統治する時代を終えて初の「文民政権」を作った金泳三（キムヨンサン）大統領の誕生は1993年である。韓国と北朝鮮の国連同時加盟は1991年であった。

このような大きな韓国の流れの中で，「慰安婦問題」が韓国で表に出されてきたのが1990年代になってからというのも，こう見てくると偶然ではない。ようやく過去の不名誉なことについて公に声を上げることができるようになった，という側面は，確実にある。だから1965年当時ではこれは議論もされなかった，のではないか。

すでに書いた，筆者が若い事務官として配属された条約局条約課。小和田恆局長，斉藤邦彦審議官，加藤良三条約課長，谷内正太郎法規課長というたいへん優れた先輩外交官たちから多くを学んだ。その後条約課長になった時は，竹内行夫局長，小松一郎審議官などである。学んだことで忘れることのできないことはたくさんある。その中でも「法は人より賢くあってはならない」という法の諺は，最も忘れられない言葉である。

実定法はきわめて重要で，なかでもどう条文で規定されているか，

なぜそのような規定になったかということは，法を解釈して適用する上で決定的に大切なこと。それを無視したのでは，法の解釈，適用にはならない。しかし，法は実定法上どのような規定がされているかということだけでその実質的内容が確定されるのではない。そこに至る過程，背景，その他のあらゆる事情を総合的に勘案して合理的に判断されるべきものである。そこにこそ人間の叡智がある。中央公権力が存在しない国際の法社会にあっては，このことはより当てはまる。1965 年の日韓請求権・経済協力協定についても，このような視点から考える必要があるのではないか。

(2)　「アジアの女性基金」

　そうは言っても，である。日韓請求権・経済協力協定でここまではっきりと「完全かつ最終的に解決された」と規定されているのだし，日本は不法行為に対する損害賠償という考え方には一度も合意しないでこのような協定を締結したのであるから，これに背馳する

「アジアの女性基金」の原文兵衛理事長（中央）と村山富市首相（右側）（1995 年 9 月 27 日）。　　　　　　［提供 毎日新聞社］

法律的立場をとることは不可能である。いくら実定法だけで判断する“実定法至上主義”はとるべきではないと言っても，それは実定法上の規定を無視して良いということまで意味するものではない。そもそも国際法は，「合意は拘束する」という原則によって成り立っているのである。だから，日本としては，日韓請求権・経済協

力協定を改定して作り直すというならともかく，この協定をそのま
まにするならその規定に背馳して韓国の「従軍慰安婦」の人たちに
対して法律的な賠償金を支払うことは，できない。となるとどうす
れば良いか。どこに「人間の叡智」があるか。この 1 つの答えが，
「アジアの女性基金」であった。

　「アジアの女性基金」とは，慰安婦であった人々への「償い」事
業や関係国を対象にして医療・福祉支援事業などを行うことを目的
として，村山富市首相の内閣ができた 1995 年 7 月に設立された財
団法人である。日本政府からの出資金と内外から集めた募金によっ
て運営され，2007 年 3 月にすべての事業を終了して解散した。そ
の事業の具体的概要は，次のとおりであった。

　①　フィリピン，韓国，台湾の元慰安婦の人々に対し 1 人当たり
200 万円の「償い金」の支給。支給の際には元慰安婦の人々に対し
その時の小泉純一郎内閣総理大臣からの手紙が添えられて，「心か
らお詫びと反省の気持ち」が表明された。この原資は，国内外から
の募金。ちなみに約 6 億円の募金が集められた，という。

　②　フィリピン，韓国，台湾を対象に医療・福祉事業の実施。原
資は政府出資金。最終的な事業規模は約 5 億 1000 万円だった，と
いう。

　③　インドネシアとオランダについてはそれぞれ覚書を作成して，
高齢者福祉施設などの建設などを実施。インドネシアは総額約 3 億
6700 万円，オランダは約 2 億 4500 万円の事業規模で，基金解散ま
でにすべての事業が終了した。

　④　「アジアの女性基金」は，これとともに慰安婦関連資料の収
集なども実施。この費用は政府補助金が当てられた。

　⑤　さらに，政府補助金を使って，今日的な女性問題をテーマと

する国際的フォーラムの開催や NGO の活動支援，関連する調査研究事業，カウンセリング事業なども実施した。

　ざっと見ると，これが「アジアの女性基金」の概要である。そこで話を戻そう。このことが，本書で見ている文脈での「人間の叡智」というのはなぜか。そして，にもかかわらずこれで「慰安婦問題」が「解決」されなかったのは，なぜか。

　ここでも一見すると，決して交わらない2本の線が見える。

　1つの線は，日本は太平洋戦争の戦後の日本を形作るにあたってこのような戦争に関した請求権の処理はサンフランシスコ平和条約などの条約によって確実に行いその問題は済んでいる，韓国とは平和条約ではないが日韓国交正常化の時の条約の締結によってこれを「完全かつ最終的に」解決している，という線。もう1つは，にもかかわらず，現実の問題として慰安婦に関する問題はそれなりの理由があって外交問題にもなって解決していないものとして存在している，という線。

お詫びと反省　この2つの交わらない線をどのようにするか。「アジアの女性基金」の考え方は，単純化していうと，国や政府は慰安婦の人々に対して「賠償金」は支払えない，しかし国の内外から特別に集める「募金」からであれば「償い金」を支払うことはできる，それ以外の医療・福祉事業支援のようなものであれば政府の予算で処理することができる，というものである。その上で，慰安婦だった人々に対しては，内閣総理大臣が手紙を出して「償い金」を渡す際に「お詫びと反省」を表明したのであった。

　これであれば日本の法的立場を変えることなく，言葉を変えればその基本的考え方を根本的に変更しないで，かつ，「当時の軍の関与の下に，多数の女性の名誉と尊厳を深く傷つけた」「従軍慰安婦

問題」について「数多の苦痛を経験され，心身にわたり癒しがたい傷を負われたすべての方々に対し」（小泉内閣総理大臣の手紙から）お詫びと反省をして200万円という金額を渡すことができる，と整理したわけである。先にみた2本の線を交わらせたわけではない。それでも，悪いことをしたのでお詫びをして償うための金銭を提供した，のであるから，これでギリギリの解決になるはずであった。実際，大雑把に言って，基金が扱った諸国の中では韓国を除くとこれによって概ね慰安婦問題は収まることになった。だが，韓国について

2011年12月14日，当時のソウルの日本大使館正門の前の通りに，「慰安婦」を象徴する少女像が設置された。現在日本大使館は別の場所に移動しているが，この少女像は今なお同じ場所に存在している。

［Yonhap/アフロ］

は，そうはならない。

　それにはいろいろ背景や理由がある。挺対協の基本的立場からすれば，200万円というものの性格がいい加減でそのような資金提供で問題の本質を誤魔化されてはいけない，ということになろう。韓国政府，さらには日本政府や基金側が関係者と十分にすり合わせを行えなかったということがあったのかもしれない。慰安婦問題に造詣が深くて著作もあり，また，「アジアの女性基金」についても深く関与した国際法の大沼保昭教授が筆者にこのことについて，この問題はほんとうに難しいと様々なことを言われたことがある。

　実際に，韓国で慰安婦と言われ

た人々の中で「アジアの女性基金」からの「償い金」を受け取ったとされる人は 10 人に満たなかったと言われる。韓国政府も，当時，アジアの女性基金からの償い金を受け取らないとした元慰安婦には，生活支援金約 3100 万ウォン（約 300 万円）などの支給を決定した。誠に残念なことに，このようになると，ことはさらにこじれるばかりである。だから，せっかくの努力にもかかわらず，問題は解決しなかった。それどころか，2011 年 12 月 14 日になると，ソウルの日本大使館の前には「慰安婦像」が設置されて，問題はますますこじれてしまった。

　2022 年 5 月 10 日に就任したユンソンニョル（尹錫悦）大統領になって劇的に改善される前の日韓関係は，1965 年の国交正常化以来最低のレベルとまで言われていた。日韓関係は元々時により大きなアップスアンドダウンズがあるのであるが，これほど悪い時はないとまで言われていたのである。要素はたくさんある。あとで見る「徴用工」問題が決定的であった。それでも，その元はこの時の"こじれ"にある，というのが筆者の見立てである。

「岸田・尹炳世（ユンビョンセ）合意」と「和解・癒し財団」の解散

このような状況の中で，日韓の慰安婦問題はなんとかしなければならないものであるという考えは，日韓双方の政府当事者の中にあったように思う。「アジアの女性基金」が韓国との関係では誠に残念ながらうまくいかなかったのは現実であるから，それを繰り返さないように，今度こそこの問題に「最終的かつ不可逆的な解決」を見出そう，というのである。それを実現したのが 2015 年 12 月 28 日の「日韓合意」であった。これは当時の岸田文雄外務大臣とユンビョンセ外交部長官がソウルで会談し，その後の記者発表で日韓政府間の合意として

ソウルの韓国外交部での日韓外相会談（2015年12月28日）。右側中央が岸田文雄外相, 左が尹炳世外交部長官。〔外務省HP（https://www.mofa.go.jp/mofaj/a_o/na/kr/page1_001529.html)〕

発表したもの。文書に両外相が署名したものではないし, まして国会の承認を得た条約ではない。これは正式の意味での国際約束とは言えないが, 両政府の当局者が事前に充分擦り合わせたうえで外交当局の最高責任者がそれを公に発言したものであるから, いかに口頭であろうと, 法律的に国際約束にはなっていないとはいえ, 実質的には広義の両国間の「合意」を形成するものであった。

　記者会見で発表された内容要旨は, 次のとおり。

（i）　まず, 岸田外務大臣より次のとおり述べた。

ア　慰安婦問題は, 当時の軍の関与の下に, 多数の女性の名誉と尊厳を深く傷つけた問題であり, 日本政府は責任を痛感している。

　安倍総理は, 改めて, 心からお詫びと反省の気持ちを表明する。

イ　韓国政府が, 元慰安婦の方々の支援を目的とした財団を設立し, これに日本政府の予算で資金を一括で拠出し, 日韓両政府が協力し, 全ての元慰安婦の方々の名誉と尊厳の回復, 心の傷の癒やしのための事業を行う。日本政府のこの予算措置の規模

は，概ね 10 億円である。

ウ　この措置を着実に実施するとの前提で，この問題が最終的かつ不可逆的に解決されることを確認する。

あわせて，今後，国連等国際社会において，この問題について互いに非難・批判することは控える。

(ii)　これに続き，尹炳世外交部長官から次のとおり述べた。

ア　上述の措置が着実に実施されるとの前提で，今回の発表により，この問題が最終的かつ不可逆的に解決されることを確認する。韓国政府は，日本政府の実施する措置に協力する。

イ　韓国政府は，日本政府が在韓国日本大使館前の少女像に対し公館の安寧・威厳の維持の観点から懸念していることを認知し，韓国政府としても，可能な対応方向について関連団体との協議を行う等を通じて，適切に解決されるよう努力する。

ウ　韓国政府は，今般日本政府の表明した措置が着実に実施されるとの前提で，日本政府とともに，今後，国連等国際社会において，この問題について互いに非難・批判することは控える。

　(i)イでいう財団は「和解・癒やし財団」と呼ばれて，日本政府の 10 億円の拠出によって 2016 年 7 月 28 日にソウルに設立された。そしてこの財団は，その事業の一環として元慰安婦には 1 人当たり約 1 億ウォン（約 1 千万円），遺族には同約 2 千万ウォンの現金支給を行った。存命中の慰安婦 50 名弱の人々のうち大多数がこの慰労金の支給を受け取ったと言われる。

　こう見ればわかるとおり，この「岸田・尹炳世合意」は「決して交わらない 2 本の線」を再度知恵を出して近づけてこの難しい問題の，今度こそ「最終的かつ "不可逆的な"」解決を求めたもので

あった。日本からすれば，「アジアの女性基金」の時より一歩も二歩も踏み込んで，日本政府による直接の資金拠出によって韓国政府の「和解・癒やし財団」が設立されたのであって，あくまでその韓国政府の財団から慰労金が支払われるということから，日本政府による賠償金の支払いというものではないとの説明ができるものではあるが，韓国政府の財団を通してとはいえ，その原資は日本政府の資金なのであるから，かなり踏み込んでいる。

　他方，韓国からすれば，あくまで賠償金を求めるという観点からは不満足ではあっても，これまでの日韓間の話し合いの経緯からすれば日本も相当な努力をして歩み寄ったと評価しうるものである。「日本は政府の責任を認め，謝罪と反省をして政府が出資金を出した」と言えるからである。逆に言えば，これまでの日韓の「決して交わらない2本の線」からすれば，これ以上の「妥協点」を探ることは無理，というようなギリギリの「合意」だったと評価すべきものであろう。

暗礁に乗り上げた日韓合意　しかし，誠に遺憾なことに，この日韓合意もうまくいかなかった。それは，もっぱら韓国内での反対による。合意にもかかわらず，それから時を経たずに2016年12月30日には釜山の日本総領事館の前にも「慰安婦像」が設置されて，日本政府はこれへの対応措置をとることになる。駐韓大使の一時帰国などの措置である。2017年1月6日のことであった。日本からすれば，ここまで妥協したのに話が違うということである。

　そして，事態はそれにとどまらなかった。この2015年暮れの合意を作成した朴槿恵（パククネ）政権（2013年2月25日成立）が弾劾訴追で2017年3月10日に罷免されて文在寅（ムンジェイン）大

統領が就任すると（2017年5月10日，2022年5月10日まで），文在
寅大統領は「韓国国民の大多数が心情的にこの合意を受け入れられ
ない」とした。さらにその年2017年12月28日文在寅大統領は声
明を発出，この日韓合意には内容面と手続面で重大な欠陥があり，
これでは問題の解決にはならないとした。要は慰安婦の人々への十
分な説明がなされぬまま，朴槿恵政権内の一部だけで交渉され解決
を図ろうとしたもので，これでは問題の真の解決にはならない，と
いうのである。

　もちろん日本政府はこれに強く反発した。確かにこの「日韓合
意」は文書に署名されたものではない。正式に「国際約束（国際法
主体，典型的なものは主権国家，の間で，国際法上の権利義務関係を設
定するところの合意）」となっているわけではない。しかし，すでに
見たように，両国の外交当局の最高責任者同士が話をしてその後に
記者会見で公に発表した内容は，重要な政治的「合意」を形成して
いる。国際法上の権利義務関係を設定する「国際約束」か，あるい
は政治的な「合意」かの区別はもとより重要な点であるが，外交に
おいてはしばしば政治的な「合意」が優れて重要な意味をもつ。
1972年の日中共同声明はそのようなきわめて重要な政治的「合意」
の典型例である。この「日韓合意」もそのようなものであった。

　文在寅大統領の気持ちは，2018年3月1日の「3.1独立運動」の
記念式典での大統領の恒例の演説に表されているように思う。加害
者である日本が「終わった」と言ってはいけない，という趣旨の発
言である。それで，結局文在寅政権の韓国政府は2018年11月21
日に「和解・癒やし財団」の解散を表明。日本政府のたいへん強い
反発にもかかわらず，2019年7月3日にはこの財団は解散された。

守るべき政府間の合意と外交の常識

筆者は「アジアの女性基金」の努力が韓国については必ずしもうまくいかなかったことについて，それが日韓関係のこじれのもとにあるとの見方を紹介したが，この「和解・癒やし財団」の解散の件は，日韓関係の悪化にとってそれ以上のものであったことは事実であると思う。つまり，双方の政府が改めて努力して作成した「日韓合意」が，韓国によって一方的に“破棄された”からである。国内でどのような事情があろうと，政権が変わって違う考えの指導者が出てこようと，政府間で公式に「合意」されたものが一方の言い分で“破棄される”というなら，そもそも国家や政府同士の関係は構築できない。日本から見れば，日韓関係が国交正常化以来最低のレベルに落ち込むのは，このような対応をした韓国側の責任ということになる。

　日本は全てきちんとやっているのに，韓国の対応はなんだ，と。他方，韓国からすれば，かなり日本の立場に理解のある人たちの間でも，そのように責任の全てを韓国に押し付けて日本は被害者だと言わんばかりの態度では，そもそもこの問題がどこから起こったのか，韓国は被害者なのであって日本はあくまで加害者だったではないか，との反発が起こる。

　筆者には筆者の強い考えがある。実際筆者は，このような流れの中で，2016 年 2 月 16 日，慰安婦問題が取り上げられた，ジュネーヴにおける女子差別撤廃条約の政府報告審査が行われた際に日本政府の代表を務めて，「日本政府が発見した資料の中には，『強制連行』を確認できるものはなかった」「『性奴隷』という表現は事実に反する」といったことを含めてその考え方を公にした経験がある。これは一見すると 1993 年 8 月 4 日の河野洋平官房長官談話と反す

ることを政府として発言しているように見えるが，よくよく見ると
そうではない。日本政府は公に「河野談話」を否定したことはない。
筆者の当時の発言も，当然のことながらその範囲のものである。た
だ，日本の考え方が必ずしも正確に伝わっていないという思いの中
で，日本の考えをさらにきちんと伝えるべきだと思った。いや，そ
れが安倍首相の指示であった。

　当時筆者は，その年 2016 年の G7 サミットの，特に G7 外相会合
の「広島宣言」の取りまとめでアメリカだけではなく，フランス，
イギリスといった G7 の核兵器国との調整に追われていたから，安
倍首相の直接の指示でこの会議の政府代表を務めることになった時
には少し慌てたところもあった。実際に，高いレベルでの調整によ
る政府の指示を踏まえて，どう発言するかはずいぶんと悩んだもの
である。それでも国際社会に対して日本の主張をより正しく伝える
ためには，特にその場で行われる質疑応答の中できちんと対応すべ
きである，と思った。だからというわけではないが，筆者もこの問
題については，それなりの強い考えがある。

　どれほど日本はもう少し韓国の事情や気持ちを理解すべきだと確
信していても，「約束を守らない」のはダメである。民主国家では，
大統領が変わればそれまでの約束は変わるという態度を取るところ
は，韓国だけではない。筆者はアメリカとの交渉で，このようなと
ても苦い経験をしたことがあった（1989 年 1 月，いわゆる FSX 問題
＝次期支援戦闘機日米共同開発問題）。だから，韓国だけを批判する
つもりはない。それでも，ほんとうに日韓関係を進めるというので
あれば，約束は守らなければならないというのは，最低限の前提で
ある。その上で，このようなことをどう考えるべきなのか。本書は
日本外交の常識を学ぶ旅をするものなので，ここで問題提起をして

読者の考えを求めたい。

(3)　『徴用工』問題

「徴用工」とは，第2次世界大戦終結まで日本の統治下にあった朝鮮半島での日本企業または朝鮮総督府による募集によってか，あるいは1944年9月から総督府が「徴用令状」によって集められた労働者のことを言う。そしてこれら元労働者およびその遺族によって起こされた訴訟に関する問題が，「『徴用工』問題」である。このことからわかるように，すべての労働者が「徴用」されたわけではないので，日本政府は正確を記すためにこの問題を「旧朝鮮半島出身労働者問題」と呼んでいる。ただ本書では，広くメディアを中心に呼ばれている言い方をあえてしている。

この問題は，日本国内でも提起されてきた。例えば，1997年には「強制連行と強制労働に対する慰謝料と未払金の支給」を求めた訴えが大阪地方裁判所におこされた。しかし2003年，日本の最高裁判所はこの請求を退けている。韓国政府も2009年8月14日，ソウル行政裁判所に提出した書面で，日韓請求権・経済協力協定でこの問題は解決されていて日本政府に請求権を行使することは難しいとしていた。この文脈で，国家間では条約によって請求権の行使はできないとしても，国内で個人の請求権は消滅していないのではないかとの論点は繰り返し議論されてきた。この点はやや法律的な論点だが大切な点である。しかしここでは，日韓請求権・経済協力協定という「条約」によって個別の請求権行使は不可能になった，その意味で国内法上に存在する個人の請求権は「救済されることのできない権利」になったという現在の通説だけを紹介するにとどめる。いずれにせよ，この問題はごく最近になって初めて起こったものと

は言えない。

韓国大法院判決と日本の反論　　　韓国ではこの訴訟は相次いで起こされた。そしてそれが決定的なものになるのが，2018 年 10 月 30 日の大法院（日本における最高裁判所に相当する）の判決である。ここで大法院は，被告である新日本製鐵（判決当時は新日鉄住金，現在の日本製鐵）に対して原告韓国人 4 人に対し 1 人当たり 1 億ウォン（約 1000 万円）の損害賠償の支払いを命じた。曰く，日韓請求権協定は「日本の植民地支配の不法性を前提とする内容はない」，「請求権協定の協議過程で日本政府は植民地支配の不当性を認めないまま，強制動員被害の法的賠償を基本的に否認し，これに伴い，韓日両国は日帝の朝鮮半島支配の性格について合意に至らなかった。このような状況で強制動員慰謝料請求権が請求権協定の適用対象に含まれると見ることは難しい」，と。

　もちろん日本政府は直ちにこれに反発。同日，河野太郎外務大臣談話を発表，「この判決は，日韓請求権協定第 2 条に明らかに反し」「日韓の友好協力関係の法的基盤を根本から覆すものであって」「断じて受け入れることはできません」とした上で，「大韓民国が直ちに国際法違反の状態を是正することを含め，適切な措置を講ずることを強く求めます」とした。この章で縷縷見てきたとおりであるから，このような日本政府の態度表明はきわめて当然であった。しかるにこの状態は文在寅大統領の下ではなんら変更されず，事態の打開は 2022 年 5 月のユンソンニョル大統領誕生の後になってからになる。

　そもそも，この大法院の決定は日韓請求権・経済協力協定に背馳するというだけではない。本章で繰り返し見たように，そのもとは日韓基本条約第 2 条で併合条約の合法性について日韓両国政府の間

で合意に達したことはなく，その根本的な点については双方で"agree to disagree"をして先に進んだことを，そのとおりに受け止めていない。判決理由で当時この基本的論点について両国政府に合意がなかったことには言及されているが，そのことの外交上の意味について，本質的にこれについてはこれ以上議論せずに先に進もうとしたという外交については語っていない。いや，このことは先に触れたように，外交そのものに関わることであって，民主主義の三権分立の中では外交は政府が行うものであるのが普通だから，司法の判断に馴染まないものとすべき点であると思う。だから，司法の判断の判決理由の中でこれに触れていないのは，ある意味で当然かもしれない。そこで，それでもあえてそこに法律的な最終解釈の判断をするにしても，その判断はこのような政府による外交の判断を尊重したものでなければならないはずである。こう見ると，韓国の司法によるこの決定は，日韓基本条約の合意の本質に背馳するものとさえ見ることができる。だからここでの問題のより根本は，請求権協定に背馳するというよりも，基本条約締結の根本に反するという点にあるというべきではなかろうか。

日韓関係の冷え込み　話を元に戻そう。基本条約との関係についての筆者の個人的考え方は今記述したとおりであるが，より直接には請求権協定の解釈の問題であることに変わりはない。だからこの判決の後，日本政府はただ事態の成り行きを見ていただけではなかった。判決が申し渡されてからすぐに外務大臣談話で立場を表明の上，2019年1月9日には日本政府は韓国政府に対して日韓請求権協定第3条1に基づく協議を要請した。2月12日にはこの要請に対する韓国政府からの回答を督促している。

協定は，その解釈及び実施に関する両締約国の紛争は，まず，外

交上の経路を通じて解決する，と明確に規定しているから，日本政府はこの規定に従って協議を要請したのであった。そして，原告側による日本企業の資産差押，売却の手続きが進む中，同5月1日には，再度この協議に応じるよう要請した。それでも韓国側はこれに応じなかったので，同5月20日，日本政府は協定第3条2に基づき，日韓両国政府間の仲裁に付託する旨韓国政府に通報した。これは，協定第3条が，何か問題が起こった時には，まず，外交ルートで協議し（第3条1），それでも解決できなかった時には，必ず二国間仲裁手続きに行く（第3条2）としていることに基づく。この仲裁手続きは協定に具体的に規定されていて，仲裁の裁定結果は両国を法的に拘束する（同第3条4）。日本政府は，このような協定の規定にしたがって"義務的仲裁"によるこの問題の解決を求めたのであった。

　協定上，韓国政府はこの付託から30日以内に仲裁委員の任命などを行う義務を負っているが，韓国政府は協定に規定されたいずれの義務も履行しなかった。日本政府はこのような状況の下，2019年7月19日に外務大臣談話を発表，韓国の協定違反をきわめて遺憾とするとともに，「韓国側によって引き起こされた厳しい日韓関係の現状に鑑み，韓国に対し，必要な措置を講じていく考え」を表明した。ここに至って，日韓関係は，1965年の国交正常化以来最低レベルに冷え込んだ，とされたのである。

　本章で重ねて見てきた日韓関係は，慰安婦問題でたいへんギクシャクしてきた。その上，である。特に，慰安婦問題が日韓請求権・経済協力協定では直接の言及がないのに対して，この「徴用工問題」はこの協定の合意議事録2(g)で「韓国の対日請求要綱（いわゆる8項目）（第5項の"被徴用韓人の未収金，補償金およびその他の請

求権の弁済"を含む)」に関しては，「いかなる主張もなし得ないこととなることが確認」されているから，いわば直接の確認がなされている点で異なっている，という側面もある。いかに「法は人より賢くあってはならない」とか，「実定法の規定ぶりだけがすべてではない」とかといっても，ここまで明確に文言の規定があると，それとは異なる法の解釈，適用はきわめて困難と見るのが普通であろう。

　韓国側も，盧武鉉（ノムヒョン）政権時代には，「徴用工問題」は日韓協定の対象内であると明言していた経緯もある。だからこそ日本政府も，この問題の解決を協定第3条に定めるところに従って行おうとしたのである。そして韓国は，協定の定める紛争解決についての義務を，いっさい履行しなかった。なぜしないかとの説明も，筆者の知る限り明確にはしてこなかった。

国際約束と国内法　筆者は，国際法や外交論を日本や韓国の大学や大学院で教えてきた。その際に授業では，常に相手の立場をできる限り理解することが肝要であるといってきた。だから，時として受講生を，あなたは日本の外務大臣，あなたが日本の条約局長，逆にあなたは韓国の外務大臣，あなたは韓国の法律顧問と言ってそれぞれの立場を立論させて討論，交渉させる，ということを行ってきた。これを行うと，教える方も双方の立場や法律的立論をより深く学ぶことになるので大変学習になる。そのような考え方から今回の大法院の判決や判決理由を精読したが，筆者にはその法律論は十分に理解することはできなかった。

　民主国家で三権分立の下では，国内の法体系の中で法の最終的解釈を行う権限を有しているのは，司法府，就中その最高位にある裁判所である。日本では最高裁判所であり，この問題についての韓国

の場合は大法院である。国際法と言っても，主権国家の中ではそれが国内法化されて，普通は通常の法律よりは上位だが憲法よりは下位に置かれて国内法上の判断の対象となる。その判断を国内法上するのは，この最高位の裁判所である。だから，この問題についての韓国の大法院の決定が出されれば，韓国の国内法上はそれで法律関係は確定する。民主的な法治国家である限り，そこまでについては何ら異議を挟む余地はない。たとえ大統領であろうと総理大臣であろうと，司法府の決定には従わなければならない。その意味では，国際法の一学徒にしか過ぎないものがこの大法院判決は国際法違反と主張しても，法律的に状況をすぐに変えるものではない。それで韓国国内法上の効力関係が変わるものではない。

　他方，条約その他の国際約束を締結すれば，国家，政府はそれに拘束される。条約は誠実に履行されなければならず（条約法に関するウィーン条約第26条），また，条約の当事国は「条約の不履行を正当化する根拠として自国の国内法を援用することができない」（同第27条）。考えてみれば当たり前の国際法上の原則である。2つの国が条約を締結したが，その後一方締約国が自分の国内の事情でその約束は履行できないということが法律的に認められるならば，国際法など成り立たないからである。だから，一国の国内の最高位の裁判所がどのような決定をしようが，その国の国内法上の問題は別として，国際法上はそれによって国際法上の権利義務関係が変わるということはない。

　これが，国内法と国際法の相克の問題である。ことはだから，何も「『徴用工』問題」に関する日韓間の問題にとどまらない。一般的な論点である。今見た2つの原則，つまり国内法上の効力の原則と国際法上の効力の原則とは，今回の日韓間の問題にも当てはまる。

韓国の大統領は大法院判決に従わなければならない立場に立つとともに、だからと言って日韓間の条約上の関係は変わらない。この2つが背馳する時に、問題をどのように解決するか。ほんとうはこのようなことが起こらないのが望ましいが、「『徴用工』問題」だけではなく、時としてこのような問題はいろいろなところで現実に起こっている。「『徴用工』問題」はその1つに過ぎないということに力点を置いた主張するつもりはないが、この点は間違いではない。

これをどう解決するか。そこに現れたのが、韓国のユンソンニョル大統領であった。

ユンソンニョル大統領と対日関係の改善

ユンソンニョル現大統領は、もともと検事総長を務めた検察官出身。2021年7月30日に保守の「国民の力」に入党して政治家に転じ、同年11月5日に同党の大統領候補に選出された。そして2022年3月9日の大統領選挙では48.56％を獲得、革新の「共に民主党」の李在明候補の47.83％にわずか0.73％の僅差で勝利して当選、2022年5月10日に第20代大統領に就任した。そして前任の文在寅政権から政策的に大きな転換を図る。反共、反北朝鮮、親米そして対日関係の大幅改善に向けて舵を切る。

ユンソンニョル大統領は就任して1年にもならない2023年3月16日－17日に日本を訪問して岸田総理と首脳会談を行うが、その直前の3月6日には「『徴用工』問題」の解決策を決定した。

それは、韓国の大法院が決定した日本企業への元徴用工などへの賠償金支払いを、韓国政府の下の財団に韓国企業からの寄付を集めて作る資金で行う、というもの。民事法上の「代位弁済」の考え方をもとにしたアイデア、という。そして、その財団が日本企業の「賠償金支払い」を肩代わりしたのちの日本企業に対する「求償

権」は，権利としては存在するが韓国側はそれを行使する考えはない，とした。これであれば，日本政府はもとより日本企業も資金負担をすることなく韓国の大法院判決の内容が履行されるわけであるから，日本側にはほぼ異存はない。ただ，韓国からすれば，韓国政府が動いて韓国の企業が資金を提供しそれをのちには求償もしないというのであるから，日本側は何もしないのかという議論はある。それでも日本からすれば，そもそもこの話は日韓請求権・経済協力協定で解決済みの話を大法院判決で蒸し返されているのだから，韓国側で解決策をとるべきだということになる。

いずれにしてもユンソンニョル大統領自身が，日本はすでに数十回も謝罪している，これ以上の謝罪も資金提供も求めない，という強い確信を持って政府内部を説得したという。政府部内だけではない。韓国国内の強い反対にも断固としてこのような考えを通したと言わ

総理大臣官邸，東京（2023 年 3 月 16 日）。左側中央がユンソンニョル大統領，右側中央が岸田首相，そのとなりが林芳正外務大臣。［外務省 HP（https://www.mofa.go.jp/mofaj/a_o/na/kr/page4_001667.html）］

れているのだから，日本側に初めにあった猜疑心も和らいだというものである。また，この背景には，日本の林芳正外務大臣と韓国の朴振（パクジン）外交部長官による密度の濃いやりとりと個人的信頼関係があったという。だから，これによって，国交正常化以来最低といわれた日韓関係は劇的に改善した。

不透明な「近くて遠い国」
それでも，である。朴槿恵政権で成立した「岸田・尹炳世合意」が，政権が革新左派に変わったら破棄された記憶はまだ誠に新しい。ユンソンニョル政権のうちは良いが，2027年の大統領選挙で違う大統領が当選したら再びこのような「解決」は白紙に戻されるのではないか。韓国の憲法が変わらない限り，大統領は任期5年，再選不可であるから，ユンソンニョル大統領は変わる。「慰安婦問題」に関わる訴訟も続いている。「『徴用工』問題」も訴訟は消えていない。だから，このような強い"不安"が日本側にあったとしても自然なことであろう。韓国側にある日本に対する"不満"も消えているとは思えない。韓国の生活水準がもはや日本のそれより上かもしれないというくらいになって，若い人たちの交流は確実に増えている。「近くて遠い国同士」から「近くて近い国同士」になっているのかもしれない。それでも，わからない。これが今の日韓関係である。

⑷　日本外交の常識と日韓関係

　朝鮮動乱から始まって，日韓国交正常化交渉，その後の進展と現在の日韓関係の難しい部分を見た。すでに指摘したように本書で詳しく取り上げた部分以外にも，竹島の領有権問題とか在日韓国人の権利に関する問題とか他の重要課題にも触れなければならないところであるが，これまででもずいぶんと長い旅になった。本書では，だからこの辺りでくくりをつけて旅の最後に向かおうと思う。しかしその前に，1つ指摘しておきたいことがある。

　日韓関係，特に慰安婦問題とか「『徴用工』問題」とかに見られるように，日本からすれば何回"ゴールポスト"を動かされるのか，いつまで問題を蒸し返されるのか，というある種の強い"フラスト

レーション"がある。韓国からすれば，それもこれも日本の過去の
"不正義"に起因するものであって元々韓国が作り出した問題では
ないではないか，という"不満感"がある。できるだけ公平に見よ
うとすれば，どちらの気持ちもわからないではない，と言えるのか
も知れない。それでも，「『徴用工』問題」となると，その経緯から
して，「法の支配」を基礎にする国際法遵守の基本からすれば，韓
国の一連の処理の仕方は到底理解できるものとは言い難かろう。ユ
ンソンニョル大統領になってようやく日韓関係が劇的に改善したと
はいえ，この間の不信感というものは，そう簡単に拭えるものでは
ないのかもしれない。

　しかし，である。筆者は2000年4月に，当時の川島裕外務次官
の差配で韓国勤務になった。川島次官からは，日本の外交官は，ア
ジア，特に韓国について知っていたほうが良いと教えられた。今か
ら思うと，これほど正しく，また有り難いこともなかったと思って
いる。筆者は自らの韓国勤務の経験から，日本の外交にとって，韓
国，そして朝鮮半島との関係をマネージしていくことは，その第一
歩，これ無くしては日本外交のその先も十全なものにはならないく
らいの重要性を持ったものだという確信を持つに至っている。

　ちなみに，日本も韓国も共にアメリカの同盟国。2023年8月18
日にアメリカのワシントンDC郊外のキャンプ・デービッドで行わ
れた日米韓の首脳会談は，歴史的なものであった。これを歴史の一
コマで終わらせてはなるまい。誰がリーダーであろうと，ここで築
きあげられた日米韓の緊密な関係は，壊してはなるまい。

　確かに考えるのも"面倒な"ことかもしれない。いや，そんなこ
とを言えば，世界の各地を見渡しても，どこでも近隣の諸国との関
係は最も難しい。アメリカとカナダ，メキシコ，イギリスのアイルラ

ワシントンD.C. から北北西に約100km，キャンプ・デービッド（メリーランド州）でのユンソンニョル大統領，バイデン大統領，そして岸田首相（2023年8月18日）。[外務省HP（https://www.mofa.go.jp/mofaj/a_o/na2/page1_001779.html）]

ンド，インドのパキスタン，など。「Neighbors create problems, but also give us solutions（隣人は問題を提起する。しかし同時に解決策も示してくれる）」のである。もちろんそれぞれに事情は全く異なる。日本と韓国でもそうである。「もう嫌だ」と言いたくなっても，お互いに努力を続けて，いつの日か磐石な日韓関係が築かれるようにしたい，また，しなければいけないものと思う。お互いにであるから，日本も，ということである。日本外交の常識を学ぶ旅の韓国編。読者はどう思われるだろうか。

　これで韓国については，ひとまず終わることにしよう。それで，朝鮮半島に関しては，その北半分，北朝鮮との関係を見なければならない。いよいよこの旅も，最後の方に近づいていくことになる。

　旅は，もう少しである。

4　北朝鮮との国交正常化交渉と，拉致・ミサイル・核問題

(1)　日朝関係と平壌宣言

　北朝鮮は，1948年9月9日に金日成首相の下，ソ連の占領監督の中で独立を宣言した。その後の朝鮮動乱，日韓国交正常化などはすでに見た。南北分断のはじめ，1972年までは韓国より北朝鮮の

方が GDP が大きかったというし，1959 年からの「帰還事業」で多
くの在日朝鮮・韓国人が北朝鮮に渡っている。日本人も多く北朝鮮
に行き，その中には今も現地で暮らす「日本人妻」と言われる人た
ちもいる。北朝鮮は当時，「この世のパラダイス」と宣伝されたと
いう。

　しかし，現実はそうではなかった。韓国が「漢江の奇跡」と呼ば
れる目覚ましい発展を遂げ現在ではたいへん立派な近代民主国家に
なったのに比べて，北朝鮮は経済も停滞し何度も大きな食糧難に直
面してきている，と言われている。指導者も，初代の金日成総書記
から第 2 代の金正日総書記（1997 年 10 月 8 日 – 2011 年 12 月 17 日），
そして現在の金正恩総書記になっている。3 代続けての世襲である
から，北朝鮮の「金王朝」と揶揄される所以である。同じ民族であ
るのに，南北に分断され，朝鮮動乱の結果それが固定化されてし
まった悲劇。そして北朝鮮の姿。日本人を拉致してその問題の解決
もしようとしない。ほとんどの北朝鮮の人たちは，そのような異常
な状況さえ知らされていない，という。

　さて，その北朝鮮。韓国との国交正常化が達成され日韓関係が公
式の関係を土台に進展する一方で，日朝関係は長きにわたって停滞
する。日韓国交正常化を実現する時点で時の佐藤栄作首相は，北朝
鮮との関係は「白紙」と説明した。その日朝関係をなんとかしよう
とするのが，自民党（金丸信団長）と日本社会党（田辺誠団長）の
自・社両党代表団の訪朝と北朝鮮の朝鮮労働党との間の日朝 3 党共
同宣言の発出（1990 年 9 月 28 日）である。これを契機にして，日朝
国交正常化に向けた政府間の予備交渉が 1990 年 11 月から 12 月に
かけて 3 回行われた。そして，正式の交渉の第 1 回目が，1991 年 1
月 30 日 – 31 日に平壌で行われる。同じ朝鮮半島の北朝鮮であるか

ら，日韓国交正常化交渉と同様のテーマを扱わなければならない。しかし，北朝鮮との関係では，韓国との間ではなかった核開発問題があった。その後この関連でミサイル問題も起こってくる。いや，それだけではない。北朝鮮による日本人拉致問題が起こったのは1970年代から1980年代にかけてである。日朝国交正常化交渉の始めの段階では，たいへん残念なことにこの最重要の拉致問題はそのようなものとして取り上げられなかったが，時系列で見ればすでに発生していた問題だったのである。だから，のちにこの拉致問題は，日朝交渉の中の最重要課題となる。至極当然の話である。

　日朝国交正常化交渉は，この1991年の第1回交渉から2002年までに断続的に12回行われている。この交渉は双方の対立が激しくて順調には進まない。日韓国交正常化交渉も14年余りの歳月を要した。北朝鮮との話も簡単にはまとまらない。しかも日韓交渉ではなかった拉致問題のような最重要な課題がある。しかし，ここではその経緯や主要論点を振り返ることは省略しよう。この間の交渉経緯が重要ではないと言っているのではない。すでに日韓国交正常化交渉の重要論点を詳しく見たし，この章の旅も長くなったのでここでは触れないと言っているだけである。

日朝平壌宣言　その状況の中で日朝交渉が大きく動いたのは，2002年9月17日の小泉純一郎首相の訪朝による金正日国防委員会委員長（総書記）との日朝首脳会談の時であった。その時両首脳によって署名されて発出された「日朝平壌宣言」は，それそのものとその後の展開についてさまざまな批判や反省があるとしても，またその全てが今も有効というわけではないにしても，いまだに日朝関係を正常化させるための大きな土台を与えているものと思う。

「日朝平壌宣言」の主要点は，次のようなものである。

ピョンヤン，北朝鮮（2002年9月17日）。日朝平壌宣言の署名。左側が小泉純一郎首相，右側が金正日委員長。〔外務省HP（https://www.mofa.go.jp/mofaj/a_o/na/kp/page1w_000082.html）〕

①　国交正常化交渉を再開することに合意する。

②(i)　日本側は，過去の植民地支配によって，朝鮮の人々に多大な損害と苦痛を与えたという歴史の事実を謙虚に受け止め，痛切な反省と心からのお詫びの気持ちを表明する。

(ii)　双方は，国交正常化の後，無償資金協力などの経済協力を実施することがこの宣言の精神に合致するとの基本認識の下，国交正常化交渉において，経済協力の規模と内容を協議する。

(iii)　財産及び請求権を相互に放棄するとの基本原則に従い，国交正常化交渉においてこれを協議する。

(iv)　在日朝鮮人の地位に関する問題と文化財の問題についても，国交正常化交渉において協議する。

③(i)　双方は，国際法を遵守し，互いの安全を脅かす行動を取らない。

(ii)　日本国民の生命と安全に関わる懸案問題については，北朝鮮は，日朝が不正常な関係にある中で生じたこのような遺憾な問題が今後再び生じることのないよう適切な措置をとる。

④(i)　双方は，核問題及びミサイル問題を含む安全保障上の諸問

日朝平壌宣言

小泉純一郎日本国総理大臣と金正日朝鮮民主主義人民共和国国防委員会委員長は、2002 年 9 月 17 日、平壌で出会い会議を行った。

両首脳は、日朝間の不幸な過去を清算し、懸案事項を解決し、実りある政治、経済、文化的関係を樹立することが、双方の基本利益に合致するとともに、地域の平和と安定に大きく寄与するものとなるとの共通の認識を確認した。

1. 双方は、この宣言に示された精神及び基本原則に従い、国交正常化を早期に実現させるため、あらゆる努力を傾注することとし、そのために 2002 年 10 月中に日朝国交正常化交渉を再開することとした。

  双方は、相互の信頼関係に基づき、国交正常化の実現に至る過程においても、日朝間に存在する諸問題に誠意をもって取り組む強い決意を表明した。

2. 日本側は、過去の植民地支配によって、朝鮮の人々に多大の損害と苦痛を与えたという歴史の事実を謙虚に受け止め、痛切な反省と心からのお詫びの気持ちを表明した。

  双方は、日本側が朝鮮民主主義人民共和国側に対して、国交正常化の後、双方が適切と考える期間にわたり、無償資金協力、低金利の長期借款供与及び国際機関を通じた人道主義的支援等の経済協力を実施し、また、民間経済活動を支援する見地から国際協力銀行等による融資、信用供与等が実施されることが、この宣言の精神に合致するとの基本認識の下、国交正常化交渉において、経済協力の具体的な規模と内容を誠実に協議することとした。

  双方は、国交正常化を実現するにあたっては、1945 年 8 月 15 日以前に生じた事由に基づく両国及びその国民のすべての財産及び請求権を相互に放棄するとの基本原則に従い、国交正常化交渉においてこれを具体的に協議することとした。

  双方は、在日朝鮮人の地位に関する問題及び文化財の問題については、国交正常化交渉において誠実に協議することとした。

3. 双方は、国際法を遵守し、互いの安全を脅かす行動をとらないことを確認した。また、日本国民の生命と安全にかかわる懸案問題については、朝鮮民主主義人民共和国は、日朝が正常な関係にある中で生じたこのような遺憾な問題が今後再び生じることがないよう適切な措置をとることを確認した。

4. 双方は、北東アジア地域の平和と安定を維持、強化するため、互いに協力していくことを確認した。

  双方は、この地域の関係各国の間に、相互の信頼に基づく協力関係が構築されることの重要性を確認するとともに、この地域の関係国間の関係が正常化されるにつれ、地域の信頼醸成を図るための枠組みを整備していくことが重要であるとの認識を一にした。

  双方は、朝鮮半島の核問題の包括的な解決のため、関連するすべての国際的合意を遵守することを確認した。また、双方は、核問題及びミサイル問題を含む安全保障上の諸問題に関し、関係諸国間の対話を促進し、問題解決を図ることの必要性を確認した。

  朝鮮民主主義人民共和国側は、この宣言の精神に従い、ミサイル発射のモラトリアムを 2003 年以降も更に延長していく意向を表明した。

  双方は、安全保障にかかわる問題について協議を行っていくこととした。

日　本　国 総理大臣 小泉　純一郎	朝鮮民主主義人民共和国 国防委員会　委員長 金　正　日

2002 年 9 月 17 日
平　壌

日朝平壌宣言（2002 年 9 月 17 日）。［外務省 HP（https://www.mofa.go.jp/mofaj/gaiko/bluebook/2003/gaikou/html/zuhyo/fig02_01_01_02.html）］

題に関し，対話を促進し，解決を図ることの必要性を確認する。

(ii)　北朝鮮は，この宣言の精神に従い，ミサイル発射のモラトリアムを 2003 年以降もさらに延長していく意向を表明する。

このように，ざっと平壌宣言の主要部分を見ただけでも，すぐにわかることがある。例えば，上記④(ii)のミサイル発射のモラトリア

ム合意は，とっくに破られている。今日では，北朝鮮のミサイル発射の回数はその数を数えるのも難しいほど頻繁になっている。この「合意」どころではない。このような文書を作成するときに，よく，"nothing is agreed until everything is agreed（全てがきちんと合意されるまでは，何も合意されていない)"と言われる。つまり，合意というのは全体がパッケージになって交渉されてでき上がるものであって，一部について合意ができ上がっていても，全体が合意に至らないとダメだ，というのである。

これを逆に言えば，合意全体のうち，一部が破られてしまえば，全体のディールが成立しなくなるので全ての合意の基礎が失われる，ということにもなろう。だから，ミサイル発射モラトリアムという，この「合意」の重要な部分が破棄されてしまえば，全体の「合意」は無くなっている，という考えも成り立つ。しかし，である。いかに全体としての"ディール"であるとは言っても，この「合意」は，よく見るといくつかの重要な要素から成り立っていて，それぞれは1つ1つの重要な日朝間の課題である。

①でまず表明されているように，この「合意」の根幹には，日朝国交正常化交渉の再開の「合意」がある。その上で，過去の植民地支配に対する日本側の「痛切な反省と心からのお詫びの気持ち」が表明され，そして，"国交正常化の後に"，無償資金協力などの"経済協力"が行われ，国交正常化交渉においてはその規模や内容が交渉されることに「合意」している。財産及び請求権の相互放棄の原則も「合意」されている。在日朝鮮人や文化財の問題についても国交正常化交渉で協議されることになった。加えて，日本にとって最重要である拉致問題について，「北朝鮮は，日朝が不正常な関係にある中で生じたこのような遺憾な問題が今後再び生じることのない

よう適切な措置をとる」とされた，のである。

　こう見てくると，この旅を一緒にしている読者には，もう見えてくるものがあろう。つまり，この章の前段で見た日韓国交正常化交渉とその仕上がりの姿と似ている部分が大きい，という点である。韓国も北朝鮮も，過去の植民地支配の不当性，そして違法性については，同じ立場をとっている。日韓国交正常化でこの最も根本的問題をどのように取り扱ったかは，すでに繰り返し見た。この平壌宣言の該当部分では，北朝鮮との間でも，日韓で行ったのとほぼ同様の方式で国交正常化を行うという「合意」をしたことが示されたのである。「経済協力」方式である。

　この点は，日朝国交正常化交渉をする上で，限りなく重要な点である。相手の立場はどうであれ，日本は韓国との間で行った方式と全く異なるやり方で北朝鮮との間の正常化を行うことはできないわけであるから，このような基本方針について北朝鮮と「合意」に至ったという事実は，たいへん重要である。見方を少し変えれば，この，日朝間の基本問題については，核やミサイル問題と“無関係に”“切り離して”取り扱うというわけではないが，それでもある意味でやや種類の異なる問題と見ることができるから，このような基本方針についてまで，北朝鮮との「合意」が白紙に戻ったと言う必要はない。少なくとも，日本側から言い出すべき問題ではない。そして，これまで，北朝鮮側もこのようなことを言ったことはない。

　そもそも日朝平壌宣言は，小泉首相とともに，北朝鮮の最高指導者，金正日総書記自身が署名している文書であり，国際法上の正式な「条約」ではないとしても，北朝鮮からしても最重要な政治的「合意」文書であるはずである。だから，あれから四半世紀が経ったとはいえ，日朝平壌宣言の重要な部分は今でも生きていて，今後

いつか再開される日朝国交正常化交渉においてはその土台を提供する重要な日朝間の「合意」と捉えられるものであり，またそのように考えるべきものである，と思う。

(2) 拉致・核・ミサイル問題

① 拉致問題

拉致問題とは，北朝鮮が，1970年代から1980年代にかけて，多くの日本人をその意思に反して北朝鮮に連れ去った事件のことを言う。行方不明者の案件に関する日本の当局の捜査や北朝鮮からの亡命者などの証言，そして何よりも拉致被害者の家族などの粘り強い訴えによって，北朝鮮による日本人の拉致という日本の主権および国民の生命と安全に関わる重大な問題がしだいに明らかにされ，日本政府は12件，17名を北朝鮮による拉致被害者と認定した。さらに，北朝鮮による拉致の可能性の調査の対象とされているいわゆる「特定失踪者」の問題もある。日本政府は1991年より後になってから，ようやく北朝鮮に対してこの拉致問題を提起してきたが，北朝鮮はこの問題の存在そのものを頑なに否定し続けた。それがやっと解決に向かって前進を見せたのが，2002年の小泉訪朝の時であったのである。

5名の帰国と調査再開　北朝鮮の金正日国防委員長は，2002年9月17日の平壌における小泉首相との会談において，初めて日本人拉致を認めて，謝罪，再発防止を約束した。それで署名されたのが，先に見た「日朝平壌宣言」，特にその③(ii)である。しかし，北朝鮮は，拉致された日本人のうち5名のみの生存を認めただけで，残りの拉致被害者は「死亡」または「入境せず」として，この5名の拉致被害者だけがこの後の10月15日に帰

国を果たしたにとどまった。

　そして，2004年5月22日，小泉首相は再度訪朝して金正日国防委員長との間で第2回日朝首脳会談を行う。そこで，2002年の第1回日朝首脳会談の結果帰国を果たしていた5名の拉致被害者の家族が日本に帰国することが合意され（一部の拉致被害者の家族については小泉首相とともに，残りの家族についてはその後の7月18日に帰国を果たす），また，安否不明の拉致被害者の人々については，北朝鮮は真相究明のために直ちに白紙の形で調査を再開することも合意された。

ピョンヤン，北朝鮮，第2回日朝首脳会談（2004年5月22日）。［外務省HP（https://www.mofa.go.jp/mofaj/a_o/na/kp/page1w_000082.html）］

　この合意に基づき，2004年8月および9月に北京で，11月には平壌で日朝実務者協議が行われたが，北朝鮮側の説明は決して納得できるようなものではなく進展を見ることはなかった。いや，それどころか，この過程で北朝鮮側から示された情報等にはたいへんな

疑問が残るものが多かった。中でも，拉致被害者の1人であり，北朝鮮が「死亡した」と主張した横田めぐみさんについて北朝鮮が示した「遺骨」とされた骨からは，めぐみさんのものとは異なるDNAが検出されたとの鑑定結果が得られるということもあった。だから，北朝鮮の対応はこれまでにも増して多大なる不信感を持たざるを得ないものとなった。このようなことは，拉致被害者の家族や関係者の心情を察するに，言葉に尽くせないものがある。

　その後も，日朝包括並行協議（2006年2月，北京），日朝国交正常化のための作業部会（いわゆる「6者会合」で設置が決まったもの。2007年3月，ハノイ，同年9月，ウランバートル）などが行われるが，北朝鮮は「拉致問題は解決済み」との立場を繰り返す。日本側は，これに粘り強く反論して種々やり取りを行ったが，様々な状況から実を結ばない。そして2012年11月15日−16日に，ウランバートルで日朝政府間協議が行われた。

　時あたかも日本国内ではその11月14日，国会で党首討論が野田首相と安倍自民党総裁の間で行われ野田首相が衆議院の解散，総選挙を表明，その結果その時の与党民主党は選挙で敗れ自民党の安倍政権が12月26日に返り咲いて再び政権交代をする時，であった。この時筆者は外務省のアジア大洋州局長として日本政府の代表であったが，政治指導者の指示を受けてとにかくなんとかしてこの状況を打開し事態の進展を図らなければならないと思っていた。それでこのウランバートルの協議では拉致問題について突っ込んだ交渉が行われ，さらなる検討のために協議を継続することとなって，その協議を同年12月5日−6日に開催することが決まった。しかしこれは，北朝鮮がその年12月1日にミサイル発射を予告したため，延期せざるを得なくなってしまったのである。その後の12月12日

にミサイルは実際に発射された。だから，ここでもまた事態の進展にはつながらなかった。

ウランバートル，モンゴル，日朝政府間協議（2012年11月15日−16日）左側中央が筆者，右側中央が北朝鮮の代表ソンイルホ大使。　　　［提供 朝日新聞社］

ストックホルム合意　このような経緯を受けて行われたのが，2014年5月26日−28日のストックホルムにおける日朝政府間協議である。そしてこの協議においては，のちに「ストックホルム合意」と言われる日朝間の合意が達成された。その概略は次のようなものであった。

　北朝鮮は，1945年前後に北朝鮮で死亡した日本人の遺骨および墓地，残留日本人，いわゆる日本人配偶者，拉致被害者および行方不明者を含む全ての日本人に関する調査を包括的かつ全面的に実施する，そのための特別調査委員会を立ち上げる，拉致問題については調査の結果を随時通報し生存者が発見される場合には帰国させる方向で協議し必要な措置をとる。

　日本側は，日朝平壌宣言に則って不幸な過去を清算し懸案事項を解決して国交正常化を実現する意図を改めて表明する，北朝鮮が特別調査委員会を立ち上げ調査を開始した時点で日本の対北朝鮮制裁措置の一部を解除する。こういった内容の合意であった。

　こう見てみると，はじめは遺骨問題から解きほぐし，全体の中で拉致被害者も含めて再調査をするとの約束を引き出したことがわかる。遺骨問題であるから，日本赤十字社も大いに関与していた。2回に及ぶ日朝首脳会談の後のひどい膠着状況の後のことであったから，この「ストックホルム合意」は現実的に考えられる問題解決への前進としては大いに評価されるものであったと思う。この時は筆者はすでにこの問題の担当を離れていたから筆者自身がこの合意自体に直接関与したわけではないが，それ以前のウランバートルでは直接担当していた。それもあって，これが少しでもきちんと実施されていれば状況はかなり今とは異なっていたのではないかと思っている。

進展しない拉致問題　しかし，歴史が明らかにしているとおり，その後の展開はそうはならなかった。2014年7月の日朝政府間協議（北京）や2014年10月の特別調査委員会との協議（平壌）などはあったものの，結局北朝鮮の核実験（2016年1月6日）や長距離弾道ミサイルの発射（2016年2月7日）などを受けて，日本が独自に対北朝鮮制裁措置の実施を発表したことから，北朝鮮はすべての日本人に対する包括的調査の全面中止と特別調査委員会の解体を一方的に宣言するに至った。もちろん日本はこれに厳重に抗議し，ストックホルム合意を破棄する考えはないこと，北朝鮮がこの合意に基づき一刻も早く拉致被害者を帰国させるべきことを強く要求した。日本政府はこの問題の解決のために様々な努

力をしてきているが，全体としてみれば，ストックホルム合意は実施されないまま。本書の執筆時点でこのストックホルム合意からすでに 10 年。第２回日朝首脳会談からは，20 年の日時が経っている。この間，拉致問題についての具体的で目に見える形での進展はないまま時が過ぎてしまっている。被害者もその家族も高齢となり，家族の中にはすでに亡くなられてしまった方もいる。時は我々の味方ではない。

　拉致問題について記述すれば，とうていこの程度のものでは足りない。いや，それだけで本が何冊も必要である。ただ，この日本外交の常識を学ぶ旅の中では，この問題の概略とそれが主権国家である日本にとっていかに本質的に重要な問題であるか，国家が国民の命を守れないのなら何のために政府があるのか，国家は何をしているのかということになる，ここではそのことだけ強調して，本書の旅を先に進めることにしたい。

　②　核開発問題

　北朝鮮の核開発は 1950 年代に遡りソ連の協力のもとに始まったと言われる。1974 年には国際原子力機関（IAEA）に加盟，1985 年には核拡散防止条約（NPT）の締約国にもなる。その上で，1986 年からは黒鉛炉，再処理施設の建設をするなど，核開発を本格化した。その北朝鮮の核開発には，パキスタンのカーン博士が深く関与したと言われている。NPT 体制の盲点である。

IAEA による査察　北朝鮮は，1992 年４月には IAEA から原子力活動に関する査察を受け入れる包括的保障措置協定を締結する。この時は，1991 年９月 18 日に韓国と北朝鮮が国連に同時加盟を果たした直後の時期。1992 年１月 20 日には南北間で朝鮮半島の非核化に関する共同宣言が署名されていた（２月 19

日発効）。ところが，これによる IAEA の査察がその年の５月に始まって北朝鮮の核疑惑が顕在化することになる。だから，1992 年は朝鮮半島にとって，南北対話に向かう大きな動きが見られた年であるとともに，その後 30 年以上にわたる朝鮮半島情勢にとって決定的に重要な核問題が大きな国際問題として表面に出た分水嶺となる年，である。

　すでに本書で見たとおり，この年は，米ソ冷戦が終了してイラクのクウェート侵略（1990 年８月２日）による「湾岸戦争」が起こった（1991 年１月 17 日－２月 28 日）直後の年。世界全体が，冷戦期から大きく転換している時，であった。筆者はこの頃在アメリカ日本大使館の一等書記官としてこの大きな転換に向き合っていて，この時代の流れが外交官としての経験の中で，いや，日本の在り方そのものについても大変大きな意味を持つことになったことを，今更ながらに強く思い出す。世界は動くときには一挙に動く，というのが実感である。

第 1 次核危機　　1992 年５月の IAEA による６度にわたる査察の結果，北朝鮮の申告との間に齟齬があることが露見した。これが，北朝鮮のいわゆる第 1 次核危機の始まりである。IAEA は 1993 年２月，理事会を開催して決議を採択（２月 25 日），１カ月以内の特別査察の受け入れを北朝鮮に対して要求したが，北朝鮮はこれを拒否。1993 年３月には北朝鮮は一方的に NPT からの脱退を表明する（12 日）。それを受けて IAEA は，４月１日に理事会決議によって北朝鮮による保障措置協定違反を認定，本件を国連安全保障理事会に報告することを決定した。そして国連安保理は５月 11 日，決議 825 を採択し，北朝鮮に対して NPT 上の義務の履行，IAEA 保障措置協定の遵守を要求した。

　本来はここで，NPT の条約としての仕組み，IAEA の権限と役割，国連安保理による国際の平和と安全の維持・確保についての国連憲章の規定の意味などについてきちんと解説しなければならないのであるが，この章ではその余裕はない。本書の冒頭で記したように，このようなことは書物を改めて記述することにしたい。筆者自身，核軍縮や気候変動を含んで国連システムについての実務に関与したし，安保理改革などの問題も担当した経験があるので，これらについて解説したいところであるが，それは別の機会に譲る。

　第1次核危機は，こうして国際社会の主要な問題に浮上した。そして 1993 年 6 月 11 日には，米朝高官級協議の結果の共同声明が発出される。1994 年 2 月には北朝鮮と IAEA との間で保障措置リストに改めて合意されたはずにもかかわらず，北朝鮮は再処理施設等への立ち入りを認めない。同 3 月 15 日には，それで，IAEA 査察官は北朝鮮を退去，IAEA 理事会は再び決議を採択して北朝鮮の保障措置協定違反を確認して安保理に報告することを決定，安保理は 3 月 31 日「議長声明」を発出，北朝鮮に対して IAEA の査察活動を認めることを促した。にもかかわらず，5 月 4 日，北朝鮮は使用済み燃料棒の取り出しを開始，20 日には IAEA は改めて安保理に対してこれを「深刻な保障措置協定違反」と報告したので，30 日，安保理は再び議長声明を発出，北朝鮮に対して IAEA の保障措置に従うように要求した。北朝鮮は，これらの重ねての要求に応じない。同年 6 月 13 日には，IAEA からの正式脱退を表明するに至った。ここにきて国連安保理では，対北朝鮮の経済制裁（国連憲章の第 7 章に基づく非軍事的強制行動）に向けての議論が活発になった。北朝鮮の核問題は国際的に大きな問題になっていたとはいえ，この段階では，国連の強制行動を意味する安保理決議が採択されるまで

には至っていなかったのである。

合意された枠組み そこで，ジミー・カーター元米国大統領が訪朝（1994年6月15−18日），金日成国家主席との会談で，北朝鮮の核開発凍結とIAEAの査察受け入れなどに合意。この時の第1次核危機を収束に向かわせる転機を作った。しかるにそのすぐ後の1994年7月8日，金日成国家主席が死亡する。それでも，米朝はこの危機を回避するための協議を続けた。特に1994年9月23日から10月21日まで，アメリカのロバート・ガールーチ米朝交渉首席代表と北朝鮮の姜錫柱（カンソクジュ）第一外務次官との間でジュネーヴにおいて交渉が行われて，米朝間の「合意された枠組み（Agreed Framework）」が成立した（1994年10月21日）。これは，アメリカにおいては上院の承認を必要とする「条約」でも行政府が締結する正式の国際約束でもない，「政治的な合意」であったが，米朝間の"約束事"として大変重要なものであった。そのポイントは，次のようなものである。

① 北朝鮮が独自に建設した黒鉛減速炉（核兵器の原料となるプルトニウムの生産が容易な原子炉）の活動を凍結し，最終的にはこれを解体する。この凍結期間中，北朝鮮はIAEAにこれを監視させる。

②(ⅰ) そのかわりに米国は，1000MWの軽水炉（プルトニウム生産が比較的困難で，国際監視に服させやすい原子炉）2基を提供する準備をする。これは「国際コンソーシアム」（のちの1995年3月9日に日米韓3カ国の協定によって設立される"朝鮮半島エネルギー機構（KEDO）"がこの役割を負うことになる）を通じて行われる。

(ⅱ) また，第1基目の軽水炉完成までの間，黒鉛減速炉の凍結

221

　　　　により失われるエネルギーの代替として，米国は年間重油
　　　　50万トンを北朝鮮に供与する。
③　米朝両国は，政治的，経済的関係の完全な正常化に向けて行
　　動する。
④(i)　米国は北朝鮮に対し，米国による核兵器の脅威とその使用
　　　　がないよう公式の保証を与える。
　(ii)　北朝鮮は，朝鮮半島非核化に関する南北共同宣言の履行に
　　　　向けた取り組みを一貫して行う。
⑤　北朝鮮はNPT加盟国としてとどまり，保障措置協定の履行
　　を認める。

　上述のとおり，この「合意された枠組み」を実施するために，ア
メリカ，日本および韓国によって設立された国際機関が"KEDO"
であった。ニューヨークで作成され，1995年3月9日に署名，発
効する。我が国と韓国はKEDOと協定を結び，日本については国
際協力銀行を通じて軽水炉プロジェクト実施のための資金供与をす
ることになった（平成11年条約第7号）。

　こうして，第1次核危機は一応収束することになった。ただ，こ
の時からそうであるが，今から見れば，アメリカは金日成国家主席
が死亡して北朝鮮がそう遠くない将来に混乱，崩壊することもある
との考えのもとに，重油供与と軽水炉建設によって北朝鮮の核開発
をしばらく止めることに重点を置いていた，と見ることもできるか
もしれない。逆にいえば，北朝鮮はその後金正日体制に移行して，
引き続き核開発を諦めることがない姿勢をとったわけであるから，
北朝鮮も単なる時間稼ぎだったと見ることもできるかもしれない。

　わからない。ただ，この「合意された枠組み」は長続きしなかっ
たこと，しかしこれによってしばらくの間は北朝鮮の核問題は，少

なくとも表向きには静かになったことは，事実である。

核危機が再燃　　核危機が再燃するのは，2002年10月3日，アメリカの大統領特使であるジム・ケリー国務次官補が訪朝した時である。互いに直接の関係はないが，これはちょうど日本の小泉首相が訪朝した2002年9月17日の直後のことであった。ケリー訪朝は，2001年9月11日のアメリカにおける同時多発テロの後，2002年の1月の第43代アメリカ大統領ジョージ・W・ブッシュの一般教書演説で，北朝鮮をイラン，イラクと並び「悪の枢軸」と呼んで非難したことに対して北朝鮮が強く反発する中で行われた。この時北朝鮮はケリー特使に対し，プルトニウムだけではなくてウラン濃縮計画もあることなどを示唆したという。ケリー特使は平壌の帰りに北京に行き中国に訪朝の結果をブリーフ，続いてソウルによって韓国政府，続いて東京で日本政府にブリーフした。この時筆者はソウルの日本大使館勤務であったので，当時の韓国政府関係者と緊密な連絡をとっていたが，特に情報収集において外交部のシムユンジョ北米局長にたいへん助けられたことは，外交官として生涯忘れることのできない大きな思い出になっている。

　いずれにせよ，北朝鮮のウラン濃縮計画を明るみに出させたケリー訪朝が，第2次核危機の始まりとなった。すなわち，2002年11月14日にはKEDOは北朝鮮に対する重油の供給を停止，これに対し北朝鮮は同年12月12日に黒鉛減速路の再稼働を発表，27日にはIAEA査察官の国外退去を通告，2003年1月10日にはNPTからの脱退の意図を表明した。これを受けてIAEAは2003年2月12日に理事会決議を採択して本件を再び国連安保理に報告することを決定，安保理はIAEAから付託を受けたことを発表した（2月19日）。こうして「合意された枠組み」は，実質的に崩壊

していった。

　このような中で，2003 年 4 月 23 日 - 25 日に米中朝の 3 者協議が行われたのに続いて，同年 8 月 27 日 - 29 日には，北京の釣魚台迎賓館で日米韓中露朝による第 1 回 6 者会合が開催されることになった。議長は中国の王毅外交部副部長，日本は藪中三十二外務省アジア大洋州局長，アメリカはジム・ケリー国務次官補，ロシアはアレクサンドル・ロシュコフ外務次官，韓国はイスヒョク外交通商部次官補，そして北朝鮮はキムヨンイル外務次官が代表であった。筆者はこの時日本代表団の一員として参加したが，大きな会議場に六角形の各国代表団席が設けられて，そのすみには 2 者間会談ができる間仕切りの場所も用意された。また，この時の北朝鮮の同時通訳のブースに入ったのが，現在の北朝鮮のチェソンヒ外務大臣であったことは，筆者の記憶の中でまだ新しい。

　北朝鮮の核開発問題は，国際的な NPT 体制への重大な挑戦であり東アジアだけの問題ではない。拉致問題が深刻な人権侵害，主権侵害の問題として，日朝 2 者間の問題だけでなく国際社会全体にとっての重要な問題であるのと同様である。ただ，北朝鮮を巡る問題の核心にいるのは，朝鮮半島の当事者である韓国と北朝鮮，それにアメリカ，中国，そして日本，更には極東にも位置するロシアの 6 者であることは異議が無かろう。だから，このように関係の深い 6 者が一堂に会し問題を話し合う場が設けられたことの意義は決して小さくない。これを主催することにした中国の外交努力には，率直に敬意を表すべきものがあると思う。会議場のセットアップなどについての配慮も，なかなかのものであった。外交においては，食事を共にすることも含めて，こういう"セットアップ"の努力もたいへん重要である。

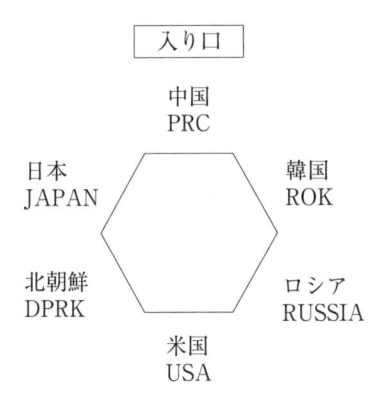

釣魚台，北京，第1回6者会合（2003年8月27日－29日）。

　6者会合はこの後，第2回（2004年2月25日－28日），第3回（2004年6月23日－26日），第4回（2005年7月26日－8月7日，および同年9月13日－19日）と開催される。各国代表も第4回から，議長国中国は武大偉外交部副部長，日本は佐々江賢一郎外務省アジア大洋州局長，アメリカはクリス・ヒル国務次官補，韓国はソンミンスン外交通商部次官補，さらにはチョンヨンウ韓半島平和本部長，ロシアはアレクサンドル・アレクセーエフ外務次官，そして北朝鮮はキムゲグァン外務次官に変わっていく。そしてこの第4回が終了するときには，6者会合で初めて共同声明が発表された（2005年9月19日）。この時は，朝鮮半島の非核化，特に北朝鮮の「完全，検証可能なかつ不可逆的な非核化（Complete, Verifiable and Irreversible Denuclearization, "CVID"）」が"キャッチフレーズ"のようになっていたと思う。第4回6者会合で合意されたことも，これに沿ったものであった。つまり，北朝鮮は全ての核兵器及び既存の核計画の検証可能な放棄をすること，およびそのためにIAEAの保障措置

に復帰することを約束した。これに対しアメリカは，朝鮮半島において核兵器を有しないこと，北朝鮮に対して核および通常兵器による攻撃または侵略を行う意図を有しないことを表明した。この共同声明では，エネルギー支援などに協力することや，日朝，米朝の国交正常化についても明記して，6者は「約束対約束，行動対行動」の原則に従い，この合意を段階的に実施していくことの合意を達成したのである。

重ねられた6者会合のプロセス

しかし，である。この第4回6者会合と並行して，2005年9月15日，アメリカ財務省はマカオのバンコ・デルタ・アジアを「マネーロンダリング」の主要懸念先金融機関に指定。9月28日にはマカオ政府が約2400万ドルの北朝鮮関連口座を凍結した。それでも，第5回6者会合は2005年11月9日－11日開催され，第4回6者会合の「共同声明」の実施方法につきさらなる議論が行われている。しかし，2006年7月5日，北朝鮮は日本海に向けて7発の弾道ミサイルを発射，同年7月15日には安保理は決議1695を採択してこれを非難した。6者会合第5回の第2フェーズはこの後の2006年12月18日から22日まで，第3フェーズは2007年2月8日から13日まで，引き続き北京の釣魚台で開かれて，2007年2月13日には共同文書を採択したしその後の関係者による継続的努力はあったが，具体的進展はなかった。それで，6者会合の第6回会合が2007年3月19日から21日まで北京で開かれて，同22日，6者会合はその継続に合意もできずに終了する。だから，せっかくそれまでに共同声明やらでの「合意」が達成されたにもかかわらず，この6者会合のプロセスは，結局のところ成果が具体化されないまま終わってしまったのである。ちなみに，KEDOによる軽水炉事業の終了の正

式決定が行われたのが，2005年5月31日のことであった。

　理論的には今でもこの6者のプロセスを再度立ち上げることはできるかもしれない。いや，そのような発想は持つべきものだ，と。しかし，現実には一度勢いを失ったものを取り戻そうとしてもできない。関係国の誰もそんなことは考えていない。だから，「6者会合体制」は終わった，のである。しかし，そうだろうか。北朝鮮問題を考える時，関係の6者が協議する枠組みに重要性は失われていない。もう一度考えるべきことがある，のではなかろうか。日本外交の「常識」を学ぶ旅，である。

　ざっと見た。北朝鮮問題は，かくして国際社会の重要な問題となり，東アジアの主要国が皆集まる会合が行われてきたが，結局そのような外交努力は具体的結論と行動を示すことができないまま終わってしまった。2007年3月のことである。本書執筆時点からは，17年前の出来事，読者はこの旅をして，どう思われるだろうか。

③　ミサイル問題

　北朝鮮の核開発問題を論じるときには，同時にミサイル開発についても触れないわけにはいかない。核とミサイルはある意味でコインの裏表の問題である。北朝鮮については，核開発問題が先に来た。しかし，それに伴ってミサイル問題が起こってくるのはある意味で必然であった。ちなみに，イランの同種の問題では，まずミサイル開発が取り上げられて，それから核開発問題に焦点が当てられていく。イラクに関する問題の場合には，これらが並行して問題にされてきたということが言えるかもしれない。

　北朝鮮の核開発をめぐっては，90年代前半から発生した第1次核危機，2000年代前半の第2次核危機のあと，北朝鮮は2006年10

月9日に初めて核実験を行った。以来，2009年5月25日，2013年2月12日，2016年1月6日，2016年9月9日，2017年9月3日と度重ねて核実験を行っている。

弾道ミサイルによる挑戦 一方，ミサイルについては，北朝鮮はこの前からもミサイル開発を行っていたと言われるが，日本でミサイル問題が大きく注目されたのは1998年8月31日のテポドン1号が日本列島上空を越えて飛来した時であったと思う。そして，これが国際社会で大きな問題として取り上げられたのが，2006年7月5日未明から夕方にかけてのスカッド，ノドン，テポドン2号の弾道ミサイル合計7発の日本海に向けた発射であった。これらは射程距離の長さに違いはあるが，弾道ミサイルである。弾道ミサイル（ballistic missile）とは，ロケットエンジンにより発射されたあと放物線を描いて飛翔して目標地点に弾道を誘導するもの。これに対して，巡航ミサイル（cruise missile）とは，飛行機のように翼と推進力を持ち自律飛行して目標を攻撃するミサイルをいう。北朝鮮でもっぱら問題にされているのは，弾道ミサイルである。

北朝鮮の弾道ミサイル発射は，特に近年ではその回数を数えるのも困難なほど頻繁になった。しかし，20年近く前はそうでもなかった。2006年7月5日に弾道ミサイルが7発発射された時は，だから国際社会が強く反応した。発射後はやくも7月15日，国連安保理は決議1695を採択，安保理は「国際の平和と安全の維持についての特別な責任のもとに行動して」，7月5日の複数の弾道ミサイル発射を非難し，「北朝鮮に対してすべての弾道ミサイル計画に関連するすべての活動を停止することとミサイル発射のモラトリアムを再確認すること」を要求した。北朝鮮の核・ミサイル問題で安保

理の正式の決議が採択されたのは，1993 年 5 月 11 日の決議 825 以来ではこれが初めてであるだけでなく，この決議は国連加盟国を国際法上拘束するものである点においてきわめて意義のあるものであった。当時の麻生太郎外相の強い指導力によるものであったとされている。

　この決議 1695 は実際に大きな転換の始まりであった。この直後，北朝鮮は 2006 年 10 月 9 日に初めての核実験を行うが，決議 1695 がすでにでき上がっていたこともあって，それからさほど日をおかずに 10 月 14 日，この核実験を非難し北朝鮮に対する経済制裁を決定する決議 1718 が採択された。安保理は「国連憲章第 7 章のもとで行動し，憲章第 41 条の下の（経済制裁という行動の）措置をとる」と明記したのである。この決議以来，北朝鮮は安保理決議によって，いかなる核実験も，いかなる弾道ミサイルの発射も禁止されることになった。

ニューヨーク，国連本部の安保理会場。左奥の議長席のまわりに議長国を入れた全 15 の理事国代表が馬蹄形に並ぶ。

［ロイター/アフロ］

　核実験や弾道ミサイル発射のたびに安保理はこのような制裁決議を何度も重ね，禁止の対象が「弾道ミサイルの発射」から「弾道ミサイル技術を用いた発射」に拡大され，北朝鮮が人工衛星の打ち上げと主張しても安保理決議違反となる形となった。また，経済制裁は，初めは核関連物資や「贅沢品」の禁輸，船舶検査の実施であったものが，現在ではおよそすべての禁輸措置まで拡大されている（決議1874，1985，2087，2094，そして2016年3月2日の2270など）。最後の決議は2017年11月29日の弾道ミサイル発射について制裁措置を強化した決議2397（12月22日採択）であるが，これによって北朝鮮は全輸入の大半を禁止されたことになった（約30億ドル近くの貿易のうち25–26億ドルは禁止の対象になったと言われている）。つまり，国際社会はこの2017年12月22日の安保理決議2397によって，安保理決議による経済制裁という強制行動としては，軍事的強制行動以外での制裁はほぼなし得る制裁は行っている形になったのである。

(3)　北朝鮮をめぐる諸問題と今日的課題

　北朝鮮はその始まりから「地上の楽園」どころか政治的圧迫と経済的停滞の繰り返しであったと言ってよい。1972年に朝鮮半島の南北の経済力が逆転，少なくとも1991年に南北が国連に同時加盟したあとからは，拉致，核，ミサイル問題など国際社会において問題ばかりを起こしてきた。人口わずか2500万人，1人当たりGDPは大体1300ドル程度と韓国の30分の1程度にしか過ぎない小さな存在。それが国際社会のなかでこれほど注目されてきたのは，外交力があるからでは全くない。ある時ロシア外務省の高官が北朝鮮を担当する部下に向かって，「君の担当している北朝鮮というところ

は狂っている」と囁いたと伝えられているが，拉致問題といい，核・ミサイル問題といい，またおそらくその内政の経済運営といい，問題だらけである。それでも，北朝鮮は崩壊してきていない。2011年12月17日に2代目の金正日指導者が死亡して同年12月30日にその三男金正恩が朝鮮人民軍の最高司令官に就任して3代目として世襲した後も，崩壊するどころか最近では安保理決議違反のミサイル発射を繰り返して東アジア，いや国際社会全体にとっての脅威になっているし，問題は一層深刻にこそなれ解決には全く向かっていない。おそらく国内の情勢はひどいのであろう。それでも「恐怖政治」によるものかどうか，この体制は崩壊はしていない。そう長くはないと言われるが，続いてきた。不思議である。

　前項で見た2017年12月22日の安保理の包括的経済制裁決議採択後，貿易の大半が止められていてミサイル発射などの資金源が絶たれているはずの後もミサイル発射を繰り返し，今や核弾頭も小型化に成功し，大陸間弾道弾の開発も相当程度進んでいると言われるまでになっている。どこにその資金源があるのだろうか。2017年以降，貿易の大部分が止められているはずの中で，北朝鮮は累積で23億ドル以上のサイバーによる資金の奪取に成功していて，その3割の約7億ドルは日本からの仮想通貨，暗号資産による奪取と分析されているから，今でもミサイル発射の資金は得ているのかもしれない。これでは国連安保理による経済制裁の有効性は，大いに疑われなければならないことになろう。経済制裁に何か抜け穴があるとすれば，きちんと見直さねばならないであろう。そして拉致問題は，アメリカ議会による"スネドン決議"などはあっても，その本質においてはこの10年以上，何ら進展を見せていないのである。

　こんなおかしなことが長く続くはずはないと言っても，現実には

続いている。考えてみれば，北朝鮮がその「建国」以来75年余り
の時間が経って，ほとんど外部世界から遮断された北朝鮮で生きて
いる人の大部分が外部のことを全く知らないままに北朝鮮だけで生
きてきているのである。だから，普通に見てこんなにおかしいと
言っても，内部だけにいればこういうものとしか思わないのかもし
れない。「建国」時に生まれた人は，今75歳になっているのだから。
そしていかに食糧難が来ても，それなりの社会の秩序ができ生活が
続いているのかもしれない。そのような北朝鮮問題は，どうしたら
良いのだろうか。

　我々がいかに我々の「常識」でこんなことはおかしいと言っても，
中にいる人たちがそれでいいというなら何をか言わんやである。でも，それは内部だけでそうしているなら仕方がないというだけで
あって，外部の人を拉致して返さなかったり，外部に向かってミサ
イルを発射して地域の安全を脅かしたり国際的な約束を破って核兵
器を開発したりというのでは，これはダメである。そのようなこと
を放っておくわけにはいかない。いくら相手の立場にも立ってと
言っても，このようなことは断固許してはおけない。しかし同時に，
すべての問題は武力を行使せずに解決すべきだというのであるから，
抑止力をいっそう整備するとともに，外交上のあらゆる手を使って
努力して問題解決を図る以外に方法はない。外交交渉であるから，
相手がそれに乗ってこなければどうしようもない。それでも，どう
しようもないでは済まされない。

　冷戦期に北方ソ連軍は日本に対する「脅威」，いまのロシアはイ
ンド・太平洋においては「安全保障上の強い懸念」，中国は「これ
までにない最大の戦略的な挑戦」というのに対して，北朝鮮は我が
国にとって「従前よりも一層重大かつ差し迫った脅威」である。拉

致問題も解決せず，核・ミサイルによって日本の安全は直接に脅かされている。それも，日を追って状況は悪くなっている。だからどうしたら良いのであろうか，ということになる。

筆者自身もこの問題の直接の担当であったことがあった。にもかかわらず，拉致問題にしても，核・ミサイル問題にしても，その解決に向けた道筋をつけるには程遠い状況になってしまった。いくら外交努力をしても，相手が応じない。しかし，力が及ばなかったことについて，反省しかない気持ちである。

韓国との関係を発展させることが日本外交の第一歩というなら，北朝鮮問題を何とかするのも最重要課題ということになる。朝鮮半島情勢を，どう取り扱うべきか。少し中・長期の歴史的視座に立ってこれを見つめ直した時，どのような方策が浮かぶであろうか。日本外交の常識を学ぶ旅における，大きな課題であるような気がする。読者は，どう考えるだろうか。

外交小話5　第4章のあとの体験談＝恐るべきはインド？　英印関係はどうなっているのだろう。そして，食事の重要性。

第4章は日韓関係と北朝鮮について学んだ。やはり，朝鮮半島を植民地にした歴史が，今でも大きな影を落としている。日韓間のやりとりの根底にはこの問題がずっとあるのが現実である。だから，「被害者がいいというまで，加害者は謝り続けるべきだ」という点が問題となる。足を踏んだ者はそのことをすぐに忘れるが，踏まれて痛みを与えられたものはずっと忘れない，のだから。確かにそうかもしれない。でも，いつまでこれを引きずらなければいけないのか，という議論もあろう。筆者自身，このような本質的な論点については，まじめに考えてきた。本文で書いたとおりである。そのよ

うな文脈で，筆者が少しびっくりするような会話をしたことがある。インドのニューデリーでのことであった。第4章のあとの外交小話は，だから韓国ではなく，インドのニューデリーでの話である。

　確か，安倍首相がインドを訪問した時であった。相手は今のモディ首相ではなく，その前のシン首相であった。公式訪問であったからシン首相主催の晩餐会が行われた。筆者も代表団の一員としてこの晩餐会に招かれて出席した。イングランドにおける正式晩餐会と同じ，1つの長いテーブルの真ん中に主催者のシン首相，その正面に主賓の安倍首相。あとは儀典のしきたり（プロトコールオーダー）に従って順番にずらっと並んだ大晩餐会。インドと言えばイギリス東インド会社設立が1612年，その会社による実質的統治が1757年に始まり，1858年にはイギリス領インド帝国が確立する。インド・パキスタンの分離独立の1947年までこれが続くから，いわばイギリスの植民地支配を300年にわたって受けたところ。この歴史は簡単には語れないものに違いない。それでも，バッキンガム宮殿とは言わないが，この大晩餐会のセットアップの仕方はきわめてイングリッシュ方式である。インドはイギリスのことが嫌ではなかったのか。行った途端にそう思った。

　筆者はその凄く長いテーブルの隅の方に案内された。すると隣が元外務大臣。いや第1外務次官だったかもしれない。詳しいことは覚えていない。でも，その時のインドの高官とかわした会話は鮮明に覚えている。

　話し込むうちに，その高官が言う，「インド人はもう300年にわたりイギリス人にそれはそれは酷いことをされた。植民地支配とはそういうものだと言えばそれまでかもしれないが，何百万人という虐殺を何回も経験した。ほんとうにけしからんことだ。けしからんことで，だから長きにわたり支配されたことは決して忘れはしない。それに，そもそもイギリスはそのような酷い過去について，まともに謝ったことすらない。でも，我々インド人は，そんなことを今さら言っても過去が戻るわけでもないし，歴史は歴史として未来に向かって発展するほうがよほど良い，と思っている。あなたの地域で

韓国と中国は何であんなに何回も謝れと言うのか？」，と。とっさに，「それは我々が言っていることではないので，彼らに言って欲しい」と言うと，その高官，「それはそうだ。どちらが酷かったなどと単純な比較をするつもりはないが，我々は本当に酷い目にあった。日本がもっとしっかり主張しないから，いつまでも言われているとは思わないか？」と続けた。そこで筆者からは，「そこまで胸のすくことを言っていただき誠に有り難く思う」とだけ応じて，話が変わった。

　この会話の後で，20世紀のイギリスの文豪，E.M.フォースターの大作"インドへの道"の一節を思い出した。インド独立の闘士2人が，インドの最大の問題はこれほど酷い植民地支配にあったにもかかわらず，インド人がイギリスを大好きだというところにある，との砂利道での会話の部分である。

　細部の事実関係は正確ではなかろう。既に述べたように英印関係は奥が深いから，きちんと研究する必要がある。ただ，ここで言いたいことは，その細部の正確な記述ではない。さらに言えば，どうも我々は細かいことを気にしすぎて物事の大きな本質を見失うきらいがある。だからここではあえて正確な事実関係を振り返ることはしない。インドの高官が述べたことの本質だけを，取り上げたかったのである。ほんとうだろうか。筆者にもまだ答えはない。

　因みに，イギリス式の大晩餐会の様子に触れた。ここではこれ以上詳しく述べないが，以上のインドの高官との話が食事の時のことだったのは，偶然ではない。外交における，いや，そもそも人間関係における食事の重要性がよくわかる一コマであろう。ここではそのことだけ強調しておきたい。おいしい食事を一緒にとると，心がなごみ会話がはずんで，時としては難しいことも解決できるのかもしれないからである。

中東と日本

　日本外交の常識を学ぶ旅。ずいぶんと長くなった。そろそろお疲れのことと思う。これまで，戦後日本外交の基礎を作ったサンフランシスコ平和条約体制の構築を見る序章から，第1章アメリカ，第2章ソ連とロシア，第3章中国と台湾，そして第4章韓国と北朝鮮と，日本を取り巻く主要国，地域との外交関係の「常識」を学んできた。その中で，筆者が経験したことも若干であるが織り交ぜてきた。本書の冒頭「はじめに」で述べたように，これまで取り上げてきた話題以外にも，国際連合をはじめとする国際機関や多数国間外交と日本，例えば国連安保理改革や気候変動交渉など，そして日本の経済外交，世界貿易機関（WTO）とか2国間の貿易交渉といった話題，さらに地域ではASEAN，インド，南米やアフリカなどとの重要な関係もある。筆者自身の経験もある。しかし，旅がずいぶん長くなったこと，本書1冊で取り上げる分量にも制約があることなどから，これらについては別の機会に譲ることにしたい。

　しかし，本書の旅を終える前に，1つだけ章を改めて触れておきたいことがある。それは，中東である。ここで最終章として，日本と中東の外交関係の"スケッチ"を試みることにしたい。

　2023年10月7日にガザをめぐる「戦争」が勃発したが，本書執筆時点ではその収束の行方も全く不透明な状況の下である。このような状況下で，中東について何も触れないとすれば，そのこと自体

が日本外交がいかにも自身の周辺のことにしか関心がない「辺境の地」の外交であることを示すことになろう。日本外交は，世界のど真ん中で繰り広げられているということを示す意味でも，これにあえて触れることにする。そしてこの旅はこれでいよいよ終わりへとむかう。

1 中東とは，どこか？　何か？

アラブ連盟は 22 カ国の大世帯　そうは言っても，アメリカはともかく，韓国や中国，いやロシアに比べても中東は日本にとって馴染みは薄い。だいたい，地図でどこが中東かもよくわからない。何がアラブかといえば別の世界。中東の中心はエジプトのカイロで，ピラミッドとスフィンクスを思い出すが，それは近・現代の中東ではない。一度は聞いたことのある「千夜一夜物語（アラビアンナイト）」は確かにイスラム世界の話であるが，これはササーン朝ペルシャの話で基本的にアラブの話ではない。すると，そもそも中東とは，どこか，何か？

　実はこのことはそれほど自明ではない。日本からみて地理的に近くないし歴史的な馴染みが薄いというだけではない。そもそもがあまりピンとこないのである。実は，主要国の外交当局でも「中東」をどこにするかは同じではない。日本の外務省の場合には，東はアフガニスタン，西はモロッコ，北はトルコまでの 21 カ国・地域（パレスチナ）を「中東地域」としている。このうちアラビア語を国内で主として用いる諸国等が「アラブ」であるが，この 21 の中東諸国・地域の中で，アフガニスタン（パシュトー，ダリー語等），イラン（ペルシャ語），トルコ（トルコ語）およびイスラエル（ヘブライ語）の 4 カ国は「アラブ」ではない。だから日本の外務省でいう

「中東地域」のうち「アラブ」は17カ国・地域である。しかしこれ以外にも「アラブ」は存在する。東アフリカのソマリア，ジブチ，西アフリカのモーリタニア，インド洋のコモロ，そしてパレスチナ（日本などは独立国家としては認めていない），この5つである。国際機関である「アラブ連盟」の加盟国は，「中東地域」のアラブ諸国17にこの5を加えた22である。米国の国務省ではアフガニスタンはその他の「スタン」国と同じにグループされていて，「中東局」ではない。だから，そもそも中東と言っても簡単ではないのは，何も日本にとっての馴染みが薄いからということだけからくるものではないのである。

「中東」諸国の地図。しかし，「中東」とはどこかは，この地図に示される通りではない。〔公安調査庁 HP（https://www.moj.go.jp/psia/ITH/area/ME_N-africa/index.html）〕

イスラムの対立　しかし，ここで大きな要素は，中東，アラブの共通項がイスラム教であるということ。ユダヤ教（旧約聖書），キリスト教（新約聖書）の信徒はイスラム教徒から見れば同じ「啓典の民」である。だから，イスラムから見れば，イ

エス・キリストは何人もいる「預言者」のうちの1人になる。現在の中東紛争といえばアラブ・パレスチナ（イスラム）とイスラエル（ユダヤ）の争いであるが，長い歴史の観点から見れば，十字軍に表されるようにイスラム教徒とキリスト教徒の争いであった。キリスト教徒は，1000年に及ぶ長い歴史の中で「異教徒」なのであるから，これが中東紛争のもとにあった。そして，イスラムの中でもその主流，9割以上の多数派はスンニー派であるが，これに対してイスラムの開宗者であるムハンマドの後継問題を争点に多数派と異なる見解を展開して始まったのが，シーア派である。シーア派は当時のペルシャのテヘランに行った。7世紀以来の対立であるが，現在ではシーア派のイランとスンニー派のアラブ諸国の対立がある。だから，イスラムに関わる対立は，①キリスト教社会との対立に，②アラブとイランの対立，そして③現代社会のイスラエルとパレスチナの「中東紛争」の3つの観点から捉えられる，と言ってよい。

西欧の視点から見た「中東」　そもそも「中東」とは，オスマン・トルコ帝国（1299年に成立，1520年－1566年のスレイマン大帝の最盛期を経て1922年のケマル・アタチュルクの革命で消滅する）が崩壊した後，イギリスから見て近いところが「近東（Near East）」，遥か遠くが日本を含む「極東（Far East）」，その間が「中東（Middle East）」として呼称が始まったものであった。それが第2次大戦後に「中東」として定着して，上記のような意味に捉えられることになっていった。今さらとやかく言っても詮ないことであるが，こう見ると元々捉え方が，英仏などの西欧の視点から捉えられてきたものであることがわかる。言葉の使い方が，ユーロセントリック（欧州中心的）なのである。オスマン・トルコ帝国の前のセルジュク・トルコ帝国から数えれば，11世紀から20世紀

初めまで 800 年以上がトルコ帝国の覇権時代。その前のペルシャの覇権時代の 1000 年くらいまで遡れば，「中東」などという呼び方自体がナンセンスなのかもしれない。とはいえ現代国際社会では一般的用語法に従った方が便利であるため，本書では「中東」で通す。イギリスの影響力は，だから大したものだと思う。

　ちなみに，こうして本書が扱っている現代の外交を超えてそもそもの長い歴史の流れから見れば，「中東」という地域は，先史の古代文明時代と欧米による分断の現代史を別にすれば，ペルシャが 1000 年，ついでイスラム教のアラブが 500 年，さらにはその後やはりイスラムになったトルコが 800 年支配した地域，ということになる。そのいずれもがそれぞれの時代の「世界帝国」を建設している。ペルシャ帝国の大昔まで遡らなくても，アラブによるイスラム帝国がギリシャ・ローマの文化・科学を継承して発展させ世界に伝えるという役割を担ったとの点で，また，イスラム教を中心とする大きな文化を開花させたとの点で，特筆に値するといってよい。

　そしてその後のオスマン・トルコ帝国は，文字どおり「世界帝国」であって，その最盛期の大帝は，当時の欧州，例えばローマのポウプ（the Pope，ローマ法王）などよりも，自分たちは先進地域だという意識があった。実際のところも，オスマン・トルコ帝国の力は中世ヨーロッパよりもはるかに大きかった。1453 年のオスマン・トルコ帝国によるコンスタンティノープル（今のイスタンブール）陥落はこの象徴である。

　歴史の皮肉かもしれないが，ヨーロッパはこれによってアジア地域との交易の機会が制限されたので新たな貿易航路の発見を余儀なくされる。1492 年のコロンブスによるアメリカ大陸への航海，1498 年のヴァスコ・ダ・ガマによるアフリカ経由のインド航路の

開拓である。オスマン・トルコ帝国によって締め出されてしまった欧州の人々が，違う世界を求めざるを得なくなって，外の海に向かった。これによって欧州は力を得る。だから，イタリアルネッサンスやキリスト教社会における宗教改革はあるが，この「大航海時代」への移行こそ，欧州と中東の力関係における「歴史の逆転」をもたらした最大の要因であったと見られる。

逆に言えば，世界の中心であり最も先進地域であった「中東」は，自らが最盛期を実現したことによって大航海時代の流れに乗り遅れ，その500年後には欧州の植民地支配に屈してしまうまでになる。考えてみれば，時期は少し違うし場所も北アフリカのテュニスであるが，14世紀の歴史家イブン・ハルドゥーンの『歴史序説』に代表される人類全体の古典もある。我々は，もう少しこのような大きな「歴史の見方」を持つべきではなかろうか。これらに対する理解の不足も，我々の「教養」のバランスを狂わせているものではないかと思う。

歴史の中の「中東」とその捉え方

筆者は本書で日本外交の常識を学ぶ旅に読者を誘っている。その最終章になって，大袈裟な歴史論を始めるつもりはない。しかし，外交について学ぶときに，大局的視点で歴史についての見方を持つことはきわめて重要だと思う。日米同盟が日本外交の基軸だという認識を持つときにも，対露政策，いや，対中政策，朝鮮半島との関係を考えるときにも，日本が置かれてきた世界における立ち位置，特に明治期の近代化の際の日本の「欧化政策」と「アジアの一員」という基本的意識との関係など，本質的問題意識について常に考えていることが不可欠である。

明治期の日本の知識人たちは，いや，それ以降の日本の多くの知

識人たちは，皆この本質的問題について悩んできたのではないか。筆者も自らの外交官生活の中で，欧米やアジア，さらにはアフリカなど世界の各地の人たちと交流し交渉を行う中で，このことはずっと悩み，考えてきた。簡単にすぐ答えが得られる問題ではないが，「中東」と日本の関係を考えるときに，あえてこのような長期の歴史から見る視点を紹介したのも，そのような基本的問題意識があるからである。中東の人たちと話していくと，このような日本の「歴史意識」について話すと彼らの共感を得られることが多いという点もある。同じ悩みを持っているのかもしれない。

　そう言えば，この関連で１つ触れたいことがある。受験勉強のような丸暗記は苦手でも歴史に対する興味は人並み以上に持っていて，登場する人物像とかその時の時代の流れとかを追いかけるのはとてつもなく楽しいと思っていた。その中で，我々の受けてきた歴史教育や街で手に入る歴史の書物というものは，歴史といえば日本に特化した「日本史」ものか，そうでなければ欧州を中心とする「西洋史」かまたは中国の「王朝」を中心とする「東洋史」ものかの，いずれかであったような気がする。どの国でも自らの国についての「国史」は大切である。だから「日本史」は当然である。そこで「世界史」に目を転じると，「西洋史」と「東洋史」の２つの中で登場する「中東史」は，極端なことを言えば，ギリシャ・ローマにはじまる「西洋史」の前段か，そうでなければ，中国の王朝の歴史を描く「東洋史」の周辺的事実として描かれるものかの，どちらかでしかない。「中東」の歴史は，欧州中心の「西洋史」や中国中心の「東洋史」の文脈だけでは，到底正確に捉えることなどできないのではないか。つまり，我々の頭の中では，中東の歴史は「世界史」の中心から分断されて，本来の地位を与えられてこなかったのでは

ないか。欧米の知識人たちの捉え方は，それはそれで偏っているのかもしれない。しかし，少なくとも彼らの頭の中では，「世界史」の中軸に中東の歴史があって，それからギリシャ・ローマ，あるいはルネッサンスや近代ヨーロッパの歴史に向かう面があるように見える。むしろインドや中国，もちろん日本の歴史は，「ずっと東の遠いアジアの物語」でしかないのではないか。

　教養のあり方として，どちらが優れているとか良いとかというのではない。ただ，我々の教養の中で，中東の歴史という，本来の世界の歴史から見れば大きな中心的な視点が抜け落ちているとすれば，それは著しくバランスを欠いたもの。それではほんとうの「教養」とは言い難いのではないか，ということを指摘したかっただけである。

　優れた世界帝国を築き，人類の文化・文明をリードしてきた中東地域，あるいはイスラム世界というものが，100年ほど前にヨーロッパの植民地支配に屈し始めてから基本的にずっと混乱を続けてしまっているとすれば，それはいったいなぜなのか。「何を間違ったのか"What went wrong ?"」である。まさかその原因はイスラム教にあるなどという議論にいくことは，あるまい。それでも，中東との外交関係を考える時，この点は究極の，最大の問題意識であるように思う。文明が頂点を極めようとしたために，外に向かっていく「大航海時代」に乗り遅れたことが最大の要因というのであれば，長い目で見ると，欧米の文明，そして大きな捉え方をすれば，それに基礎を置いている現代の国際社会も，いずれはそのようなことになっていくのかもしれない。わからない。それでも，我々が中東との関係を考えていくと，このように物事の本質に迫ることができてくるかもしれないと思う。

２ 中東の現代国際関係

(1) 湾 岸 戦 争

　この最終章冒頭の１(1)の最後で触れたように，中東はイスラム，アラブを中心に，1000年の昔からキリスト教との対立があるが，現代国際関係においては，何と言ってもイスラエルとパレスチナの対立を軸とする中東和平問題，そしてスンニー派のアラブとシーア派のイランの対立の２つが大きな国際関係における問題である，と言ってよい。もちろんイスラム過激派によるテロ，特に2001年9月11日のアメリカ同時多発テロ事件，そしてその後のアフガニスタン戦争（国連安保理決議に基づく国際治安支援部隊＝ISAFの軍事行動，2001年10月7日－2014年12月28日）は特筆に値する。対テロ戦争とも呼ばれるが，ただ，テロの問題はイスラム，アラブの問題というわけではない，もっと世界的な問題である。また，イラク戦争（アメリカが主体となりこれにイギリス，豪州などが加わって軍事行動を起こし，サダム・フセイン大統領の政権を倒してイラクを軍事占領した行動，2003年3月20日－2011年12月15日）もいまだにこれが何だったのかは，大きな議論がある。そういえば，それ以前の，シーア派とスンニー派の対立，アラブとペルシャの対立を現代において示したといわれるイラン・イラク戦争（1980年9月22日－1988年8月20日）もあった。

　しかしこれらの中で，筆者を含む我々の世代の外交官にとっては日本外交を語る上で決して忘れることのできないものが，「湾岸戦争」（1990年8月2日イラクのサダム・フセイン大統領によるクウェート侵略，軍事占領，1991年1月17日－2月28日の国連安保理決議678に基づくアメリカを中心とする多国籍軍によるクウェート解放のための

軍事行動）である。だからこれに触れないわけには，いかない。イラン・イラク戦争が長期化してイラクの財政が悪化したことを背景

多国籍軍によるクウェート奪還のためのイラクへの攻撃開始（1991 年 1 月 17 日）。　　　　　　［Roger-Viollet/アフロ］

バグダッド，イラク。イラク戦争の開始（2003 年 3 月 20 日）のあと，倒されるサダム・フセイン大統領銅像（2003 年 4 月 9 日），この後，同大統領は 2003 年 12 月 14 日に逮捕され，イラクの法廷で死刑が確定し，2006 年 12 月 30 日に処刑された。　　　　　　　　　　　［ロイター/アフロ］

に，サダム・フセイン大統領はクウェートはもともとイラクの領域だと主張してその石油資源を狙って侵略した。でも，どのような背景があろうとも，武力による侵略は国連憲章違反，国際法違反である。だからここで，中東和平問題やアラブとペルシャの対立という中東に関わる大きな2つの問題と日本の関わりに入る前に，まずはこのことに触れて，日本外交の常識を中東について学ぶことにしよう。

多国籍軍の編成と日本の対応　この戦争は，米ソ冷戦が終了した時（1989年12月3日，マルタ島における米ソ首脳会談，1991年12月26日，ソ連の解体）に起こったもので，国連安保理が変則的な形とはいえ，国連憲章の規定の下で軍事的強制行動を承認した最初のケースであった（本書で既述のごとく，1950年7月7日に設立された「朝鮮国連軍」の先例はあるが，法的拘束力のある安保理決議で国連憲章第7章下での軍事的強制行動であることが明らかにされている意味で，湾岸戦争における"多国籍軍"のほうが"最初のケース"と言ってよい）。現在のウクライナ戦争とは違って，イラクのクウェート侵略に対して国連安保理による集団的安全保障体制が曲がりなりにも機能して多国籍軍が編成され，クウェートを解放した先例なのである。

　それだけではない。そのような国際的な事例において，日本は何をしたか。あらゆる武力の行使は憲法で禁じられており，その例外はごく限定的な個別的自衛権行使の場合だけである，つまり日本自身が武力攻撃を受けて人が殺傷されるなどの現実の被害が発生しない限り日本は武力行使をしてはならない，との日本国内での強い考えを反映して，この時の日本は多国籍軍の軍事行動に参加をしなかっただけではなく，この問題に対してどのような立ち位置を取る

かが誠に不明確であった。考えてみれば，日本は太平洋戦争で敗れて以来ほとんど初めて，このような本質的問題にどう対応するかという問題を突きつけられた。つまり，国際社会において平和の破壊者，侵略者が出現したとき，そして国際社会全体がそれをやめさせ真の平和を回復，達成するために武力を行使してまで闘おうとしているときに，日本はどう対応すべきかの考えを明らかにすることを初めて迫られたのだと思う。それまでの日本は，そのような本質的問題を考えようとはしなかった，いや，半世紀前に日本自身が行った侵略は2度としないという強い思いの下で，軍事行動をとるなどという"おどろおどろしいこと"は考えたくもない，そして現実に考える必要もない，という状況であった。だから突然というわけでもないが，湾岸戦争への対応ぶりについて日本の考え方を国際社会に明らかにしなければならなくなって，立ち往生してしまったのである。

　戦前の歴史がある。このようなことをほとんど考えてこなかった戦後の経緯もある。いくら国連安保理の「お墨付き」があるとはいえ，多国籍軍の軍事行動に武力行使を伴って参加するなど，到底国民のコンセンサスは得られない。「日本は一切の武力行使はしない」としたはずなのだから。戦闘に参加しないことはもとより，それに協力して多国籍軍が成功するように行動することでもダメである。できればそのようなことには関わりたくはない。しかし安保理で決議が成立して，国際社会の名のもとに侵略者を成敗することになった。兵力を提供して武力行使をしてでも平和の破壊者を駆逐しよう。国際社会で名誉ある地位を占めたい，いや，すでに国際社会の中で尊敬される主要な存在になっている日本として，このような状況で，「関わりたくはない」では済まされない。となると，どう

したら良いのか。日本に対して，これが初めて真面目に問われたのである。筆者がワシントン D.C. の在米日本大使館の一等書記官の時，であった。

金は出すが命はかけない それに対するこの時の日本の答えは，大雑把に言って次のようなものであった。まず，いくら国連安保理でクウェートを侵略し占領したイラクを駆逐するための武力行使が認められたからといって，日本はそのような戦闘には加わらない。しかし日本は国連の主要なメンバーであるのだから，このような国際社会の努力には協力する。ただ，それは財政支援をすることに限られる。だから日本は国会で予算を作成して国民 1 人当たり 1 万円の負担を求めて財源を作り，総額約 130 億ドルにも上る資金を提供する。具体的には，設立された「湾岸平和基金」に拠出して必要資機材の調達，輸送などについて協力する。ただし，日本は「平和国家」なので，これら日本の資金は武器弾薬の調達に当てられてはならない，など，と。

なるほど。これなら，日本は自らが攻撃された時以外には武力は行使しないし武力行使に協力もしない，しかし 130 億ドルという巨額の資金援助をして国際社会の主要なメンバーとしての責任は果たす，この 2 つを両立させるギリギリの選択だ，と言えそうに見える。日本国内の意見集約は，ほんとうに大変だったのだから，世界に対して，日本の貢献をよくよく説明して理解を得て，評価されるようにすべし，と。

でも，現実にはそのような評価を国際社会から受けることはなかった。これを日本政府の対外的な説明不足のためと断じることは容易である。そしてそのような側面が全くなかったわけではない。しかし，問題の本質は，説明不足にはない。そもそもこのような対

応は，いかに説明を尽くそうにも，多くの国際社会のメンバーから理解されなかったのである。

　クウェートが解放された後，クウェートがアメリカの新聞紙上を使って出した国際社会に対する感謝のメッセージ，兵を出して闘って我々を解放してくれてほんとうにありがとう，と。自国民の命をかけた 29 カ国の名前はあった。でも，そこには日本の名前はない。130 億ドルもの資金を，新たに国民全てから 1 人当たり 1 万円も税を課して拠出したというのに。金は出すが命はかけない。皆が命をかけて闘っている時に，金だけ出して平穏な生活を送っている日本。そう見られたから，そこに名前はなかったのである。それだけではない。この時に日本について言われた言葉は，"too little, too late"。日本の貢献は，あまりに少なくそして遅い，と。これが説明不足だけのために起こったのだろうか。

　日本の在り方について，アメリカを中心に必死で説明した。日本が軍国主義に走って侵略してからまだ半世紀余りしか経っていない。日本は 2 度とそのようなことはしない。だから兵は出さない。しかし資金は出す。ここまでなら，なかなか難しいがそれなりの理解も得られよう。でも，その資金は武器弾薬の調達に用いてはならない，と。ここへ来ると，いったい日本はクウェートの解放のために武器をとって闘う我々の味方なのか何なのか，と聞かれる。だから日本は武力の行使はしないのだ，それへの協力もしないのだ，人を殺すようなことに加担はしないのだ，と。何回説明しても理解は得られなかった。では，日本はサダム・フセインの侵略，虐殺に立ち向かって闘おうという我々を助けてくれるのではないのか。日本はいったいどちらに向いているのか，我々闘う者を助けるのか否か。わけがわからない，と言われたのである。それで，トラウマ，であ

る。

平和主義の基本理念と積極的平和主義　中東地域に関する外交問題は，こうして日本に対して本質的な問いを投げかけた。あれから30年の歳月が流れたが，この日本に対する根源的な問いは続いている。その答えはそう簡単に見つけられるものでもなかろう。実際，本書を執筆している時点でも，武器輸出3原則等から替わった防衛装備移転3原則やその運用指針の見直しなどで，これと似たような議論が行われている。他国から侵略されてそれに対して闘っている友好国に対してであっても，殺傷能力のある武器については日本から与えてはならない。日本は自ら侵略をしないというなら，自らがしないというだけでなく侵略は決して許さない。つまり，侵略は，しない，させない，許さない。だから，侵略されている友人は助けるというのが普通と思われても，日本ではそうはならない。やはり，資金援助はしても武器供与はしないのである。平和主義の基本理念という。ならば，積極的平和主義はどこへ行ったのであろうか。

　このようにいうと，戦前の軍国主義のまた来た道に戻る，と言われる。そうだろうか。日本は，そして日本人は，それほど愚かだろうか。戦後一貫して平和主義の理念を堅持し，民主主義や言論の自由，基本的人権を守り，国際社会の中で高い評価を得てきた日本。それがそう簡単に愚かな道にまた戻るだろうか。筆者にはそのようなことになるとは到底思えない。日本はそんな愚かな国ではないとの誇りが筆者にはある。過信はダメである。しかし，我々は戦後の日本の歩みにもっと自信を持って，その上で覚悟を持って自らの未来を切り開くべきではなかろうか。繰り返そう。侵略は二度と決してしない。そして，させない，許さない。だから，侵略されている

友人から求められれば，それを助ける。日本はこのようにすべきだ。それこそ積極的平和主義だ。これが筆者の個人としての確信である。読者はこれについて，どう考えられるであろうか。

(2)　中東和平問題

　さて，話を元に戻そう。本来の中東に関する主要問題は，イスラエルとパレスチナ，そしてイスラエルを取り囲むアラブ諸国との和平問題と，アラブとペルシャの問題であった。そこでまず中東和平問題。中東和平に関連する地図を示すと概略下記のようになる。

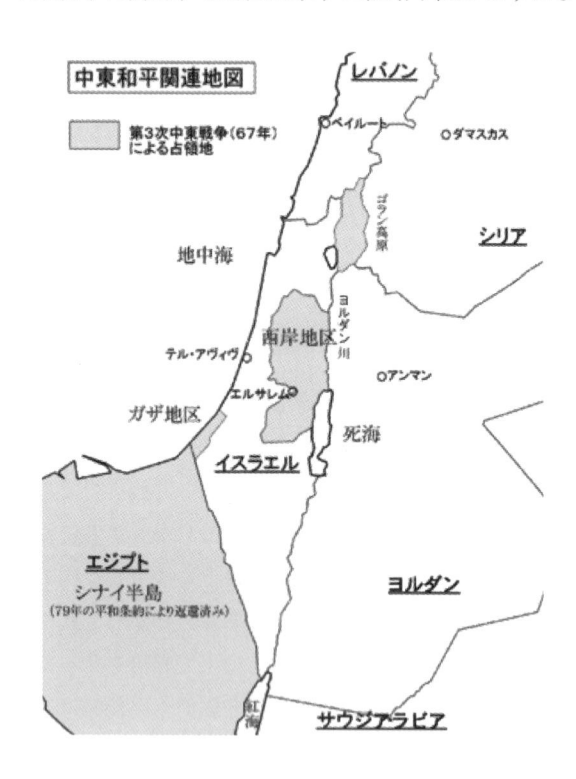

　中東和平問題の歴史的背景を語る時には，アブラハムを族長とするユダヤ人の祖先が今のイラクの一部にあたるメソポタミアからパレスチナの地に移住した紀元前1800年頃まで遡る必要がある。そして，ユダヤ王国（紀元前930年頃−紀元前586年），バビロン捕囚（紀元前586年−538年），マサダの陥落（紀元後73年）といった歴史を辿る。旧約聖書の世界，そしてオペラの題材にもなる世界である。とにかく，ユダヤ人はパレスチナの地を追われて世界に散り散りとなる。「ディアスポラ」である。だから，イスラエル，つまりパレスチナの地にユダヤ人の故郷を再建しようという「シオニズム」が起こる。なるほど，この問題の奥は深い。1000年単位の長い歴史の物語を知らなければ，よくわからないのだから。

ユダヤ人国家イスラエルの建国と第1次中東戦争

とにかく，もともと住んでいたパレスチナの地に戻ってユダヤ人の国を再建しよう，と。しかし，そこにはもうアラブの人たちが住み着いていて，簡単にそのようなことが認められるわけにはいかない。ただでさえ長い歴史の中でややこしいのに，それに加えてイギリスの「3枚舌外交」。イギリスがオスマン・トルコへの反乱と引き換えにアラブの独立を約束した「フセイン・マクマホン書簡（1915年10月24日）」，イギリスの外務大臣バルフォアがユダヤ系貴族院議員ウォルター・ロスチャイルド男爵に書簡を送りイスラエル建国のシオニズム支持を表明した「バルフォア宣言（1917年11月2日）」，そしてイギリスがフランス，ロシアと第1次世界大戦後のオスマン・トルコの分割を取り決めた「サイクス・ピコ協定（1916年5月16日）」である。

　1920年には国際連盟の下でシリアはフランスの，メソポタミア（イラク）およびパレスチナはイギリスの委任統治領とされた。そ

の後，パレスチナの地へのユダヤ人の大量移住が行われ，イギリス
の委任統治が終了するとともに 1948 年 5 月 14 日，中東のパレスチ
ナの地にユダヤ人国家イスラエルの建国が宣言された。第 1 次中東
戦争と呼ばれる大規模な戦闘は，この翌日，1948 年 5 月 15 日に始
まり，1949 年 2 月 24 日（エジプト・イスラエル），3 月 23 日（レバ
ノン・イスラエル），4 月 3 日（ヨルダン・イスラエル），そして 6 月
20 日（シリア・イスラエル）に休戦協定が締結されるまで続いた。

第 2 次〜第 4 次中東戦争　第 2 次中東戦争は，エジプトのスエズ
運河国有化宣言をきっかけにイスラエ
ルのシナイ半島への軍事行動として 1956 年 10 月 26 日に勃発。こ
の「スエズ動乱」は 11 月 6 日の停戦まで続いた。さらに第 3 次中
東戦争。パレスチナゲリラによる攻撃，エジプトのアカバ湾封鎖な
どのあと，1967 年 6 月 5 日，イスラエル空軍のエジプト，シリア，
ヨルダンへの奇襲攻撃で始まる 6 日戦争である。戦闘は 6 日間で 6
月 10 日には終了，イスラエルはエジプトからシナイ半島，ガザ地
区を，ヨルダンからヨルダン川西岸を，シリアからゴラン高原を占
領した。この 6 日戦争の後，1967 年 11 月 22 日に国連安保理は決
議 242 を全会一致で採択，イスラエルを含むすべての国の存在を認
めるとともに，イスラエル軍に対してこの戦闘で占領した地域から
撤退すべき原則を規定した。この決議 242 はその後の中東和平問題
の解決にあたって依拠すべき原則が示された重要なものとされてい
る。

　そして第 4 次中東戦争。エジプトのサダト大統領は 1973 年 10 月
6 日，シリアとともにイスラエルに対する急襲をかけ，10 月 22 日
に停戦が受諾されるまで戦闘が続けられた。十月戦争（ヨム・キッ
プール戦争）である。この結果，第 1 次石油ショックが招来され，

これに世界経済がいかに対応しうるかを討議するために先進国サミットが1975年に始まる。日本は石油を中心とするエネルギー確保のために中東外交を強化しようとしていく。

「平和条約」の締結 現代の中東和平問題を考えるとき，1948年のイスラエル建国に端を発する第1次中東戦争から第4次中東戦争までの理解は不可欠なのでこのように簡単に経緯を辿った。この4度にわたる軍事衝突を経て，イスラエルとそれを取り囲む諸国とは互いにその存在を公式に国際法上の存在として認めて「平和条約」を締結する交渉を行ってきた。これが中東和平交渉である。そもそも国連憲章の下での現代国際法では戦争は違法化されているので，国際法上の戦争を終結させる合意である「平和条約」は存在し得ないではないかという法的な論点はあるのだが，ここではそのような国際法上の基本問題には深入りしない。第4次中東戦争の後，このような中東和平交渉はどう展開するか。ここを正確に理解しないと，2023年10月7日からのガザ戦争についてもその基本的枠組みが理解できない。旅を進める。

　エジプト・イスラエル間の「平和条約」は，1978年9月17日の歴史的と言われる「キャンプ・デービッド合意」を経て1979年3月26日，アメリカのジミー・カーター大統領の立ち合いのもと，ホワイトハウスでエジプトのサダト大統領とイスラエルのベギン首相の間で署名，条約第9条1項の規定に従って批准書の交換により発効したものである。第1次から第4次にわたる中東戦争において，関係当事国はいずれも基本的には相手に対する国際法上の自衛権行使を主張しているし，既述のように国連憲章に基づく現代国際法においては伝統的な戦争はその合法性を失っているから，国際法上の

「戦争」状態を終了させるところの合意である「平和条約」はそもそも存在しないはずである。違法な行為を合法であったとの前提で終了させる合意など，普通は考えられない。でもこの「平和条約」は，戦争状態の終結（第1条），境界の確定（第2条，附属書）及び請求権の処理（第8条）という3つの基本的要素を明記した，伝統的な用語による典型的な「平和条約」となっている。

　そのような国際法上の問題は別途議論するとして，ここで強調したいことは，それまで相互に相手の存在を認めて来なかったエジプトとイスラエルが互いの存在を国際法に従って認め合って，領域の確定を行おうとした重要性にある。イスラエルをめぐる中東和平問題の中で，これは画期的なことであった。仲介に入ったアメリカのカーター大統領の外交努力もあるが，当事者のエジプトのサダト大

ホワイトハウス，ワシントンDC（1979年3月26日）。左からサダト大統領（エジプト），カーター大統領（アメリカ合衆国），そしてベギン首相（イスラエル）。

［AP／アフロ］

統領とイスラエルのベギン首相の英断は本当に歴史に残るものである。ただ，サダト大統領はこの後の 1981 年 10 月 6 日，カイロで行われた第 4 次中東戦争記念のパレード閲覧中にイスラム過激派によって暗殺された。筆者はこの時にナイジェリアの首都ラゴス（当時）に在勤していて，ラジオの短波放送でこのニュースを聞いて驚愕したのをよく覚えている。

　この平和条約によって，エジプトとイスラエルは相互に相手の存在を国際法上のものとして正式に認めた（第 3 条）。そしてイスラエルは中東戦争で占領したシナイ半島から撤退し（第 1 条 2），両国の境界は，エジプトと旧パレスチナ委任統治領の間の境界とすることが合意された（第 2 条）。だから，これで現在のヨルダン川西岸とガザ地区におけるパレスチナ人の自治政府が認められたわけではないが，この平和条約がイスラエルとアラブが相互に認め合いその境界を設定しようとした大きな第一歩になったことは間違いないのである。

　そしてこれに引き続き，1994 年 10 月 26 日にはヨルダンとイスラエルとの間の「平和条約」が署名され，これが発効して両国間はエジプトとの場合と同様に相互にその存在を認めて国境を確定させ，歴史的に大きな問題であるエルサレムについての規定も設け，さらには水資源に関する合意も規定して「正常化」することになった。

　これでイスラエルを囲む国のうちエジプトとヨルダンとの関係が曲がりなりにも「正常化」したわけであるが，ゴラン高原の領有権問題が片付いていないシリアとの関係，南部のイスラエル国境沿いにシーア派の過激派ヒズボラが支配する地域を抱えるレバノンとの関係は，いまだに正常化されていない。シリアの首都ダマスカスは，もともと新約聖書に登場する場所やアラブ帝国の初めの首都として

の歴史遺産やらがたくさんある美しい街。それが 2000 年 7 月 17 日に就任した現在のバッシャール・アサド大統領の下での国の混乱などで，ゴラン高原問題だけでなくとてもイスラエルとの平和条約締結に至る状況にはない。レバノンもそうである。その首都ベイルートはその昔「中東のパリ」と呼ばれて多くの観光客が集まったという。政治と経済の安定さえあれば，今でも地中海に面した街は美しさを保つ。それでもヒズボラとイスラエルの戦闘は終わらない。レバノン内部も安定しない。ずっとそうである。だから，ここも平和条約どころではないのである。そのベイルートとダマスカス。高速道路を車で走れば，真っ直ぐに行くことができるとわずか 2 時間，110km の距離しかない近さ。イスラエルの存在ということもあるが，それぞれの中でまとまった安定がない。中東和平のためだけでなくとも誠に残念，である。

　そして，パレスチナ。ヨルダン川西岸とガザ地区に分かれたパレスチナの状況は，さらに厳しい。レバノン，シリアそしてパレスチナと，中東和平を巡る状況は，ずっと難しいままであった。

オスロ合意　このような中で，中東和平問題に大きな転換点をもたらしたのが「オスロ合意」（1993 年 8 月 20 日）である。「アラブの盟主，エジプト」とイスラエルとの間の平和条約締結という画期的出来事はあったが，中東和平問題の解決にはまだ多くの道のりが残されていた。今見たヨルダン，そしてシリアとレバノン。しかしなんといってもイスラエルがその建国の地に住んでいた"パレスチナ"の人々との関係である。ノルウェー政府の仲介で，オスロあるいはその周辺で行われた関係者による交渉。その結果，アメリカのビル・クリントン大統領の立ち合いのもと，イスラエルのラビン首相とパレスチナ解放機構（PLO）のアラファト議長

オスロ，ノールウェー（1993 年 8 月 20 日）。署名のあと握手するラビン首相（イスラエル）とアラファト議長（PLO）。中央はクリントン大統領。　　　［AP／アフロ］

の間で署名，発効した。

オスロ合意の要点は，次のとおりである。

①　PLO はイスラエルを国家として，イスラエルは PLO をパレスチナを代表する自治政府として相互に承認する。

②　イスラエルが“占領した地域”から撤退する。ガザ全域とヨルダン川西岸地域である。

③　イスラエルは 5 年にわたってそこでパレスチナの自治を認め，その 5 年の間にその後のあり方について詳細を協議してまとめる。

要するに，イスラエルの国家としての地位を認めるとともに，パレスチナもヨルダン川西岸とガザに政府を樹立して自治を認め，将来的には国家として認める方向で進めるという，「2 国家解決」の考えを合意として成立させたと言えるものであった。この「2 国家

解決」というものは，その後の中東和平問題の解決のキーワードになる。

　さて，この合意はそれからどうなったのか。

　①はその通りであった。

　②は，そもそも既述のように第3次中東戦争の後の安保理決議242でいうイスラエルの占領地からの撤退が，"withdrawal from territories occupied by" となっていて，"from the territories occupied by" と，定冠詞を入れた「すべての占領地」となっていなかったことに関連する重大な問題がある。本書ですでに見た安保理決議242。外交は言葉が重要だ，と。しかし，それはともすると外交官による言葉の遊びの領域にすぎないと見られがちである。でも，それは違う。ここで，"withdrawal from the territories" と書くか，"withdrawal from territories" と書くか，つまり "the" が入るか入らないかで，イスラエルが占領した「すべての」地域からの撤退を意味するか，そうではなくてイスラエルの占領した地域の "どこか" からの撤退を意味するのかが違ってくる。日本の中学で学ぶ英文法の定冠詞の使い方である。安保理決議242では，その起草過程でこの "the" が落とされた。だから，イスラエルは，すべての占領地からの撤退でなくても良いことになった。オスロ合意もこの経緯を踏まえている。

　③は，その後の歴史が示すように，明らかに失敗であった。1993年から5年経っても，いや，今なおそのような協議はまとまっていない。だからこのオスロ合意の後も，2000年9月28日から2005年2月8日まで第2次インティファーダと言われるパレスチナによる軍事行動が続いたのである。

オスロ合意後の中東

しかし，ではオスロ合意は消滅したか。そうとまでは言えない。③はもはや成立しなくなったが，①はいまだに生きている。②もそうである。だから，オスロ合意はすでになくなった，というのは正しくない。もちろん1993年8月20日の合意の通りには進んではいない。③が成立していないのであるから，全体像は崩れている。しかしだからと言ってヨルダン川西岸やガザのパレスチナがなくなったわけではない。この歴史的成果が全てなくなったと見るのは間違いである。

　それでも，この合意の根本にあった「2国家解決」は，現実にはその達成からは程遠いままになった。③が完成していないだけではない。②も，イスラエルはガザからは撤退してパレスチナ自治政府が全面的な統治を始めたが，ヨルダン川西岸地域についてはイスラエルは全面的に撤退することはなかった。つまり，パレスチナ自治政府が警察権を含め統治の全体に権限を持つA地域（面積で約17％）と，パレスチナ自治政府が基本的な統治の権限を有するが警察権の実権はイスラエルが有するB地域（約24％），そしてパレスチナ自治政府は実際の統治の権限を有さずイスラエル軍が実権を握るC地域（約59％）である。だから，ヨルダン川西岸ではその地域の半分以上がいまだにイスラエルの支配下に置かれている。加えて以前からのイスラエルの「入植地」がある。特に近年では新たな「入植地」が拡大されており，実際の行政権の区分もオスロ合意が本来想定していたものからはかけ離れている。パレスチナが全体としてその自治政府の統治のもとに置かれているとは到底言えない。だから「二国家解決」の実現からはほど遠いまま，というのが実際の姿。そうなると，パレスチナはいまだに国家としての統治の実態を整えているとはなかなか言えないのが現実と言わざるを得ない，

ヨルダン川西岸地区：2017 年 7 月現在

①ヨルダン川西岸地区
②ガザ地区

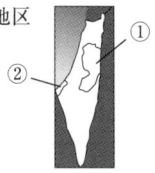

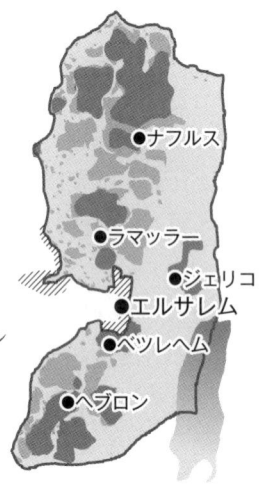

● A地区
　行政，治安ともパレスチナ自治政府

● B地区
　行政パレスチナ自治政府，治安イスラエル

● C地区
　行政，治安ともイスラエル

のである。

　先に見たように，オスロ合意のパレスチナ側の立役者はアラファト議長であった。そのアラファト議長は病気のため移送されたパリ郊外の病院で 2004 年 11 月 11 日に死去，遺体は直ちにエジプトのカイロに運ばれて国葬，11 月 12 日にはヨルダン川西岸のパレスチナ自治政府の庁舎があるラマラで埋葬され，今でもそれがそのまま廟として残っている。筆者はこの時カイロに勤務していて国葬に参加した。日本政府はアラファト議長の葬儀に川口順子外務大臣を送った。アラブの葬儀は死亡後すぐに行われるため，川口大臣はカイロでの葬儀に商用便の飛行機が間に合わずに，フランスの外務大臣とともその後にラマラまで行って弔意を表した。筆者はそのアレンジの担当をしていたこともあり，この時の模様は強く記憶に残っ

ている。アラファト議長が設立したのがファタハ。アラファト議長の後は，現在に至るまでアッバース議長に引き継がれている。

　ところが，アラファト議長の死後，2007年6月7日から7月15日まで，このファタハと，ガザに基盤を置くハマスの間に戦闘が勃発，ハマスがこれに勝利してパレスチナは分裂する。つまり，ファタハが支配するヨルダン川西岸とハマスが支配するガザに分かれてしまったのである。西岸は日本で言えば三重県くらいの広さのところにパレスチナ人約310万人，イスラエル人約70万人がいるとされている。ガザは種子島くらいの小さなところにパレスチナ人が約220万人。その2つが分裂して，かつイスラエルとの共存が確立していないのであるから，とにかく誠に不安定なまま事態はさらに推移するのである。

平和と繁栄の回廊　こうしてオスロ合意が実現しない中，日本はこの問題について，それまでの"油乞い"と呼ばれた外交から，より主体的に，より本質的に対応するようになった。特にこの地域で深刻な「水問題」に積極的に関与することでその存在感を高めた。これは，野上義二中東担当審議官（のちの外務次官）の大きな功績である。そしてさらに，ガザ戦争の前の2006年7月13日，小泉純一郎首相はパレスチナを訪問，アッバース・パレスチナ自治政府大統領に対して，医療・衛生状況の改善や雇用創出のための緊急支援を表明するとともに，ヨルダン渓谷において域内協力を通じて中・長期的にパレスチナの民生を助ける「平和と繁栄の回廊」構想を発表した。これは，「二国家解決」を実現するためには，イスラエルやヨルダンといった近隣諸国の協力を得てパレスチナ自身が持続的経済開発をしていく必要があるとの基本認識に基づき，西岸のジェリコに農産加工団地を建設することを旗

艦事業としてプロジェクトを展開しようという構想であった。

　この具体化に尽力したのが，麻生太郎外務大臣（当時）であった。このために，パレスチナ，イスラエル，ヨルダンに加えて日本が議長になる協議体が立ち上げられて，筆者はその事務レベルの担当者としてこの議長を務めた。この時の経験は，誠に貴重なものであった。長い対立の歴史のあるパレスチナとイスラエル，そしてヨルダン。ヨルダンは，皇室・王室の関係も含めて日本とはたいへん良好な関係にある。とはいえ，この3者の中でパレスチナの民生支援のためのプロジェクトを実現するために日本が音頭を取ろうというのであるから，実際に取りまとめの役割を経験した時は，大変であった。ヨーロッパの友人からは，「手が汚れていない日本」だからできるというほど甘くはないから"お手並み拝見"という視線で見られた。

　そもそも西岸はA地域のみがほんとうのパレスチナ自治区であるが，そのエリアはイスラエル軍により出入りを厳重にチェックされていて，ヨルダン川西岸内でさえその移動は全く自由ではないのであるから，農産加工団地を建設してそこでオリーブ石鹸やらウェットティッシュやらの生産ができるようになっても，簡単に物資を移動させられない。そのような農産加工団地の建設などにあたる労働者の確保という基本からして，普通ではない難しさがある。でもだからこそ，これに取り組み実現する意味は大きいのである。そしてこのプロジェクトは，構想発表から20年近く経った今，少しずつではあるが着実に実を結びつつある。茂木敏充外務大臣もジェリコに赴きパレスチナ・ビジネス繁栄センターの開所式に出席している（2021年8月17日）。

　ジェリコの農産加工団地が建設されて具体的な産品が生産される

ようになれば中東和平問題が解決されるというほど単純な話では，もとよりない。しかも10年単位の時間がかかる話である。しかし，このような地道な努力こそ日本がすべきことではないか。少なくと

ジェリコ，ヨルダン川西岸。「平和と繁栄の回廊」構想の中の農産加工団地。〔外務省HP（https://www.mofa.go.jp/mofaj/me_a/me1/page25_001067.html）〕

も，日本はこのような努力をしてきていることにもっと誇りを持ってもよくはないか。何も筆者がこの話の当初段階で直接関与したからいうわけではない。日本のあるべき姿の，1つの象徴のような気がするから取り上げているのである。

　これで，中東和平問題については，ひとまず区切りをつける。そしてこの地域の2つ目の問題，つまりアラブと対立するイランのことについて見ていくことにする。

(3)　イランという存在

　本章の冒頭で述べたように，日本の外務省の中で「中東地域」は21カ国・地域，その中で「アラブ」（アラビア語の国）は17である。その中には，石油資源の豊富なアラブ首長国連邦やカタールなどの湾岸諸国，歴史と豊かな文化の王国モロッコ，その東隣でアフリカ大陸で最も広大な領土を有するアルジェリアなどがあるが，中東地域では歴史的な「盟主」と言えばやはり何といってもエジプトであろう。そしてこの地域の大国は，最大級の原油埋蔵量を有する君主

制国家サウジアラビア，さらにはイスラムではあるがスンニー派ではないシーア派で「アラブ」ではないイランである。因みに，アメリカの首都ワシントンDCの外交団の中で，サウジアラビアの大使はイスラエルとイギリスの大使に並んで別格の扱いを受けるというのがよく言われることであった。

　そこで，イラン。この国はイスラムではあるがアラブではない。ペルシャ語である。アケメネス朝ペルシャ帝国は紀元前550年に遡る。近・現代の歴史でも，ペルシャ帝国（1925年から）からイラン帝国（1935年－1979年）で，パーレビ王朝の皇帝（シャー）の国であった。その時代，たとえば第2次世界大戦の頃の首都テヘランは，英米ソ連とドイツの諜報活動の主要な舞台の1つであったという。きらびやかな繁栄もあったに違いない。当時とは全く違うとは言え，テヘランは今でも大都会。だからイランは，間違いなくこの地域の大国である。

イラン帝国の崩壊と新生イラン

　その，イラン。親欧米で世俗主義のシャーを倒す革命が起こる。1978年の年が明けると反皇帝，イスラム国家の樹立を目指す国内の暴動が多発するようになる。第2代にしてイラン帝国最後の皇帝モハンマド・レザー・シャー（パーレビ国王）は，ついに1979年1月16日に皇后や側近たちとエジプトに出国，亡命生活に追い込まれる。そしてパリに亡命していたイスラム法学者のルーホッラ・ホメイニ師が2月1日にエール・フランスのチャーター機でテヘランに帰国，2月11日には国内を掌握して4月1日，イスラム共和国の樹立が宣言されてここにシャーが統治したイラン帝国は崩壊し，イラン・イスラム共和国が成立した。これが1979年のイラン革命である。だからこの革命によって，イランはシーア派のイスラム教

聖職者が国家の最高指導者に就く宗教国家になった。行政権の長である大統領もいるし憲法もある。しかし、最高指導者は大統領ではない。最高位のイスラム聖職者である。大統領を選ぶ選挙も行われるから、独裁国家と言えない。本書執筆の最中にもイランの大統領選挙が行われて、"改革派"と呼ばれるベジェシュキアン元保健相が当選した（2024年7月6日）。しかし少なくとも我々が考えるような「近代的民主国家」ではない。大統領選挙にもかかわらず、イランの最高指導者は、ハメネイ師だからである。それは、ある意味で当然である。欧米的な世俗主義のシャーを倒してイスラム教による革命によって樹立された国なのであるから、その成立のもとからして違うのである。

反欧米、イスラム主義を掲げた新生イラン。イランを脱出して海外にいたシャーとその皇后などの人たちの入国をアメリカが認めると、それに反発したテヘランの学生たちは1979年11月4日、在イランアメリカ大使館に乱入、大使館を占拠して大使館員などを人質にして立てこもることになった。イランアメリカ大使館人質事件の発生である。

でも、いくらイラン革命の関連とはいえ、これはダメである。国内の体制をどうするかはその国が決められるのが原則であるが、どの国であれ国際法は守らねばならない。「外交関係に関するウィーン条約」によれば、その第22条1で「使節団の公館は、不可侵とする」と明記され、大使館所在国は、「侵入または損壊に対し使節団の公館を保護するため及び公館の安寧の妨害または公館の権威の侵害を防止するため適当なすべての措置を取る特別の義務を有する」と規定されている（第22条2）。また、「外交官の身体は、不可侵」（第29条）であるから、この事態はどう見てもイランの条約

違反である。にもかかわらず，この状態は 444 日もの間続くことになった。その間，"アルゴ"の題で映画にもなった「カナダの策謀」や，ジミー・カーター大統領の人質救出作戦の失敗など様々な出来事があったが，1980 年のアメリカ大統領選挙でシャーや皇后を受け入れたカーター大統領がロナルド・レーガン候補に敗北したこともあって，イランは人質返還でアメリカと合意，レーガン大統領就任の 1981 年 1 月 20 日に人質が解放されることになった。しかし，この間にアメリカは 1980 年 4 月 7 日にイランと国交を断絶，この

イランのパーレビ国王と王妃。中央はレザー皇太子。1967 年 10 月 26 日，パーレビ国王戴冠式。
　　　　　　　　　　　　［アフロ］

テヘラン空港。ホメイニ師の帰国（1979 年 2 月 1 日）。　　　　［AP/アフロ］

テヘラン，イラン。アメリカ大使館人質事件の発生（1979 年 11 月 4 日）。
　　　　　　　　　　　　［AP/アフロ］

状態は今に至るも元に戻ってはいない。テヘランのアメリカ大使館の場所は別の施設として使われていてイランにはアメリカの大使館はないし，アメリカにもイランの外交使節はいない。

　でも，だからといってアメリカとイランとの交流がないわけではない。普通に考えるよりは，繋がりがある。ただ，正式の外交関係は途絶えたままで，大使館占拠・人質事件の最終決着はついていない状態から変わっていない。イランとは伝統的に友好関係を維持してきている日本とは，根本的に状況が異なるのである。筆者がアメリカに勤務している時，あるきっかけで，亡命してアメリカに住んでいるシャーの元皇后に非公式にお目にかかり2回ほどお茶をしたことがあった。話の内容はよく覚えていないような社交のものであったが，やはりその優美な姿に印象付けられたと同時に，あれから30余年，数奇な運命を辿った王妃についてはなんとも言葉にならない感情に襲われたことを思い出す。昔から良い関係にある日本の大使に会って，元皇后も何かを思われたのかもしれない。わからない。今からすれば一瞬のことであった。

イランの核兵器開発　　さて，話を日本外交の常識を学ぶことに戻そう。イランについては，アメリカと外交関係がないというこのような問題があるだけではない。北朝鮮と同一ではないが，似たような核兵器開発問題がある。

　イランは1970年にNPTに加入し1974年にはIAEAとの間で包括的保障措置協定を締結して原子力の平和利用活動を開始していた。しかし，イランの核兵器保有の問題が国際社会の中で表面化する。イランにおけるイスラム革命が起こった後であった。2002年8月に入ってイランの反体制派組織がイラン国内のナタンズ及びアクラに秘密裏に核関連施設が建設されていることを暴露した時からであ

る。その後の IAEA の検証活動などから，イランは一定期間に及んでウラン濃縮やプルトニウム抽出という核兵器製造に直接つながる活動を，IAEA に申告することなく行ってきたことが明らかにされてくる。

IAEA は 2003 年 9 月 12 日，これまでのイランの活動の解明，ウラン濃縮の停止などを求める理事会決議を採択した。そしてそれを受けて同年 10 月には英・仏・独の EU 3 カ国の外務大臣がテヘランを訪問，この問題解決の外交努力が始まる。この時の"EU3"がのちのイラン核合意のもとになっていく。でも，問題は簡単にはいかない。英・仏・独はこの問題を IAEA の枠内で解決しようと試みるが，イランはこれには全く応じなかった。2005 年 9 月 24 日，IAEA はその理事会決議でイランによる保障措置協定違反を認定，その後も事態の打開が見られなかったので，2006 年 2 月 4 日には IAEA はこのことを国連安保理に報告する決議を採択，事態は安保理に付託されることになった。

議論が安保理にいくと，英・仏・独に加えて米・中・露という常任理事国などが主要プレーヤーになる。これで「EU3（英仏独）＋3（米中露）」や「P5（米英仏中露）＋1（独）」とイランの構図，つまり，「英・仏・米・中・露・独」対「イラン」と言う構図になっていく。もちろん日本も人ごとではないから，このような外交努力には積極的に関わっていった。そもそもアメリカはイランと国交がない。日本はイランと伝統的な友好関係がある。英仏独そしてロシアは欧州として昔からイランとの関係は深いだろう。しかし，北朝鮮の核問題を抱える日本，そして唯一の戦争被爆国。核問題には当然強い関心もあるし意見もある。これまでの外交努力の実績もある。だからイランの核問題は，少し遠い場所での出来事などではあり得なかっ

たのである。にもかかわらず，イランの核問題の処理はこのような構図になっていった。所詮国連安保理の常任理事国でないと関与できない，などと言って諦めている場合ではないのだから，この問題とその処理の経緯については，日本外交の常識を学ぶ中で，よくよく考えるべきテーマを提供していると思う。

安保理決議 国連安保理は，2006 年 7 月 31 日決議 1696 を採択，イランに対してウラン濃縮関連活動及びプルトニウムを抽出する再処理活動については，IAEA による査察を受けるまで，研究開発のためのものも含んですべて停止することを要求した。イランがこれに従わないときには，国連は憲章第 7 章第 41 条の下での非軍事的措置，すなわち経済制裁の強制行動をとるとした。イランはこれに従わなかった。それで安保理は同年 12 月 23 日に，核問題に関してイランに対する経済制裁を課す決議 1737 を採択するに至るのである。第 4 章を思い出していただきたい。北朝鮮のミサイル発射の批難決議 1695 の採択が 2006 年 7 月 15 日，核実験を非難して経済制裁を課す決議 1718 の採択は同年 10 月 14 日に行われている。つまりこのとき 2006 年に，ニューヨークの国連安保理の舞台では，北朝鮮とイランの核問題がほぼ同じ時期に議論されていて，似たような内容の非軍事的強制行動をとる安保理決議が採択されていたのである。イランの核問題が北朝鮮の問題とは全く離れたところで議論されていたわけではないことを象徴する話ではなかろうか。

　イランの核問題に関する安保理の経済制裁決議第 1 段の 1737 に対しては，遺憾なことにイランは直ちにこれを拒否する姿勢を示して，ウラン濃縮活動等を継続した。だから，安保理は 2007 年 3 月 24 日，さらなる措置を追加する第 2 段の経済制裁決議 1747 を採択

した。また，2008年3月3日の決議1803，2010年6月9日の決議1929でさらに制裁が追加されている。これらは，核開発に対する経済制裁であるから，イランとの間の武器や関連物資の輸出入禁止とか資金援助の停止といった内容である。だから，内容を見ると北朝鮮の経済制裁の場合に類似のところが大きい。しかし，北朝鮮の制裁の場合は，2006年10月9日の決議1718から始まる累次の安保理決議によって貿易の大半が禁止されるに至った。これに対して対イラン経済制裁の安保理決議では，そこまでは言えない。イランについても複数の安保理決議により経済制裁が課されているからイランとの貿易は自由にはできないが，それでも物資の行き来がほとんど止まっているというわけではない。安保理の経済制裁の中でも，アラブ首長国連邦や中国など貿易額総額は約500億ドル以上と言われるからである。日本も額は少ないが貿易は止まっているわけではない。ミサイル発射問題についても，安保理の対応には異なるところがある。それにはそれなりの理由，背景があるが，事実はきちんと理解した方が良い。

核合意 "JCPOA"　このような安保理での議論などの経緯を辿って，先に見た英仏米露中独の6カ国とイランは，2015年7月14日，イランの核開発計画を縮小，制限してそれに対する査察を受け入れさせるとともに，義務を履行した段階でイランに対する経済制裁を解除する「包括的共同作業計画（Joint Comprehensive Plan of Action, JCPOA）」に合意した。イランが高性能の遠心分離器（核兵器に必要なウラン高濃縮に使うもの）をそのあと10年でゼロにするとか，20%超の濃縮ウランの量を15年で激減させるとかといったことを行うかわりに，欧米側が経済制裁を解除していくというものである。イランとの"核合意"である。状況が

同一ではないのでその内容は同じではないが，北朝鮮に非核化を求める際に，「行動対行動」で段階を経てその最終的姿を実現しようとしていた考え方は，一緒と言ってよい。筆者はたまたまこの交渉の欧米側の担当者がジュネーヴで徹夜の交渉をして朝にブラッセルに戻ってきたその日にその責任者と協議したことをよく覚えているが，話を聞くと誠に大変な交渉であった。同時に，そのときに言っても始まらないがなぜ日本がこの交渉に直接関与していなかったのかという強い感じを持つことを禁じ得なかったものである。

英仏独米中露とイランの外相による JCPOA の合意（2015 年 7 月 14 日）。

[代表撮影ロイター/アフロ]

JCPOA からのアメリカの離脱　徹夜の交渉を繰り返してやっとまとまった "JCPOA"。イランの核危機を救う「歴史的合意」と称賛された。安保理もこの合意成立直後の 7 月 20 日に決議 2231 を採択，JCPOA を「支持（endorse）」し，

すべての当事者がこの合意を実施することを求めた。しかしこの合意実施に関しては，成立の後すぐにさまざまな亀裂が入る。そしてついにアメリカのトランプ大統領は 2018 年 5 月 8 日に，欧州諸国からの求めに反してこの JCPOA 合意から離脱することを表明，合意の見返りとして解除していた経済制裁を再び実行することを明らかにした。アメリカ以外の国は合意から離脱はしないとした。日本は外務大臣談話で，これにより核合意の維持を困難にする大きな影響が出るとすれば残念とした上で，今後も核合意の維持に向け関係国と緊密に協議を続けていくとした。しかしアメリカが離脱した JCPOA は明らかに機能不全になる。それから現在まで何年も経つ。核合意の再建交渉の膠着をなんとかするための外交努力は行われている模様である。イランの核開発を認めるわけにはいかない。繰り返し指摘したように，日本も無関係ではない。アメリカの離脱の決定には，それなりの理由もある。それでも，ただ離脱しただけではこの問題の解決にはならない。関係者の叡智が試されているように思う。イランには，"改革派"のペジェシュキアン大統領も誕生した（ハメネイ最高指導者のもとではある。2024 年 7 月 5 日）。国際社会全体の問題。もちろん日本も含めて，である。

⑷ ガ ザ 戦 争

話をもう一度中東和平交渉の論点に戻そう。

2023 年 10 月 7 日早朝，ガザにおける厳しいはずの「国境」のチェックをくぐってイスラエル南部に侵入したハマスのテロリスト。そこで音楽祭を楽しんでいた無辜のイスラエルの人々を大量に殺戮する武装勢力ハマスのテロ攻撃が起こった。ハマスによる殺戮である。理由があってたまたまそのときにアメリカの CNN 放送を見て

いた筆者は，これはたいへんなことになった，2000 年のインティファーダどころではないと直感した。いや，もっと本音を言えば，中東は，昔からの中東和平問題からイランとアラブ，たとえばサウジアラビアとの対立に軸を移したはずだったのに，またこれまでのイスラエルとパレスチナ，そしてアラブとの対立に戻るのか，との幻惑された思いになった。いずれにしても，世界は 2022 年 2 月 24 日のロシアのウクライナ侵略の開始以来国際秩序の根幹が揺るがされていると言われている中で，さらなる戦争が始まるとどうなるのだろうかと思った。2つ目の戦争が同時に起こって，これが東アジアでも広がるようになれば世界は収拾がつかないかもしれないとも思った。それは，本書を執筆している時点でも，杞憂には終わっていない点である。

　中東和平問題を巡る基本的な経緯については，すでに触れた。イランという存在についても概略を見た。その上で本章の最後に，今起こっているガザ戦争について触れて，中東の部分を終えることにしたい。日本外交の常識を学ぶ本書の旅は，これでいよいよ終わりに入る。

対立の構図と国際法の原則　　ガザの対立がどのようなものであるかは既に解説した。とにかくこの地域は，世界でも最も狭いところに最も難しい問題を抱えているところである。いや，世界を見渡せばこのようなところはたくさんあると言えるのかもしれない。でも，この地域ほど世界の人々に多くの影響を与えるところはない，というのは事実ではないか。

　長年にわたる対立と殺戮。歴史の経緯がある。それぞれの言い分は山のようにあろう。パレスチナには，確かに抵抗の権利がある。ガザではない，ヨルダン川西岸は自治区といってもイスラエル軍に

押さえつけられたまま。既に本章で見た通り，である。それでも，だからと言って音楽祭を楽しんでいる無辜の民を突然，銃で一方的に殺戮するようなことが，許されるはずはない。これは，認められている抵抗の権利の行使などであるはずがない。これ自体は，明らかに憎むべきテロ行為である。これが議論の出発点である。

だから，攻撃されたイスラエルにはこのテロ攻撃に反撃し，自衛権を行使してテロを撲滅する権利がある（またそのような立場にもある（やや法律的な論点であるが，国際法上の自衛権はもともと国家に対するものとして概念されてきたが，2001 年 9 月 11 日の世界同時多発テロ事件以降は，自衛権行使は，国家に対するものだけではなくテロ組織のように国家に準ずる組織にも認められるようになってきている）。これが，第 1 の原理原則である。

しかし，このことはイスラエルが何をしても合法だということは意味しない。

① 　自衛権行使の反撃行動は必要性の原則に合致すべきであるとの要件とともに，均衡性の原則に合致しなければならないとの要件がある。

② 　自衛権行使としての武力行使を行うときには，同時に国際人道法に従わねばならない。

国際人道法とは，文民の保護，無差別攻撃の禁止，あるいは生物・化学兵器を使用してはならないなどの害敵手段の制限とかなどの，武力衝突法とも呼ばれる国際法である。綺麗事ではない。これを守らなければ，戦争が戦争を生み，憎悪が憎悪を増幅させて，さらなるテロも誘発し，最終的なテロ撲滅の目標をできなくなるからである。

つまり，イスラエルは被った損害と均衡性のある攻撃をしなけれ

ばならない。そして，その攻撃は文民を保護する形でなければならないし軍事目標だけを攻撃しなければならない。生物・化学兵器の使用もしてはならない。ただし，この原則のもとであって，「予期される具体的かつ直接的な軍事的利益全体との比較において，攻撃が，巻き添えによる文民の死亡若しくは傷害，民用物の損傷又は自然環境に対する広範，長期的かつ深刻な損害であって，明らかに過度となり得るものを引き起こすことを認識しながら故意に攻撃する」ものでなければ，一定の付随的な損害（collateral damage）が生じることはやむを得ないもの，として許容されている。舌をかみそうな条約上の表現。国際刑事裁判所を設立するローマ規程の第8条2(b)ivの規定である。要するに，イスラエルはハマスのテロリストを撲滅するための均衡性がとれていて，明らかに故意に文民への攻撃でなければ過剰でない範囲で一定の付随的損害は仕方がないものとしてイスラエルがそのような攻撃をしても，すぐには人道法違反には問われない，ということである。つまり，ハマスのテロリストを撲滅するために過剰でない範囲であれば，軍事目標以外に付随的な損害を与えても違法とまでは言えない。狭い市街戦ではある程度の「付随的損害」は認めざるを得ない，ということであろう。

　しかしこれを逆に言えば，イスラエルの反撃がこの観点から許容できない範囲に入れば，それはダメだと言うことになる。過剰な文民への攻撃など許されない。国際社会の理解を得られないし，国際法も許容しない。「過剰でない範囲で」「一定の付随的損害」でなければ支持されない。もう少し正確にいう必要はあるが，概ねこれが国際法の定める第2の原理原則である。

　国際社会には，国内の社会のように法を統一的に定立して解釈・適用し，物理的に実現しようとする中央公権力が存在しない。いく

ら国連とはいえ，国際司法裁判所とか国際刑事裁判所とかとはいえ，基本的には各主権国家の事前の同意がなければ法を物理的に実現することはできない。主権国家の上位に存在する「世界政府」ではないからである。国際法がいくら高度に組織化されたからと言って，この基礎構造は根本的には変わっていない。それでも，法は法である。「規範的な」拘束力を持っているからである。社会の構成員を「規範的に」拘束している。国際法も，そのような意味で法である。だから，この問題を考えるときにも，このような国際法の原理原則から頭を整理する必要がある。それが「法の支配」というものである。特に問題がきわめて政治的，歴史的で，ともすると強い感情に流されそうな時こそ，法に基づく冷静な原理原則の判断が必要とされると思う。

　日本は明治の「近代化」以来，国策を誤って軍国主義に走った一時期の時代を除けば，基本的にこのような国際法尊重の姿勢を強くとってきた。それで国際社会の尊敬を勝ち得てきた。150年前，100年前だけではない。現在も同じである。その日本は，この「ガザ戦争」についても，このような国際法上の原理原則に則り国際社会をリードして行く，少なくとも国際社会とともに歩みを先に進めようとすべきではないか。

　そう考えるとき，今述べた2つの原理原則をきちんと当てはめること。そして現実に起こるべきこと，起こっていることにどう対応するかを判断してゆくこと。ガザにおける殺戮を止めるためにも，このような基本的視点が不可欠かつきわめて重要と思われる。

　ウクライナもそうである。ガザもそうである。戦争が終わらないと，この瞬間にも人が殺戮されている。まず犠牲になるのは，弱い

者である。なんとかしなければならない。日本の領域では戦争は起きていないからといって関係ないという態度をとるのでは，ほんとうの平和主義ではなかろう。少なくとも，積極的平和主義ではない。外交努力や抑止力の強化，防衛装備品の移転原則などの検討。今の日本には，考えて実行せねばならないこと，また，国際社会が日本に期待していることが，たくさんあると思っている。これが筆者の確信である。

3　中東和平とイラン，そして日本

⑴　アブラハム合意とその後

話を戻そう。本書執筆時点では，ガザの惨状はますますひどい。どうなるか見通しも立っていない。

歴史に "if" はない。もし 2023 年 10 月 7 日のハマスの攻撃がなかったなら，アブラハム合意の先の，サウジアラビアとイスラエルの国交正常化も実現に向かっていただろう。中東和平問題の絵姿は全く違っていたかもしれない。筆者は当時のワシントン DC に勤務していたから，トランプ政権の中東政策のことも話をしていた。どこまで大きな戦略的見通しがあったかは今となれば知る由もないが，ただ思いつきだけでやっていたわけではないことは間違いない。だから，アブラハム合意の先が確実にあり得たと思っている。

アブラハム合意。2020 年 8 月 13 日，アメリカのトランプ大統領の仲介で，イスラエルとアラブ首長国連邦（UAE）との間の国交正常化の合意が共同声明の形で発表された。同年 9 月 11 日にはバーレーンがイスラエルとの国交正常化合意を発表，同じ年の 10 月 23 日にはスーダンが，12 月 10 日にはモロッコがイスラエルとの間の国交正常化に合意し相互の国家承認を行う。この，2020 年の UAE,

バーレーン，スーダンおよびモロッコというアラブの国々とイスラエルの国交正常化の合意を総称してアブラハム合意という。既に見たようにイスラエルはエジプト，ヨルダンと国交を結んでいたが，これでアラブの4カ国がそれに加わることになった。この4カ国のイスラエルの国交正常化の内容は詳しく見ると同一のものではないが，イスラエル建国以来対立してきたアラブの諸国との共存を図る合意という意味では同じ重要な合意である。イスラエルとの関係をアラブとしてどうするかという中東和平問題における大きな進展である。

ホワイトハウス，ワシントン D.C.（2020年9月15日）。アブラハム合意の共同声明の発表。左からバーレーンのザイヤーニ外相，イスラエルのネタニヤフ首相，アメリカのトランプ大統領，UAE のアブドゥーラ外相。　　　［ロイター/アフロ］

第1章で触れたが，トランプ大統領は必ずしも実務的な指導者とは見られていない。確かにあまりに予見可能性がないので，トランプ大統領時代には "Fear"（恐れ）というタイトルの本がベストセラーになったりした。しかし，このアブラハム合意の達成を見ると

トランプ大統領は外交的な成果も挙げているということができる。それは，トランプ政権にはマイク・ポンペオ国務長官とかスティーヴン・ムニューシン財務長官とかが優れた主要閣僚としてトランプ大統領のまわりを固めていたことによろうが，この中東和平においては，大統領の令嬢イバンカ補佐官の夫君でユダヤ系アメリカ人であるジャレッド・クシュナー大統領補佐官の存在が大きかった。クシュナー補佐官，イスラエルのネタニヤフ首相そしてサウジアラビアのムハンマド・ビン・サルマン皇太子兼首相（MbS）の存在は，少なくともアブラハム合意に向かう当時の中東情勢においてたいへん大きかったと関係者は見ていたように思う。いずれにせよ，このままうまくいけば，中東地域の大国サウジアラビアとイスラエルとの関係正常化もそれほど遠くないと期待されていたのである。2020年1月20日にバイデン大統領が就任した後も，この流れは変わっていなかった。それを根本的に変えて，いわば元に戻してしまった，いやもっと悪くしてしまったのが，ハマスによるイスラエル攻撃であった。歴史の大きな流れはアブラハム合意の先を求めるものと思うが，ガザ戦争がこのように悲惨な人道危機を生んでいる現状では，当面すぐにその先に行ける状況ではあるまい。だから，アブラハム合意のその後は，しばらくはとても暗いものになってしまったと言わざるを得ないのである。

(2)　イラン，ヒズボラそしてハマス

　それだけではない。せっかくアブラハム合意で中東和平問題に良い流れができたのに，なぜそれが止まってしまったのか。人々が忘れた頃に，というのは適切ではないが，それでも2023年10月7日のハマスの対イスラエルテロ攻撃は，やや突然であった。あれだけ

「国境」管理に万全を期していたイスラエル軍が，その管理を破られてテロリストをイスラエル領域内に侵入させて殺戮を許してしまったのだから，関係者が予測していたことではなかったのである。では，なぜあのときにこれが起こったのか。

　一部の有力な専門家は，2007年のガザ戦争以来ファタハから分離してガザを統治してきたハマスが，そもそもオスロ合意やアブラハム合意といったイスラエルとの「競争的共存」そのものを否定し破壊しようとしたと見ている。それだけではない。ハマスはもちろんスンニー派の武装勢力であるが，この考えに同調しているシーア派のヒズボラ（レバノン南部を支配），さらにはシーア派でアラブではないがイスラム国家を樹立しているイランと連携してこのような動きに出た，と分析する向きもある。もちろんイランはそのようなことを認めたことなどない。証拠があるわけでもない。でも，もしこの分析に何某かの当たっているところがあるとすれば，今回のハマスのテロ攻撃は，単純な突然の殺戮というだけではないのかもしれない。要するに，イスラエルとアラブの共存やパレスチナとの「二国家解決」の全面的否定が本質ということになる。万が一これにイランが何らかの形で関わっていたとするなら，本章で繰り返し見てきたような中東情勢の2つの大きな柱，イスラエルとアラブの対立の問題とアラブとペルシャの対立の問題ということが重なり合って複合化し，オスロ合意もアブラハム合意も全面否定して，そのような流れの本質を変えようとする動きが顕在化したのだということになる。イスラエルの建国も，イランにおけるイスラム革命も，それ自体を否定しようとする考えはあろう。しかしこの地域の安定を求めるためには，イスラエルの存在，パレスチナ・アラブの存在，そしてイラン・イスラム共和国の存在を前提にするという現実的な

観点から出発しなければ，到底どこへも行かない。だから「二国家解決」なのであるし，イランとの友好関係なのである。

　テロの原因は貧困にあるという。その側面はもちろんある。しかし，より本質的には，テロや戦争の本質は欲望と憎悪，そして思想にあると思う。どのようなものがあるにせよ，最低限関係者の立場を尊重して「共存」することに合意しなければ，殺戮はやまない。イスラエルによる合法的な自衛権の行使とその時の武力行使の限界については法律的な制約があることを解説した。それを踏まえた上で，もし今回のハマスのテロ攻撃の根底にイスラエルとの共存など全面的に否定するという「思想」があったとすれば，このような「思想」の撲滅を力だけで短期に実現するのはきわめて難しいという点があることを考える必要がある。それがどのようなものであれ，「思想」の撲滅は簡単に力によってのみでできるものではないからである。欲望と憎悪，「思想」と，それに対する全面的な武力の行使。日本外交の常識を学ぶ旅の最後になって，少し哲学的になりすぎたかもしれない。でも外交は歴史や哲学と無関係には考えられないのだから，ある程度はやむを得なかろう。読者はこれらについて，どう考えるだろうか。旅ももう少しで終わる。

(3)　日本の立ち位置

　こう考えてくると，2024年4月，岸田首相が訪米を終えて帰途につく政府専用機の中にいたときに，イランのイスラエルに対するロケットとドローンによる攻撃があった（4月13日）ことは，単なる成り行きだけではないかもしれないと思う。イランのイスラエル直接攻撃は，初めてである。中東地域の問題は，繰り返し見たとおり，キリスト教徒とイスラム教徒の対立を別にすれば，イスラエル

とアラブの対立，そしてアラブとペルシャの対立であった。だからこの攻撃は，その2つを結びつけて，イスラエルとアラブの対立にイランとの対立も重ね合わせてそのような対立がいよいよ表面化し具体化するのかという点から，世界を大変緊張させるものであった。今もこれがエスカレートすることが強く懸念されている。繰り返す。我々はこのような本質的に危険な帰路に立たされていると考えたほうが良いのではないか。

　このようなときにこそ，日本はどのような外交を展開すべきなのか。アメリカやアジアと違って，中東は遠い。「手が汚れていない」分，馴染みも薄い。そもそもよくわからない。土地も人も文化も知らない。そして極めつきのように問題は複雑で長い歴史を持っている。関わってもろくなことにはなりそうにない。だからできれば放っておきたい，いや，放っておいてほしい。我々の本音にそのような知的な傾向があるのではないか。しかし，それではダメである。

　日本は，遠くない過去の一時期国策を誤って多くの国々に多大の苦痛と損害を与えた。そこから立ち直り，戦後大変立派な民主国家として世界の中から尊敬を勝ち得る主要な国になった。それが確かに近年，人口減少，少子高齢化，財政赤字，生産性の低迷など，国としての勢いが大きく低減するようになっている。このままいけば日本は近い将来，先進国としての地位を失うのではないかとも言われる。でもそうだろうか。日本が培ってきた長い歴史，美しい文化，素晴らしい伝統がなくなったわけではない。世界からの尊敬もそうである。だいたい，今の日本は世界のどこへ行っても好かれている。そのことについて過剰な尊大な態度をとるようなことは，決してしてはならない。だから，過信はいけない。しかし，「等身大の自

信」を持つこと，いや，取り戻すこと。そしてその上で，新たな時代に向き合う「覚悟」を，改めて持つこと。日本の知恵，経験が求められているのではなかろうか。

これは何も中東との関係だけに当てはまることではない。でも，我々があまり馴染みがないと感じている中東だからこそこれを指摘するに相応しいと思う。すぐに中東和平問題を解決するものではなくとも，「平和と繁栄の回廊」構想にわざわざ触れたのも，日本の立ち位置を示す1つの例として適切だと思ったからである。イランとの伝統的な友好関係に触れたのも同様である。では，日本の対中東政策の具体的方策はどこにあるか。ガザ戦争の停戦に向けた努力に，直接日本が貢献するというのは現実的ではない。しかしそれでも，日本の果たせる役割はある。リスクをとってでもそのような外交努力を強化すべきである。イランとの関係でも，日本だからできる役割はあるはずである。日米同盟を語るときに書いた。同盟は共に守るべきものを闘ってでも一緒に守るのが基本。しかしその基本に立って，"agree to disagree" をして全体の平和と安定に資するようなことをすること，これも同盟の本質である。アメリカはイランと正式の外交関係がないのであるから，日本のなすべき役割はあるのではないか。

では，これらは具体的には，何か。中東だけではない。中国でもロシアでも朝鮮半島でも，それは何か。これを考えることこそ，日本外交の常識を学ぶことではないか。だから，これが日本外交の常識を学ぶ旅の最後に，筆者が読者に対して問いかけたかった問題意識である。このことを強調して，ひとまずこの旅の荷を解いていくことにしよう。

旅の箸休めの最後に＝ナイルのカエルとさそりの話

　小話と言えば，世界の権力者をからかったり皮肉を言ったりして
にやりとするユーモアにあふれるものがある。筆者はこのような分
野はあまり得意ではないが，中東を語ったあとで本書の最後の外交
小話を，筆者が聞いた話，中東についてもいくつもある小話の中の
代表格で締めくくろう。

　カイロはナイル川の辺りで，さそりがカエルに頼みごとをした。
　さそり：ねえ，カエル君。ナイル川を渡って向こう岸に行きたい。
おれは泳げないから，ひとつ君の背中に乗せて向こう岸まで連れて
行ってくれないか？
　カエル：そうかい。いつもだったら大概の頼みはきいてあげる。
ナイル川を渡るのだってなれたものさ。でもさそり君，それはダメ
だよ。だってきみを乗せてナイル川を渡れば，君は途中で僕をその
毒で刺すだろ？そしたらナイル川の中に沈んで死んでしまうよ。だ
から，お断りだ。
　さそり：何を言ってるんだ。そんなことするわけがないだろ？
だって川を渡っている最中に君の背中を毒で刺したら，2人とも溺
れてしまうじゃないか。そんな理不尽なことをおれがするわけはな
いさ。
　カエル：たしかに，そりゃそうだ。では，背中に乗りな。乗せて
やるから，向こう岸までひと泳ぎしてやるさ。

　こうしてさそりはカエルの背中に乗った。カエルは約束どおりナ
イル川を泳いで渡り出した。
　少したって川のなかごろまできた時のこと。
　カエル：さてさて，もう少しだ。まあ頑張って乗っかっていな。
　さそり：そうだな。ありがとよ。
　と言ったかと思ったら，そこでさそりは毒でカエルの背中をぐさ
り。

カエル：な，なにをするんだ！ 2人とも溺れて死ぬぞ，ばかな！

さそり：は，は，は。君はここがどこか知ってるかい？ ここは，中東さ。

　一般的には，非合理な結論を招くとしても自分の性（さが）は抑えられないという教訓を説明する寓話とされているが，ここでナイル川を舞台にしている話は，中東とはかくも普通の理屈では話が通らないところ，と言いたいのであろう。実際，筆者はカイロに勤務している時に，ナイル川沿いのレストランでエジプトの友人達と食事をよく一緒にとった。そして，一度ナイルに染まったものはずっとナイルに染まると聞かされた。確かに古代エジプトにまで遡らなくても，この地の魅力たるや大変なものがあるに違いない，と感じ入ったものである。でもそのエジプトは，ナセル，サダトという歴史的指導者の時代から，筆者が勤務した2004年ころには既に昔日のアラブの盟主の影はない，と言われるようになってしまっていた。本文ではまだ"アラブの盟主"という表現を使ったが，現実のリアリズムに基づく国際政治の中では誠に厳しいものがあるのかもしれない。ではカイロのかわりをサウジアラビアのリヤドがするようになるか。簡単ではなかろう。歴史がある。要するにアラブの"軸"の影が薄くなったのである。心情的には，やや寂しい気持ちもする。いや，もっと現実の国際政治をみると，やはり"軸"がなくなるというのはパワーバランスの中ではよいことではあるまい。だから，寂しいというだけの問題ではないように思う。

　中東地域に安定的な平和な日々がくるのは，いつのことなのだろう。世界のため，日本のために，そのような日が早く来ることを心から願ってやまない。

外交小話7 本当に最後の小話は，ちょっと重い話。

　本書の旅も，いよいよこれで終わる。最後の話に1つ付け加えて，

これで旅を終えることにしようと思う。外交小話にしては，だいぶ重い話であるが，日本外交の常識を学ぶ旅の最後に読者の皆さんに問いかけたい物ごとの本質の話をして，ほんとうの締めくくりにしたい。

「はじめに」でもふれた。筆者は大学で国際法や外交論の講義をしてきた。その一コマをここで紹介する。英国のマーガレット・サッチャー首相の次の主張に，あなたは賛成か反対か。理由を付して討論せよという，やや深刻な授業である。

「何世紀にも及ぶ歴史と経験は，次のことを確たるものにしている。もし我々の国民の命を防衛しなければならなくなった時，もし私たちの原理原則（principles）を死守しなければならなくなった時，もし善（good）を断固として擁護しなければならなくなった時，もし悪（evil）を打ちのめさなければならなくなった時，そして更にもし正義（justice）を実現しなければならなくなった時，我々はこれらのために躊躇なく武器を取って断固立ち上がる」（『マーガレット・サッチャー回想録』より筆者意訳）

　Ａさん：賛成。我々は自国の国民が武力で侵略されたら，断固として銃を取って我々同胞を守る。個別的自衛権行使だから，当たり前である。

　Ｂさん：反対。我々はいかなる場合にも銃は取らないと決めたのである。ほんとうに我々が殺されるような時は別かもしれないが，このような扇動の文句に踊らされてはならない。

　Ｃさん：賛成だが，留保あり。つまり一部反対。自国が武力侵略されたら断固武力をとるのは賛成。また，民主主義とか言論の自由とかという我々の原理原則が蹂躙される時は，銃を取ってでも闘う。そこは賛成。しかし，それを超えて，一般的に“善”とか“正義”とかという抽象概念を持ち出してそれを守るために銃を取るというのは，何が善で何が正義かについての判断が国家権力による恣意的なものになる危険が大きいので反対である。

　Ｄさん：全面的に賛成。Ｃさんのようにいうから，日本は国際社

会で理解されない。"善"とか"正義"は存在するし，それは断固
守るべきもの。また，"悪"には打ち勝たなければならない。その
ためには，銃を取ってでも闘わなければ，悪がのさばることになる。
善や正義，悪の判断が国家権力により恣意的になされてはいけない
のはその通りであるが，だからといってそのために銃を取ってはい
けないことにはならない。それらは理論的に別の問題である。日本
もこのことをはっきりさせなければならない。

　実際の授業ではこれに基づき白熱した討論が行われた。興味深い
主張の連続であった。

　日本外交を学ぶ旅の最後の"小話"。ちょっと重すぎて小話では
なかったけれど，本書の最後である。このことについて，読者はど
う考えるだろうか？

参考文献（基本的なもの）

Yutaka Kawashima, Japanese Foreign Policy at the Crossroads, Brookings Institute Press, 2003

Robert Cooper, The Breaking of Natins, Grove Press, 2003

Margaret MacMillan, Peacemakers, John Murray, 2002

David Fromkin, A Peace to End All Peace, Holt, 1989

John W. Dower, Embracing Defeat, WW Norton, 2000

Michael J. Sandel, Justice, Penguin Books, 2009

William J. Burns, The Back Channel, Random House, 2019

James Mann, About Face, Alfred A. Knope, 1998

Ezra F. Vogel, China and Japan, The Belknap Press of Harvard University Press, 2019

Don Oberdorfer, The Two Koreas, Basic Books, 1997

Dennis Ross, The Missing Peace, Farrar,Straus and Giroux, 2004

Bernard Lewis, What Went Wrong? Phoenix, 2002

藤山楢一『一青年外交官の太平洋戦争』新潮社，1989 年

吉田茂『回想十年，第一巻 - 第四巻』新潮社，1957-1958 年

岸信介・矢次一夫・伊藤隆『岸信介の回想』文芸春秋，1981 年

松本俊一『モスクワにかける虹』朝日新聞社，1966 年

栗山尚一「日中国交正常化」早稲田法学 74 巻 4 号，1999 年

大沼保昭『「歴史認識」とは何か』中央公論社，2015 年

角田房子『閔姫暗殺』新潮社，1993 年

白善燁『若き将軍の朝鮮戦争』草思社，2000 年

小松一郎『実践国際法〔第 3 版〕』信山社，2022 年

田岡良一『国際法上の自衛権』勁草書房，1964 年

人名索引

人名索引

人名索引

おわりに

　日本外交の常識を学ぶ旅。ずいぶんと長くなったが，読者の皆さんは，旅を楽しまれただろうか。案内役の筆者も，長年の外交官としての実務経験に加え大学での講義でまとめたものを基礎にしてこの旅をしたが，これでようやく一応の頭の整理ができたという思いがしている。

　実は本書を書き上げるにあたっては，いろいろ考えるところがあった。本来は，外交と国際法の関係を正面から取り上げる書物を執筆したくて書き始めたが，何度も筆を折った。筆者の浅薄な知識と拙い能力では，到底書物として取るに足るものを書けなかったからである。そこで，日本外交の骨格とも考えられる部分について外交の全体像を分析する中で国際法との関係にも触れるのであれば，大学での講義ノートも見ながらなんとか書物にできるかも知れないと考えるようになった。それで昨年暮れころから今年前半に一気に書いたのが，本書である。筆者にとって，このような書物の執筆は，初めてのことである。政府の職員としての文書しか書いたことがないから，どう見ても文章が拙い。わかりやすくもない。なんとかしようと思っても，長年に及んだ訓練がそのようなものではなかったことや筆者の能力がないことなどから，このようなものしかできなかった。だからこの間，出版社の編集の方々にはたいへんなご迷惑をおかけした。また，私が長年お世話になった組織の同僚だった方数名には，本書を事前に見ていただき，貴重なコメントもいただいた。ただし，それは全く個人的なことであったので，ここであえてその具体的なことは紹介しない。いずれにしても，本書で述べられ

ていることは全て筆者自身の個人的分析であって，その責任はあげて筆者個人にある。もちろん，いかなる組織の見解を代表するものでもない。

「はじめに」で記したとおり，本書の内容で日本外交の常識のすべてに触れることができたわけではない。筆者自身が経験した外交交渉の分野でさえ全てはカバーはできていない。経済外交や気候変動など，これ以外の重要な外交課題はたくさんある。でも，それはまた次の機会に譲ることにしよう。「日本外交の常識」の続編ができれば，それに委ねよう。本書を書き上げたばかりの今，それがいつできるか，また，外交と国際法のもう少し理論的な書物をいつ書けるかは，わからない。しかし，挑戦は終わることなく続くと思っている。

日本外交の常識を学ぶ旅。その一筆書きのような旅，これでようやくひとまずそれを終える。少なくとも，一度旅の荷を解く。一緒に旅をしてくれた読者の皆さん，そしてこの本が完成するまでに力を与えてくれた全ての人々，特に自宅で執筆中に叱咤激励してくれた愛する妻に，心からの謝意を表したい。

また，いつか，どこかでお目にかかるまで。

ありがとう。

2024 年 7 月

東京にて

杉 山 晋 輔

〈著者紹介〉

杉山 晋輔（すぎやま　しんすけ）

1953 年愛知県名古屋市生まれ，1977 年早稲田大学
法学部中退，1980 年オックスフォード大学卒業
（1992 年同大学修士）。
1977 年外務省入省，G7 サミット企画官，事務次官
秘書官，総合外交政策局国連政策課長，条約局条約
課長，在大韓民国日本国大使館公使，在エジプト日
本国大使館公使，地球規模課題審議官（大使），ア
ジア大洋州局長，外務審議官（政務），外務事務次
官，アメリカ合衆国駐箚特命全権大使を歴任。2021
年外務省顧問。
現在，早稲田大学特命教授。

（提供：共同通信）

〈共著等〉『国際紛争の多様化と法的処理──栗山尚一先生・山田中正先生古
稀記念論集』（信山社，2006 年），『国際法の新展開と課題──林司宣先生古
稀祝賀』（信山社，2009 年）。その他国際法に関する論文多数

日本外交の常識

2024 年（令和 6 年）9 月 20 日　第 1 版第 1 刷発行

8648-9:P312 ¥2700E　012-025-003

著　者　　杉 山 晋 輔
発行者　　今 井 貴　稲 葉 文 子
発行所　　株式会社　信 山 社

〒113-0033　東京都文京区本郷 6-2-9-102
Tel 03-3818-1019　Fax 03-3818-0344
henshu@shinzansha.co.jp
笠間才木支店　〒309-1611　茨城県笠間市笠間 515-3
Tel 0296-71-9081　Fax 0296-71-9082
笠間来栖支店　〒309-1625　茨城県笠間市来栖 2345-1
Tel 0296-71-0215　Fax 0296-72-5410
出版契約 2024-8648-9-01011　Printed in Japan

国際関係と法の支配 ── 小和田恆国際司法裁判所裁判官退任記念
　岩沢雄司・岡野正敬 編集代表

「学ぶこと」と「思うこと」── 学び舎の小和田恆先生
　山本吉宣・上川陽子・田中明彦・金城亜紀・赤松秀一 編

国際法先例資料集 (1)・(2)　不戦条約 上・下
　柳原正治 編著

国際法先例資料集 (3)　犯罪人引渡条約・条例
　柳原正治 編著

プラクティス国際法講義 (第4版)
　柳原正治・森川幸一・兼原敦子 編

《演習》プラクティス国際法
　柳原正治・森川幸一・兼原敦子 編

新国際人権法講座 全7巻　国際人権法学会創立30周年記念

人権判例報 1〜8号 続刊　小畑郁・江島晶子 責任編集

ＥＵ法研究 1〜14号 続刊　中西優美子 責任編集

国際人権・刑事法概論 (第2版)　尾﨑久仁子

ウクライナ戦争犯罪裁判 ── 正義・人権・国防の相克
　新井京・越智萌 編

国際刑事裁判所の検察官の裁量　竹村仁美

国際刑事手続法の原理 ── 国際協働におけるプレミスの特定　越智 萌

──── 信山社 ────

国際紛争の解決方法　芹田健太郎

海と国際法　柳井俊二 編著

日本の海洋政策と海洋法 (第3版)　坂元茂樹

海洋法　萬歳寛之 編

海の安全保障と法　鶴田 順

捕鯨史 ― クジラをめぐる国際問題の理解のために　辻 信一

経済安全保障と国際法　中谷和弘

経済安全保障と先端・重要技術 ― 実践論　風木 淳

経済安全保障と対内直接投資　渡井理佳子

国際経済法の現代的展開 ― 清水章雄先生古稀記念
　　須網隆夫・中川淳司・古谷修一 編集

国際法秩序とグローバル経済 ― 間宮勇先生追悼
　　柳原正治・森川幸一・兼原敦子・濱田太郎 編

国際経済法における新アジア地域主義
　　謝 笠天 著／石川義道・濱田太郎 訳

国際経済紛争処理の争点　阿部克則・関根豪政・李禎之 編著

ＰＫＯのオールジャパン・アプローチ
　― 憲法9条の下での効果的取組　今西靖治

ベトナム居住法 ― 移動の自由の進展と居住登録法制　貴志 功

━━ 信山社 ━━

実践国際法(第3版)

小松一郎

岡野正敬・御巫智洋・濱本幸也・大塚建吾・谷内
一智・林裕二郎・深堀亮・大平真嗣の外務省国際
法局関係者有志8名による補訂第3版。

国際法の実践 ― 小松一郎大使追悼　柳井俊二・村瀬信也 編

国際法実践論集　小松一郎 著／御巫智洋 編

国際法研究　1〜14号 続刊　岩沢雄司・中谷和弘 責任編集

世界の島をめぐる国際法と外交　中谷和弘

国家による一方的意思表明と国際法　中谷和弘

航空経済紛争と国際法　中谷和弘

ロースクール国際法読本　中谷和弘

サイバー攻撃の国際法—タリン・マニュアル2.0の解説
中谷和弘・河野桂子・黒崎将広　　【増補版】

宇宙六法　青木節子・小塚荘一郎 編

宇宙法の形成　中村仁威

―――――――― 信山社 ――――――――